डॉ. अम्बेडकर
और
मार्टिन लूथर किंग
का जीवन संघर्ष

डा अम्बेडकर
और मार्टिन लूथर किंग का जीवन संघर्ष

मोहनदास नैमिसराय

नीलकंठ प्रकाशन
दरियागंज नई दिल्ली–110002

I.S.B.N. : 978-93-95145-22-0

मूल्य	:	395.00
संस्करण	:	2022
प्रकाशक	:	नीलकंठ प्रकाशन 4760-61, 23, अंसारी रोड़, दरियागंज नई दिल्ली-110002
शब्द-संयोजक	:	शोभा कम्प्यूटर्स, दिल्ली
मुद्रक	:	विशाल प्रिंटर्स, दिल्ली-110032

Dr. Ambedkar Aur Martin Luther King Ka Jeevan Sangharsh
by Mohandass Nemisharay

मानवता को रंगभेद और जातिभेद
की विषमता से मुक्ति दिलाने वाले
क्रांतिकारियों को समर्पित...

इस पुस्तक की आवश्यकता क्यों ?

आजादी के बाद से स्वतंत्र भारत में अनुसूचित जातियों के उत्थान के लिए सरकारी स्तर पर बहुत से कार्यक्रम और योजनाओं की शुरुआत की गई थी जिससे दलित समाज के लोगों की सामाजिक और आर्थिक परिस्थितियों में सुधार भी हुआ। लेकिन उतना कुछ नहीं हो सका, जितनी प्रगति की आशा थी। कहीं कुछ-न-कुछ कमी रही और लापरवाही भी। इससे आगे कहा जाए तो सत्ता पर काबिज अधिकांश राजनीतिज्ञों तथा प्रभावपूर्ण प्रशासकीय तबके ने यह कभी नहीं चाहा कि दलित समाज का सर्वांगीण विकास हो। हालाँकि दलितों के नाम पर देश-भर में विज्ञापन बहुत अधिक होते रहे। विज्ञापन की भाषा में केन्द्र और राज्य सरकारें यह बताने का प्रयास करती रहीं कि हमने दलितोद्धार के लिए बहुत कुछ किया है और आगे भी करना चाहते हैं। परिणामस्वरूप दलित और गैर-दलितों के बीच बहस के साथ वाद-विवाद भी रहा। लगभग यही स्थिति अमेरिका में काले समुदाय के बारे में रही। न डॉ. अम्बेडकर के सपने साकार हो सके और न ही मार्टिन लूथर किंग के। इस तरह दो देशों में समता और सम्मान हेतु अलग-अलग कार्यक्रमों की घोषणाएँ तो होती रहीं, लेकिन उन पर अमल कम हुआ।

आज जबकि अंतर्राष्ट्रीय स्तर पर जाति और नस्ल के सवाल तेजी के साथ उभरने लगे हैं तब भारत में जाति और अमेरिका में नस्ल आधार पर विषमता की समस्याओं के साथ वैसे ज्वलंत सवालों को उठाने वाली यह पुस्तक उन बुद्धिजीवियों के लिए जरूरी है जो समता और सम्मान के लिए विश्व-भर में संघर्ष कर रहे हैं।

यह पुस्तक पाठकों के हाथों में तुलनात्मक अध्ययन है। इस समाज के उन दो जुझारू समुदायों के संघर्ष का दस्तावेज भी आप कह सकते हैं जिनकी गूँज आज अंतर्राष्ट्रीय मंच पर होने लगी है।

मैं मोतीलाल भीमराज चेरिटी ट्रस्ट का आभारी हूँ, जिन्होंने इस विषय पर शोध के लिए कुछ वर्ष पहले आर्थिक सहयोग किया। साथ ही भरत झुनझुनवाला जी का भी शुक्रगुजार हूँ, जिन्होंने समय-समय पर मुझे इस महत्त्वपूर्ण विषय पर बातचीत के दौरान बल प्रदान किया और सम्बन्धित महापुरुषों के साथ उनके विचार, दर्शन आदि को अधिक-से-अधिक अध्ययन करने हेतु उत्साहित किया। अंग्रेजी भाषा में मेरी

पाण्डुलिपि पर श्रीमती विद्या भास्कर ने संपादन कर जो मेहनत की उनका भी मैं आभारी हूँ। इनके अलावा विकासशील समाज अध्ययन पीठ, (सी.एस.डी.एस.) 29 राजपुर रोड, दिल्ली; अमेरिकन लायब्रेरी, नई दिल्ली और साथी विजय प्रताप को भी मैं आभार प्रकट करना चाहूँगा, जिनके सहयोग से इस महत्त्वपूर्ण कार्य को मैं पूरा कर सका। डॉ. अम्बेडकर तथा मार्टिन लूथर किंग के चित्रों के लिए मैं साथी शान्ति स्वरूप बौद्ध और अमेरिकन लायब्रेरी को पुन: धन्यवाद देना चाहूँगा और अंत में हिन्दी संस्करण के लिए गुप्ता जी को, जिन्होंने हिन्दी पाठकों का ध्यान रखते हुए मेरी इस पुस्तक को नीलकंठ प्रकाशन में छापा। पुस्तक में नीग्रो शब्द का प्रचुरता में प्रयोग हुआ है। यह शब्द अब काले समुदाय के प्रगतिशील लोगों को मान्य नहीं है। हालाँकि कुछ जगह ब्लेक शब्द रखा है। शेष स्थानों पर नीग्रो शब्द वैसे ही रखे गए हैं। इसलिए कि स्वयं मार्टिन लूथर किंग के साथ अनेक अंग्रेज लेखकों, दार्शनिकों ने नीग्रो शब्दों का ही प्रयोग किया है।

निश्चित की यह पुस्तक इसलिए भी महत्त्वपूर्ण है कि जाति आधार के अलावा नस्ल स्तर पर विषमता के मूल को पाठक जाने तथा अंतर्राष्ट्रीय मंच पर इस बात को कहने की हिम्मत जुटाएँ कि विषमता चाहे जातीय आधार पर हो या नस्लीय स्तर पर, स्वीकार नहीं है। हिन्दी से पूर्व यह पुस्तक 2003 में रावत पब्लिकेशंस ने प्रकाशित की थी, जिसका रिस्पांस अच्छा रहा। एशिया तथा यूरोप के अनेक देशों के पाठकों के द्वारा अंग्रेजी में छपी पुस्तक सराही गई थी। पुस्तक को तथ्य-परक बनाने के लिए इसमें अतिरिक्त सामग्री भी जोड़ी गई है। आशा है कि हिंदी पाठकों के संसार में शोधपरक मेरी इस पुस्तक का गंभीरतापूर्वक अध्ययन होगा और दोनों देशों के उत्पीड़ित लोगों के लिए नये सिरे से आंदोलन की शुरुआत होगी।

—मोहनदास नैमिशराय

अनुक्रम

1

अमेरिका के संदर्भ में नस्ल सम्बन्ध

किसी भी देश की सभ्यता के अंतर्गत मानवीय संदेश के आँकड़े पीढ़ी-दर-पीढ़ी इकट्ठा होते रहते हैं। परिवार, समुदाय या फिर जातियाँ उन्हीं आँकड़ों को दस्तावेज के रूप में सँभाल कर रखती हैं। कुछ जातियों को यह भ्रम भी रहता आया है कि वे अन्य जातियों से श्रेष्ठ हैं पर ऐसा है नहीं। आज वैज्ञानिक अनुसंधान एवं विश्लेषण से यह सिद्ध भी हो चुका है कि कोई भी विशेष जाति या समुदाय अकेले प्रतिभाशाली नहीं है। मानवीय समाज के इतिहास में सब बराबर हैं। चाहे वह काला हो या गोरा या फिर भारतीय संदर्भ में सवर्ण हो या दलित। प्रत्येक जाति के व्यक्ति में प्रगति करने की पूरी-पूरी संभावना रहती है। बशर्ते उस व्यक्तिविशेष में कुछ करने और बनने की इच्छा शक्ति हो।

कुछ लोग केवल सपने देखते हैं, कुछ अपनी मेहनत और लगन से अपने सपनों को पूरा करते हैं जबकि बहुत कम महापुरुष ऐसे भी होते हैं जो अपने नहीं बल्कि दूसरों के सपने पूरे करने में अपने जीवन को लगा देते हैं। ऐसे ही कर्तव्यपरायण लोग इतिहास में मसीहा के रूप में जाने जाते हैं। भारत में बाबा साहेब डॉ. भीमराव अम्बेडकर ने समता, स्वतंत्रता और भ्रातृत्व का सपना देखा था तो अमेरिका में वही सपना डॉ. मार्टिन लूथर किंग ने भी न सिर्फ देखा बल्कि काली नस्ल के समुदाय के बीच सपने जगाए भी। उन्हें गुलामी की नींद से जगाया। उनमें चेतना भरी।

कुछ समय पहले अमेरिका में काले लोगों के साथ वैसा ही व्यवहार होता था जैसा भारत में दलितों के साथ। दोनों समुदाय के लोग दूसरे दर्जे के नागरिक थे। दोनों देशों में पहले दर्जे के नागरिक अपने-आपको जन्म से श्रेष्ठ समझते थे। उनका मानना था कि वे देवताओं की संतानें हैं। उनका खून शुद्ध है। पर कितने बड़े मूर्ख थे वे यह आने वाले इतिहास ने सिद्ध कर दिखलाया। उनकी परंपरा और रूढ़ियाँ सब थोथी साबित हो गई जब उसी मानवीय इतिहास के सूत्रधार डॉ. मार्टिन लूथर किंग ने अमेरिका की जमीन पर और डॉ. अम्बेडकर ने भारत में यह घोषणा की कि हम भी उनकी तरह ही इंसान हैं और मानवीय अधिकारों के लिए तब तक संघर्ष करते रहेंगे जब तक शरीर में लहू की एक बूंद भी बाकी है। दो देशों के दलित और पीड़ितों

की मुक्ति हेतु यह था उन महापुरुषों का आह्वान।

सामाजिक सम्बन्धों से हमारा क्या आशय है और हम स्वतंत्रता की कैसे परिभाषा करते हैं? अमेरिकन समाज में गोरी नस्ल के लोगों के वर्चस्व और काली नस्ल के लोगों के लिए अवसर की समानता का हमारा किस तरह का विश्लेषण है? इसके साथ आधुनिक नस्लीय सम्बन्ध, गुलाम और मालिकों के परस्पर रिश्ते, विशेष रूप में 1960 के बाद गोरों का उदारवाद और काले समुदाय के लोगों के साथ उनके व्यवहार में होता परिवर्तन। इन सब विषयों पर इस अध्याय में उल्लेख किया गया है।

सामाजिक सम्बन्धों का संदर्भ यहाँ दो नस्लों के बीच बने रिश्तों से है। साथ ही स्वतंत्रता का आशय सामाजिक आजादी से है। जब मर्डल नस्लीय भेदभाव पर बात करते हैं तो वे व्यक्तिगत स्वतंत्रता पर नहीं सामाजिक आजादी पर जोर देते हैं।

व्यक्तिगत रूप में यह एक गोरे के अपने दृष्टिकोण पर निर्भर करता है कि वह अपने घर में किसी नीग्रो को मिलना चाहे, उससे हाथ मिलाए और उसके साथ भोजन करना चाहे।[1] अमेरिकन काले लोगों के लिए आमतौर पर सामाजिक सम्बन्धों में समानता नकारी गई है। मर्डल के अनुसार अमेरिका में भी भारत की जाति सम्बन्धों की तरह ही दो नस्ल के लोगों में अच्छे सम्बन्ध स्थापित न हों, ऐसा प्रयास किया जाता रहा है। वहाँ भी अलगाव की भावना रही। दो समुदायों के सदस्यों की व्यक्तिगत पहचान के बीच बाधा खड़ी की जाती रही है। देखा गया कि इस तरह के अलगाव के तरीके संस्थागत चरित्र से जुड़े हैं। जो नस्लीय व्यवहार के शिष्टाचार को साकार करते है।

जाति सम्बन्धी/समूह

आर्थिक परिस्थितियों[2] में राज्य के भीतर के रहने वाले आम और खास लोगों के समूह को, जो दूसरे पर अधीन हो, जाति सम्बन्धी ग्रुप के रूप में परिभाषित किया जाता है। जातिगत समूहों के वर्गीकरण को न केवल शारीरिक गुणों के आधार पर बल्कि उनकी सांस्कृतिक प्रगति के मापदण्डों से भी किया जा सकता है। यह प्राकृतिक बात है कि जब ऐसी नस्ल या जातियों के लोग राष्ट्रीय धारा में आने का प्रयास करते हैं तो उन्हें कई तरह की समस्याओं का सामना करना पड़ता है। एकीभूत होने की इन समस्याओं को ही अल्पसंख्यक समस्याओं के नाम से जाना जाता है।

इस तरह जाति सम्बन्धी समूहों के बीच असमानताओं के उत्पन्न होने का कारण संस्कृति में विभिन्नताएँ होता है। जैसे दक्षिण अफ्रीका के यहूदी, अफ्रीकन और ब्रिटिशर्स अपनी पहचान का दावा करते हैं और शेष वे जिनके बीच अलगाव बना रहता है उनमें ईस्ट इण्डियन्स, बण्टू आदि की वैसी ही नस्ल हैं। उनकी एक खास संस्कृति है तथा रहने-सहने के तरीके भी अलग हैं। यहीं से उनके बीच राष्ट्रीयता तथा अल्पसंख्यक समूह की समस्या भी उभरती है। जब एक ही जाति सम्बन्धी समूह या उप जाति के

लोग परस्पर मिलते हैं तो उनके बीच उस तरह से तनाव नहीं होता है, लेकिन उनके बीच भी अल्पसंख्यक समूह की समस्याएँ तो खड़ी होती ही हैं। दूसरी स्थिति में जब दो या दो से अधिक नस्ल के लोगों के बीच सम्बन्धों का आदान-प्रदान होता है तब वहाँ नस्ल की समस्या आ जाती है।

सांस्कृतिक या जाति सम्बन्धी समुदाय को एक-दूसरे से राजनीतिक सत्ता के लिए पावर ग्रुप के रूप में भी माना जाता है। नस्ल और सांस्कृतिक बैर-भाव की स्थिति का प्रतीक नहीं होते। उनके स्टेटस के साथ परिस्थितियाँ भी लम्बे समय तक इस तरह के स्वभाव को जारी रखती हैं।

यह भी देखने में आया है कि जाति सम्बन्ध सामाजिक व्यवस्था को नहीं बनाते हैं यद्यपि विरोध सत्ता की स्थापना करते हैं। दूसरी ओर राजनीतिक वर्ग पुरानी व्यवस्था को तोड़ने और आंदोलन की ओर संघर्ष करने पर आमादा होते हैं।[3] पहले से रह रहे किसी विशेष नस्ल और जाति के लोग तथा देशान्तर में बसने वालों को उस समय समस्याओं का सामना करना पड़ता है जब वे परस्पर मिलना-जुलना शुरू करते हैं। इस बारे में काक्स लियोड वार्नर के विश्लेषण को बताते हैं कि ऐसी परिस्थितियों में जहाँ दो तरह के लोग रहते हैं, उनके बीच शान्ति भी रहती हैं और कभी संघर्ष भी होता हैं।[4] काक्स बलशाली समुदायों के सम्बन्धों का तो उल्लेख करते हैं लेकिन कमजोर तथा शक्तिशाली नस्लों, जातियों जैसे गोरी और काली नस्ल और भारत में ब्राह्मण तथा दलितों के बीच के सम्बन्धों के बारे में मौन रहते हैं।

देखा गया है कि जातीय समूह महाद्वीप में रहते हुए दूसरों से अलग तरह का अपना जीवन बिताते हैं और सामाजिक तथा राजनीतिक क्षेत्रों में अलग तरह के रंग भरने के प्रयास रहते हैं।

नस्ल की परिभाषा

यह स्पष्ट है कि अलग-अलग नस्लों के लोगों के बीच सम्बन्धों की स्थितियों को मिलाकर ही नस्ल सम्बन्ध कहलाए जाते हैं। वैसे नस्ल के बारे में कोई सार्वभौमिक परिभाषा नहीं है। जीवविधा में निपुण व्यक्ति हो या समाजशास्त्री नस्ल के बारे में उनके अलग-अलग मत हैं। समाजशास्त्री के लिए नस्ल का जो अर्थ और परिभाषा है, उनसे अलग तरह की स्थितियाँ देखने और महसूस करने में आती हैं, जो काफी दिलचस्प हैं। उदाहरण के लिए अमेरिका में एक भारतीय (गोरे रंग का) को गोरे की तरह नहीं समझा जाता। गोरी नस्ल के व्यक्ति के लिए काली नस्ल के व्यक्ति और भारतीय दोनों के साथ एक जैसा ही व्यवहार होता है।

काक्स के अनुसार हम नस्ल सम्बन्धों के बारे में लोगों के व्यवहार के माध्यम से सोच सकते हैं। नस्ल सम्बन्धों से आशय भिन्न नस्लों के व्यक्तियों के परस्पर

सभी तरह के सामाजिक सम्पर्कों से नहीं है, बल्कि जो सम्पर्क नस्लीय भिन्नता का निर्णय लेते है उससे है। ऐसे सम्पर्क या संवादों को काक्स नस्ल सम्बन्धों से जोड़ते हैं। उदाहरण के लिए अगर भिन्न नस्लों के दो व्यक्ति आपस में मिलते हैं और उनके व्यवहार में किसी तरह का बैर-भाव नहीं होता तब यहाँ कोई सामाजिक अभिप्राय नहीं है। पर अगर उनके व्यवहार से जाति सम्बन्धी विशेष कुछ प्रगट होता है तब सम्पर्क की वैसी स्थिति को सामाजिक सम्पर्क कहेंगे और यह जाति सम्बन्धों के दायरे में आएगा।

जाति व्यवहार हालाँकि मूल सामाजिक स्थितियों पर आधारित होता है। समाज में अन्य के खिलाफ हम भावना का विकास होता है। इस तरह का विचार कुछ समूहों की रुचियों की घनिष्टता के प्रवाह को आगे बढ़ाता है।[6] इस तरह की दृष्टि जरूरी नहीं कि वह नस्लीय आधार पर हो। लेकिन यहाँ एक सवाल भी उठाया जा सकता है कि समान विचारधाराओं के लोगों के बीच संघर्ष के लिए संगठन क्यों और किसके लिए?

नस्लीय बैर की उत्पत्ति

नस्लीय बैर या सामाजिक असंतोष या द्वेष उस समुदाय के विरोध में होता है जो पहले से स्थापित सामाजिक विश्वास और प्रथाओं को स्वीकार करने से इनकार कर देता है। नस्लीय शब्द आजकल साहित्य में खूब प्रयोग होता है, जो नस्लीय घृणा के दर्शन को बतलाता है। नस्ल के उद्भव का अध्ययन इतिहास के उस क्रमिक विकास को पढ़ना होता है जिसका सम्बन्ध कुछ विशेष विचारधारा से होता है।

नस्लवाद पूँजीवादी समाज में रह रहे लोगों के उत्पीड़न की ही स्थिति है। अगर कोई नस्लीय घृणा के बारे में विचार करता है तो उन लोगों के बीच की स्वाभाविक प्रवृत्ति को समझना होगा।[7]

नस्लीय बैर का आधुनिक युग में प्रसार हुआ। विशेष रूप में नस्लीय उत्पीड़न और पक्षपात का विकास यूरोप और अमेरिका के लोगों के बीच पूँजीवाद और राष्ट्रवाद के उभरने से हुआ। नस्लीय बैर यूरोप और उत्तरी अमेरिका के पूँजीवाद से सम्बन्धित व्यवहार में तलाश किए जा सकते हैं। नस्लीय भेदभाव के कारण ही पूँजीवाद चिह्नित होता है।[8] हालाँकि यह धारणा ठीक नहीं है। अगर काले समुदाय के लोग पूँजीवाद के कारण गुलाम थे तब गोरी नस्ल के लोग पूँजीवाद के कारण गुलाम क्यों नहीं बनाए गए। यह स्थिति क्यों रही कि मालिक हमेशा गोरा था और गुलाम काला?

गुन्नार मर्डल का नीग्रो की गुलामी के जैविक सम्बन्धी सिद्धांत के बारे में इस तरह का तर्क है :

जब नीग्रो पहली बार गुलाम बनाए गए तब उनकी पराजय को जैविकीय आधार

पर हेय स्थिति के संदर्भ में न्यायोचित नहीं ठहराया गया था। बहुत पहले जब समाज में उस तरह की चेतना नहीं थी, उन दिनों मनुष्य के दासत्व पर किसी तरह का सवाल नहीं उठाया जाता था। पहले के समय को इतिहास में दर्ज घटनाओं या दुर्घटनाओं के सम्बन्ध में देखें तो बाहर के नीग्रो और पकड़े गए इण्डियंस का गोरों के नौकर सम्बन्धी इकरारनामे की तरह से ही दर्ज है। बाद में नीग्रो की स्थिति माल-असबाब के रूप में हुई। जबकि गोरे नौकर की इतनी तो सामाजिक स्थिति थी ही कि वह इकरारनामे के अनुसार काम करेगा।[9] बाद में गोरी और काली नस्ल के नौकरों के बारे में अलग तरह से सोच-विचार करने और उनसे अलग परिस्थितियों में कार्य कराने का सिलसिला आरंभ हुआ।

जहाँ तक काले लोगों की बात है उनके बारे में इस तरह के तर्क इस आधार पर सही ठहराए जाते रहे हैं कि काली नस्ल के लोग इस धरती के लोगों के बीच अशिष्ट, जंगली और बहिष्कृत माने गए थे। जैसा कि नोहा के बेटे हाम को ईश्वर ने श्राप दिया था और पहले के पाप के कारण उसे हमेशा के लिए नौकर के रूप में अभिशप्त जीवन गुजारना पड़ा था।[10]

यहाँ मर्डल की दृष्टि भ्रमित करती है जबकि उत्पीड़न के इतिहास को समझने का यह एक प्रयास रहा। काक्स के द्वारा नस्लीय सम्बन्धों के बारे में ऐतिहासिक विवरण आगे दिया गया है।

नस्लीय सम्बन्धों की ऐतिहासिक पृष्ठभूमि

मध्यकाल में यूरोप में नस्लीय आधार पर किसी तरह का कोई बैर-भाव न था। सच बात तो यह थी कि यूरोप के लोग उस समय तक विदेशियों के बारे में कुछ भी नहीं जानते थे। साथ ही विश्व के भूगोल के बारे में भी वे नासमझ थे। लेकिन धीरे-धीरे जैसे-जैसे व्यापार के रास्ते खुलते गए और धर्म का विस्तार होता गया वैसे-वैसे यूरोपवासियों ने अजनबी देशों की ओर यात्राएँ करनी आरंभ कर दीं। अमेरिका की खोज और संसार के चारों ओर समुद्र यात्रा करने की स्थिति इसके दो प्रमुख कारण रहे, जिन्होंने यूरोप के लोगों को गैर-ईसाई समुदायों तथा अन्य वर्गों के साथ सम्बन्ध बनाने हेतु उपनिवेश सम्बन्धी उनकी भावनाओं को प्रेरित किया।

ग्यारहवीं शताब्दी के बाद चर्च ने यूरोप के देशों को धर्मयुद्ध की आज्ञा दे दी थी। व्यापारियों के साथ पादरी भी होते थे। एक तरफ गैर-यूरोपवासियों पर आर्थिक उत्पीड़न होता था तो दूसरी ओर नए-नए उपनिवेश बनते जाते थे। इस तरह उनका धर्म भी मजबूत होता था और व्यापार भी। इस तरह के अभियानों में यूरोप के इन हमलावरों के हाथ सब कुछ लगता। आदमी, औरतें, उनके बच्चे, जमीन तथा अकूत प्राकृतिक संपदा। साथ ही नई जमीन तथा जमीन पर रहने वालों पर शासन करने की

महत्त्वाकांक्षाएँ बलवती होती जातीं।

विशेषरूप से इटली, स्पेन तथा पुर्तगाल के व्यापारियों द्वारा यह पूर्व के साथ व्यापार करने की आवश्यकता का समय था। बाद के दिनों में विश्व में व्यापार और व्यापारियों का जाल फैलता गया। इस समय तक भी यूरोपवासियों के प्रति शत्रुता का भाव नहीं पनप पाया था।

तत्कालीन परिस्थितियों में प्रकृति और मनुष्य के सम्बन्धों के बारे में अगर बातचीत की जाए तो विश्व का भूगोल खुली किताब नहीं था बल्कि रहस्य और रोमांच से पूर्ण पहेली जैसा था। तरह-तरह के किस्से और कहानियों पर लोग विश्वास करते थे। चूँकि बाहरी दुनिया से गोरे लोगों का विशेष सम्पर्क नहीं था इसलिए उनमें अपने-आपको सर्वश्रेष्ठ समझने की भावना तक तब नहीं थी। यह भी कहा जा सकता है कि उस समय तक गोरी नस्ल के लोगों ने विश्व में अपनी श्रेष्ठ संस्कृति की धाक जमाने के विचार को विकसित ही नहीं किया था। उनका बड़प्पन उनकी महानता, उनके आदर्श ऐसा कुछ भी तत्कालीन तस्वीर में नहीं था।

यहाँ तक कि पुर्तगाली समुदाय के लोगों ने जब अफ्रीका के तटीय क्षेत्रों में जाकर दखल दिया और हब्शियों से मुठभेड़ भी की, जिन्हें वे अपने से निकृष्ट समझते थे। इन परिस्थितियों में भी यूरोपियन लोगों को अपने सर्वश्रेष्ठ होने का अहसास न था न ही उन्होंने तब तक ऐसा कोई निर्णय लिया था। उन दिनों नाविक हेनरी, स्वयं ईसाई राजकुमार जोहन के साथ थे, जिन्होंने दुश्मन की आस्था पर काबू पाने के अभियान शुरू कर दिए थे। बाद के समय यानी पन्द्रहवीं शताब्दी में पुर्तगाली नाविकों ने नए-नए क्षेत्रों की तलाश शुरू कर दी थी।

हालाँकि अफ्रीकी लोगों को ईसाई धर्म में लाने की मुहिम आरंभ हो चुकी थी, लेकिन वह सब मानवीय आधार पर ही धर्म प्रचार होता था। धर्म परिवर्तन कराने का उद्देश्य था उन्हें ईसाई समाज के अन्य लोगों के बराबर लाया जाए। पुर्तगाली इतिहासकार, गोम्स इन्नेस डे अजुरा ने पन्द्रहवीं शताब्दी की समुद्री यात्रा के दौरान राजकुमार हेनरी के द्वारा अन्य नाविकों की मदद से गुलाम बनाने की प्रक्रिया का उदाहरण भी दिया है। नाविकों के द्वारा गैर-ईसाइयों को गुलाम बनाने का कारण यह रहा कि ईशा मसीह में लोग आस्था रखें और उनके विचार तथा सन्देशों को समझें।

कहा जा सकता है कि इस तरह से शोषण और उत्पीड़न की शुरुआत हुई। उत्पीड़न का आधार था धर्म और उत्पोड़क समुदाय की सांस्कृतिक विरासत। इसी दृष्टिकोण से पुर्तगाल तथा स्पेन देश के लोगों ने समता की परिभाषा भी धर्म में ही तलाश की। अब तक पक्षपात और द्वेष की भावना का विकास हो चुका था और ईश्वर के नाम पर गुलाम बनाने की मुहिम भी शुरू हो गई थी। चूँकि मालिक और गुलाम समुदाय के लोगों के बीच आर्थिक आधार पर बहुत अंतर था इसलिए यह कार्य और भी आसान हो

गया। यह भी कहा जा सकता है कि आर्थिक विवशता ने काली नस्ल के लोगों को गुलाम बनने पर मजबूर किया।

अमेरिका की खोज के बाद नस्लीय रिश्तों के इतिहास में देखा जाए तो नए युग की शुरुआत होती हैं। जब हम नस्ल से सम्बन्धित पक्षपातपूर्ण व्यवहार की बातें करते हैं तब आधुनिक मानवीय समाज में आर्थिक उत्पीड़न भी सामने आता है। यह अब पूरी तरह से स्पष्ट हो गया हैं कि विश्व के आदिम लोगों में नस्लीय आधार पर पक्षपात नहीं था। और न ही मूलवासियों के साथ अमेरिकी लोगों का व्यवहार उतना घृणित था।[11] तब पूर्व के साथ हमलावरों के स्वार्थ पूरे नहीं हुए तो उन्हीं पर आधिपत्य होने की शुरुआत होने लगी। दूसरा प्रमुख कारण था सामाजिक और आर्थिक! साथ ही वेस्ट इण्डीज, ईस्ट इण्डीज और अमेरिका में मनुष्य के श्रम का व्यवसायीकरण। बाद में जब यह व्यवसाय बढ़ा तो पश्चिमी यूरोप के उत्पीड़न की प्रक्रिया तेज हुई। राष्ट्रवाद की भावना भी विकसित हुई। राष्ट्रवाद और पूँजीवाद के प्रचार-प्रसार के कारण स्थिति यहाँ तक आ पहुँची कि यूरोप की राष्ट्रवादी ताकतें कमजोर वर्ग के लोगों पर अपने आर्थिक आदर्श को न्यायोचित ठहराने लगीं। जबकि पश्चिमी स्कालर अपनी सैन्य ताकत, आर्थिक तथा सांस्कृतिक सिद्धि के वर्णन और विवरण की थ्योरी पर सोच रहे थे, लेकिन प्रायः जो तर्क दिए जाते रहे हैं, उनमें बाइबिल की कहानी के हाम का तर्क सबसे मजबूत रहा कि उन्हें काली नस्ल के लोगों को निम्न कार्य करने के लिए श्राप दिया गया। यह हिंदू मिथक से मिलती-जुलती थ्योरी ही हैं जो जन्म-जन्मांतर के विचार को मजबूत बनाती है।

नस्ल सम्बधों की शुरुआत के किसी वर्ष को अंकित करना हो तो हमें वर्ष 1493-94 का चुनाव करना चाहिए। यह वह समय रहा जब संसार के गैर-ईसाई समुदायों के लोगों का अमानवीय तरीके से शारीरिक स्तर पर भी शोषण होने लगा था। नस्लीय भेदभाव के इस इतिहास को यूरोपियन राष्ट्रों के तथाकथित दो महान उपनिवेशी नीतियों की रोशनी में देखें। टोरेसिल्स की सन्धि (7 जून, 1494) के अनुसार स्पेन और पुर्तगाल के बीच कूटनीतिज्ञ आधार पर हुए समझौते के अनुसार तो विश्व के सभी काले समुदाय के लोगों को इन दो देशों की दया पर छोड़ दिया गया था।[12]

उस समय ऐसा नहीं सोचा गया था कि मजदूरों की भर्ती का उद्देश्य अमेरिकी प्राकृतिक संपदा का दोहन था।[13] यह व्यवसाय आगे नहीं बढ़ सका, क्योंकि इण्डियन्स और नीग्रो लाल और काले रंग के थे। क्योंकि वे न्यून कार्यक्षमता रखते थे, लेकिन एटलांटिक के पार वे खानों और फार्मों में अधिक मेहनत करने वाले मजदूर थे।[14] ऐसा भी समझा जाता है कि अगर गोरे मजदूर आवश्यक संख्या में उपलब्ध हो जाते तो वे ही उनका विकल्प बन जाते। पर ऐसा हुआ नहीं। कारण चाहे कुछ भी क्यों न रहे हों। हालाँकि वेस्ट इंडीज और महाद्वीप में शुरुआती दौर में गोरे मजदूर ही

माँगपूर्ति करते थे। गोरों में मालिक भी थे और मजदूर भी। उनके बीच शोषण भी था लेकिन बाद में परिस्थितियाँ बदलती चली गईं। एक ही नस्ल के लोगों के बीच मालिक और मजदूर के सम्बन्ध अधिक समय तक न रह सके। अब तक गोरे पूर्णतः मालिक बन चुके थे और अपनी ही धरती से किन्हीं कारणवश कट कर या काट दिए जाने के परिणामस्वरूप काली नस्ल के लगभग सभी मजदूर बन गए थे।

इस तरह से यह आधुनिक नस्ल सम्बन्धों की शुरुआत थी। लेकिन दो मानव समुदायों के बीच इसे आदर्श रिश्ता नहीं कहा जा सकता। पर जैसे भी थे, नस्ल सम्बन्ध तो उनके बीच थे ही। इतिहास इसकी पुष्टि करता है। यही नहीं पूँजीवादी वर्चस्व के कारण काले समुदाय के लोगों पर गोरों के प्रमुख का शिकंजा और भी बढ़ता गया। 1880 में नस्लीय स्थिति पर ब्रिटिशर्स के उद्देश्य के बारे में मि. इर्ल ग्रे ने ठीक ही कहा था :

''ब्रिटिश साम्राज्य के इन उपनिवेशों में काले समुदाय के लोगों को गोरों द्वारा बहुत ही हेय समझा जाता था।'' जब वे अपनों के साथ प्रतिस्पर्धा में आते थे तक उनके स्वार्थ और भी तीखे हो जाते थे यानी काले लोगों के साथ उनका व्यवहार और भी खराब हो जाता था। इस तथाकथित गोरी कही जाने वाली नस्ल के लाभ विशेषरूप में दो तरह से और भी बढ़ जाते थे। जो जमीन मूल लोगों के पास थी उस पर गोरे लोगों की बस्तियों के लिए बलात कब्जे किए जाते थे दूसरे भारती मजदूरों की सप्लाई करने में उनकी चाँदी हो जाती थी। इसलिए कि मजदूर उन्हें बहुत ही सस्ते मिलते थे।[15]

बात यहीं तक सीमित नहीं थी। राजनीतिक स्तर पर भी गोरों ने अपने प्रभुत्व को बढ़ा कर काले समुदाय के लोगों पर तरह-तरह से उत्पीड़न करना आरंभ कर दिया था। अब यह राजनीतिक लड़ाई बन गई थी। पूँजीवाद शोषक साम, दाम, दण्ड, भेद नीति से खुलेआम काले लोगों का शोषण करने लगे थे। इस तरह से गोरों और कालों के बीच बैर-भाव और भी अधिक बढ़ गया था। अब गोरों को काले लोगों पर अत्याचार करने के लिए कारण भी खोजने की जरूरत नहीं थी।[16]

नस्लीय सम्बन्धों के बारे में जहाँ तक रोमन कैथोलिक चर्च की भूमिका या उत्तरदायित्व का सवाल है इस संदर्भ में सम्बन्धित धार्मिक परिस्थितियों का अध्ययन करने के पश्चात् हमें उस समय चर्च की कोई विशेष प्रगतिशील भूमिका नहीं मिलती। भारत में जो स्थिति मन्दिरों की थी वही पश्चिमी देशों में चर्च की रही है। उनका धर्म गोरे लोगों का ही पक्ष लेता रहा था। जैसे कि काले लोगों को गुलाम बनाना, फिर उनके श्रम की कीमत पर पूँजीवाद का विकास करना। इस प्रक्रिया पर चर्च के द्वारा एक सीमा तक रोक लगाने के साथ अगले चरण में उन्हीं काले लोगों को भावनात्मक आधार पर गुलाम बनाने का कार्य चर्च ने शुरू कर दिया था। इसके बड़े गलत और गंभीर परिणाम

हुए। लास कासेस ने सम्बन्धित समस्या के बारे में अपनी बात इस तरह से कही है :

"इण्डियन्स आलसी, मलिन, अशिष्ट लोगों के प्रतिनिधि के रूप में हैं और कुत्ते से अधिक वे और कुछ नहीं हैं। ये केवल गुलामी के योग्य हैं। इस दशा में कि इन्हें ईसाई बनाने की उम्मीद में इनका मन परिवर्तन किया जा सके।"

पूँजीवादी शोषण की यही विशेषता भी थी कि उनसे अमानवीय तरीके से काम लिया जाए और जितना मर्जी शोषण किया जाए। इसके बारे में गोरे मालिकों का तर्क भी जान लिया जाए। उनका कहना था कि वे (काले समुदाय के लोग) हैं ही इस लायक। उनकी योग्यता भी इसी स्तर तक की है।

1550 में अंतिम रूप से पूँजीवाद के द्वारा नस्लीय भेदभाव पर नए-नए तर्क देने वालों को तैयार किया गया। उन्होंने इसे न्यायोचित भी ठहराया। सेपुलवेदा उनमें से एक थे। उन्होंने इंडियन्स के खिलाफ मजदूरी के विषय को लेकर स्पेनवासियों के समर्थन में अपनी राय दी। विशेष रूप में इण्डियन्स के खिलाफ और स्पेनवासियों के अधिकारों के लिए वल्लाडोलिड में लास कासस के साथ उनकी बहस भी हुई थी। इस विचारधारा की इससे बढ़कर भयंकर स्थिति और क्या हो सकती है कि पीड़ित समुदाय के बारे में बोलने या कहने की इजाजत ही नहीं थी। वे उस समय के कट्टर नस्लवादियों में से थे।[18] उनका तर्क था कि इण्डियन्स स्पेनवासियों से कम योग्य हैं। इसलिए उनका शोषण होता है। देखा जाए तो नस्लीय उत्पीड़न के दर्शन की यह सीधे-सीधे चुनौती थी। कुछ समय पूर्व तक स्पेनवासियों की यह धारणा भी रही कि इण्डियन्स धर्म परिवर्तन के योग्य ही नहीं हैं।[19] बाद में विचारकों, विशेष रूप से उत्तरी यूरोप के देशों के चिंतकों ने इस बात के लिए सुबूत प्रस्तुत किए कि 'नेटिव पिपल' जानवरों जैसी संस्कृति रखते हैं।[20] वे सांस्कृतिक मिश्रण के योग्य नहीं हैं।

वैसे इन सब तर्कों तथा मतों का यह उद्देश्य नहीं है कि अन्य क्षेत्र या नस्ल के मनुष्य से गोरी नस्ल के लोग कहीं अधिक सर्वश्रेष्ठ हैं बल्कि गोरों को सर्वश्रेष्ठ होना ही चाहिए। इन्हीं मतों के द्वारा गोरे लोगों की मानसिकता को अन्य नस्ल के लोगों की तुलना में समझा जा सकता हैं। उदाहरण के लिए भारत में अंग्रेजी का प्रभुत्व इसलिए नहीं हुआ कि वे अनगिनत राज्यों, सूबों में तथा रियासतों में बँटे देश को राष्ट्र बनाने के योग्य थे बल्कि उस समय विश्व पर गोरे लोग अधिकार करने की स्थिति में थे। काक्स ने तो ब्रिटिशर्स को शासन करने वाली जाति भी बतलाया है।[21]

हालाँकि इस तर्क में उतना सच नहीं जितना बढ़ा-चढ़ाकर बताया जाता रहा है। गोरों के पास बल था, लेकिन लोग भूल जाते हैं कि वे बल से कहीं अधिक छल का प्रयोग करते थे। उनके पास साम्राज्यवादी नीतियाँ थीं जिनके वे स्वयं ही सूत्रधार थे। बावजूद अंग्रेजों के बारे में उनके सर्वश्रेष्ठ होने की मानसिकता का तेज गति के साथ

प्रचार-प्रसार हुआ।

यही कारण रहा कि गोरे लोग अन्य नस्ल तथा जाति से अपने रंग और प्रभुत्व के कारण अपने आप को अलग मानते रहे। इस तरह के नस्लीय बैर से समाज में विभाजन हुआ। सर्वश्रेष्ठ समझने की भावना ने ताकत के रिश्तों को भी बढ़ाया। नस्ल समस्या एक तरह से सामाजिक समस्या है, जिसका संदर्भ किसी समुदाय की शारीरिक पहचान से भी रहा है। इस तरह से हमें नस्लीय बैर पर आधारित दो नस्ल के अलगाव और उनकी समस्याओं के विभिन्न तत्त्वों को समझना चाहिए। उदाहरण के लिए—संयुक्त राष्ट्र अमेरिका में नीग्रो जैसा दिखने वाला अफ्रीकन अमेरिकन विभिन्न समस्याओं से जूझता है यानी गोरी और काली दोनों तरफ की नस्लों के लोगों के द्वारा समस्या का सामना करना पड़ता है। सामान्य तौर से देखा गया है कि जहाँ व्हाइट नीग्रो के साथ निष्पक्ष लोग गोरे की तरह व्यवहार करते हैं और उससे आशा करते हैं कि वह गोरी नस्ल की तरह ही व्यवहार करें। वहीं उन्हीं व्हाइट नीग्रो को काले समुदाय के द्वारा आयोजित सभा-सम्मेलनों में शामिल होने से भी रोका जाता है। जबकि एक काले रंग के नीग्रो को हाइवे पर हमले का सामना करना पड़ता है, क्योंकि उसकी पत्नी गोरी चमड़ी जैसी लगती है। बात यहीं तक सीमित नहीं है। यदि एक व्यक्ति अफ्रीकन वंश-परंपरा से आता है, इस बारे में पूरेतो रिकन का कहना है, होनुलूलू में नाई की दुकान पर जाता है तब वह शैलानियों के लिए आकर्षण का केन्द्र होता है। वह वहाँ अपने बाल कटा सकता है। लेकिन अगर कोई अफ्रीकन खून से सम्बन्ध रखता है और अपने-आपको अफ्रीकन मूल से कहता है तो नाई की दुकान पर उससे कहा जाता है कि वह गलत जगह पर आ गया है।

दक्षिण अफ्रीका में जाने वाले गोरों ने यहाँ के मूल निवासियों को किस तरह उनकी जमीन से बेदखल किया और उनको दास बना कर उन्हें भुखमरी और बदहाली के कगार पर ला खड़ा किया, इसका एक लंबा इतिहास है। यहाँ की जनता ने अपनी जमीन, सम्पत्ति और मवेशी के छीने जाने का प्रतिरोध बड़ी सख्ती से किया था और गोरों के साथ यहाँ के मूल निवासियों ने कई घमासान युद्ध लड़े, पर गोरों के आधुनिक हथियारों के आगे इनके परंपरागत हथियार टिक नहीं पाए।

इतिहास के पन्ने देखने से पता चलता है कि 1487 में पुर्तगाली नाविक कप्तान बार्थलोय्यू डायज अफ्रीका के दक्षिणी सिरे पर स्थित केप तट तक पहुँचे। तूफान में फँस जाने के कारण इस स्थान का नाम उन्होंने '**केप ऑफ स्टार्म्स**' (तूफानी अंतरीप) रख दिया। बाद में पुर्तगाल के तत्कालीन राजा इमैन्युल ने इस स्थान को '**केप ऑफ गुड होप**' नाम से पुकारा।

इसके दस साल बाद 25 दिसम्बर, 1497 को एक और पुर्तगाली नाविक वास्को डी गामा दक्षिण अफ्रीका पहुँचा और वहाँ के मूल बाशिंदों, खोई-खोई तथा अन्य

जातियों के साथ वास्को डी गामा का युद्ध '**गायों की खाड़ी**' में हुआ। '**बे ऑफ काउज**' को आजकल '**मॉसेल की खाड़ी**' कहते हैं। खोई-खोई लोग बड़ी संख्या में मवेशी पालते थे और इसी कारण से इस जगह का नाम '**गायों की खाड़ी**' जाना जाता था।

आनन्दस्वरूप वर्मा लिखते हैं कि पुर्तगाली नाविकों के जहाज अक्सर यहाँ लंगर डालते थे और यहाँ के मूल बाशिंदे भी यूरोप से आने वाले इन गोरे लोगों का दिल खोल कर स्वागत करते थे पर गोरे आगन्तुकों ने इनके खिलाफ साजिशें रचनी शुरू कर दी थीं। 17वीं शताब्दी में डच ईस्ट इंडिया कम्पनी के जहाजों में आने वाले गोरों ने अंतत: ऐसी स्थिति पैदा कर दी जिससे स्पष्ट हो गया कि वे अफ्रीकियों की जमीनें हड़पने और उन्हें बेदखल करने पर आमादा हैं।''

बकौल आनन्दस्वरूप वर्मा दक्षिण अफ्रीका की स्थिति सर्वथा भिन्न है—हर दृष्टि से।[22] यहाँ के एक विशाल भाग की समूची सामाजिक और आर्थिक व्यवस्था को जिस क्रूर तथ्य ने बेहद अमानवीय और कठिनतम बना दिया है वह वहाँ के काले लोगों पर स्थापित गोरेशाही यानी रंगभेद-नीति और इसका विकृततम रूप दक्षिण अफ्रीका में देखने को मिलता है। यह मात्र संयोग नहीं है कि अफ्रीका महाद्वीप के साहित्य की चर्चा में जिन लेखकों और कृतियों का महत्त्वपूर्ण ढंग से उल्लेख होता रहा है, उनमें से अधिकांश दक्षिण अफ्रीका के हैं। अलेक्स ला गुमा, रिचर्ड राइव, एजेकिएल म्फालेले ऐलन पैटन, माइकेल पिकार्डी, लीविस न्कोसी, फिलिस अल्टमान आदि का सारा साहित्य मुख्यतया गोरे-काले के संघर्ष का साहित्य है, साहित्य रंगभेद-नीति के विरोध का है।

दक्षिण अफ्रीकी उपन्यासकार एजेकिएल म्फालेल[23] का मानना है कि जिन विषम परिस्थितियों में यहाँ के लेखकों को जिंदगी गुजारनी पड़ती है उनमें सर्जनात्मक लेखन की गुंजाइश बहुत कम रह जाती है। सारी शक्ति इन स्थितियों से संघर्ष करने में क्षीण हो जाती है। यह सवाल किया जा सकता है कि लेखन की दिशा में यह प्रेरणा क्यों नहीं बन सकती है? इसके जवाब में म्फालेले का कहना है कि ये स्थितियाँ 'आदमी को लकवाग्रस्त कर देने वाली स्थितियाँ रही हैं।' जबकि लीविक्स न्कोसी ने अपनी पुस्तक 'टास्क्स एण्ड मास्क्स—थीम्स एण्ड स्टाइल्स ऑफ अफ्रीकन लिटरेचर' (लंदन, 1981) में लिखा है कि अफ्रीका के अन्य देशों में आजादी की स्थितियों ने वहाँ के लेखकों को ऐसा अवसर प्रदान किया है कि वे आराम के साथ अपने अतीत को देख सकें और उपनिवेशवाद के आने से पूर्व की विरासत से प्रेरणा ग्रहण कर सकें। लेकिन दक्षिण अफ्रीका के लेखकों के सामने भविष्य का दबाव इतना जबर्दस्त रहा कि अतीत की ओर देखना संभव ही नहीं है।

सितम्बर, 1988 में एथेन्स में रंगभेद के खिलाफ संस्कृति विषय पर एक महत्त्वपूर्ण

विचारगोष्ठी हुई, जिसमें दक्षिण अफ्रीका में रह रहे तथा दक्षिण अफ्रीका से निर्वासित लेखकों ने बड़ी संख्या में भाग लिया। विचारगोष्ठी का उद्घाटन करते हुए नादिन गार्डिमर ने कहा—''दक्षिण अफ्रीका की जनता देश की फूहड़ और खतरनाक स्थितियों में जिस नई संस्कृति की स्थापना के लिए संघर्ष कर रही है वह जनता की जनवादी संस्कृति है, जिसका सरोकार देश के आम आदमी से है। रंगभेद-विरोधी संस्कृति की स्थापना के लिए हमें वह निपुणता हासिल करनी चाहिए जिससे हम कला का इस्तेमाल वास्तविक क्रांतिकारी उद्देश्य के लिए कर सकें।' श्रीमती गार्डिमर ने विचारगोष्ठी को इस दृष्टि से काफी महत्त्वपूर्ण बताया कि इससे दक्षिण अफ्रीका में रहने वाले लेखक दूसरे देशों के रचनाकारों को यह बता सकें कि उन्हें किन अमानवीय स्थितियों में साहित्य-सृजन करना पड़ता है।

क्या यह अमानवीय स्थितियाँ गोरे और अश्वेत लेखकों दोनों के लिए समान हैं ? ऐसा नहीं है। दक्षिण अफ्रीका का शासन गोरों के हाथों में है और उन्होंने दक्षिण अफ्रीका को एक ऐसा देश बना दिया है जहाँ कालों की अस्मिता पूरी तरह समाप्त हो चुकी है। यह एक दुखद स्थिति है। सदियों से गोरे आदमी के बोझ को ढोने की प्रक्रिया जारी है। मजे की बात है कि यहाँ जो भी अन्याय हो रहा है वह जनतंत्र, ईसाइयत और सभ्यता की नकाब ओढ़कर।

जोहान्सबर्ग, केपटाउन, डरबन, प्रिटोरिया, पोर्टएलिजवेथ, ईस्ट लंदन जैसे गोरों के शहर समृद्धि के प्रतीक है। इनकी सड़कें कारों से भरी हुई है। इनकी रातें नियॉन साइनों सी चमकती रहती हैं। यहाँ विशाल अट्टालिकाएँ हैं लेकिन यह सब कुछ मुट्ठी-भर लोगों के लिए है जो नस्लवादी अत्याचार पर टिका हुआ है। इसके विपरीत अश्वेत दक्षिण अफ्रीका की गरीबी और बेबसी का बयान नहीं किया जा सकता।[24]

1985 में एलन पैटन ने कहा था कि ''कई पीढ़ियों से दक्षिण अफ्रीका की गोराशाही एक शेर पर सवार है। यह शेर दिन-ब-दिन तगड़ा होता जा रहा है और सवार दिन-ब-दिन बूढ़ा और बीमार। सवार शेर पर से उतरना चाह रहा है।'' दक्षिण अफ्रीका के राष्ट्रपति डे क्लार्क ने अपने पूर्ववर्ती हठधर्मी राष्ट्रपतियों फोरवुड, जान फोस्टर और पीटर बोथा की नीतियों के विपरीत कदम उठाकर फरवरी, 1990 में नेल्सन मंडेला को 27 वर्षों की कैद के बाद रिहा किया और 'शेर से सवार के उतरने की प्रक्रिया' को तेज किया। नई परिस्थिति में दक्षिण अफ्रीका में जो नए अंतर्विरोध पैदा हो रहे हैं और सत्ता के जो नए समीकरण बन-बिगड़ रहे हैं, उनकी अभिव्यक्ति आने वाले दिनों में साहित्य में दिखाई देगी।[25]

गुलामी

संस्कृति, परंपराओं और नीति-निर्धारण के इतिहास को देखें तो नस्ल की वकालत

करने वाले प्रतिनिधि गुलामी को प्राकृतिक मानते हुए उसके औचित्य को सही ठहराते रहे हैं जबकि अन्य परतंत्रता की भयंकर स्थिति मानते हैं और कुछ एक तरह से जाति से बाहर के एक अवज्ञापूर्ण सदस्य मानते हैं।

नस्ल के शुद्ध होने की स्थापित प्रक्रिया भी गुलामी है। गुलामी की परिभाषा में कहा जाए तो काले लोग या काले समूह के लोग, आर्थिक क्षेत्र में एक सामग्री या शोषित के अलावा और कुछ नहीं हैं, जिनका निर्माण या उपज से सीधा-सीधा रिश्ता है। इस स्थिति में पूँजीपति अमानवीय ढंग से नस्लीय आधार पर दूसरे पक्ष (ब्लैक) पर अपनी ताकत का भरपूर प्रयोग करता है। मालिक ही गुलाम की ऊर्जा को मनमर्जी से प्रयोग करता है, इसलिए भी कि वह बाजार में सस्ते भाव पर पहले वाले गुलाम (या गुलामों) के स्थान पर नए गुलाम को रख सकता है।

गोरे लोगों की तरह काले लोगों का समाज में कोई स्थान नहीं होता है। काले व्यक्ति का सामाजिक महत्त्व अपने किसी गुण से नहीं होता बल्कि अपने मालिक के सामाजिक रुतबे और ताकत से निश्चित होता है। दूसरे शब्दों में, एक गुलाम जब अपने-आपको किसी गोरे मालिक को पूरी तरह से सौंप देता है तो गोरे समुदाय में उसकी इज्जत बढ़ती है। स्पष्ट शब्दों में कहें तो किसी भी गुलाम का अपना कोई स्वतंत्र मान-सम्मान नहीं होता, अगर होता है तो उसके अपने मालिक के कारण। गुलाम का अपना व्यक्तित्व कुछ नहीं होता। अगर होता है तो केवल मालिक की छाया के नीचे। गोरों की छाया या वर्चस्व ही उसके लिए सब कुछ होता है।

मालिक ही गुलाम की रुचियों, अभिरुचियों के साथ उसके शारीरिक सम्बन्धों की प्राकृतिक प्रक्रिया तथा पारिवारिक स्थिति के बारे में तय करते हैं। केवल उदर पूर्ति करना और पशु समूह की तरह रहना ही गुलाम की स्थिति है। मालिक के अनुसार ही काले व्यक्ति को महिलाओं से बच्चे करने होते हैं। मालिक के लिए गुलाम महिलाओं के साथ विवाह करना हालाँकि कानूनन निषेध है, लेकिन इस तरह का प्रचलन रहता ही है। और बिना विवाह के एक से अधिक पुरुषों के साथ रहने वाली महिलाओं का होना आम रहा है।

साधारणत: मालिक और गुलाम के बीच शारीरिक सम्बन्ध अनेक तरह के थे। संयुक्त राज्य अमेरिका के दक्षिण राज्यों में इस तरह की प्रवृत्ति को सामाजिक मंजूरी कभी नहीं थी। पर गोरे और गुलाम महिला के बीच गुद-मैथुन का होना पाया जाता रहा। साथ ही उनके बीच शारीरिक सम्बन्ध भी चलते थे। परिणामस्वरूप चितकबरे बच्चे पैदा होते थे। इस तरह यौनाचार का सामाजिक व्यवस्था के लिए चुनौती तो कम सिरदर्द अधिक बना।

इस तरह की स्थितिवश गुलाम व्यक्ति और गोरी महिला के बीच शारीरिक सम्बन्ध बहुत कम रहे। विवाहों को तो स्वीकृति मिल ही नहीं सकी। दूसरी तरफ

गोरी महिला को इस तरह के गुप्त सम्बन्धों का खमियाजा भुगतना पड़ता था। उसे गर्भ होना तो जैसे संकर (समस्या) का आगमन था। इस तरह के बच्चे को जन्म देना स्वयं महिला को शर्मिन्दगी उठाना था। क्योंकि गोरे समाज में यह सब बेइज्जती का कारण होता था। काले बच्चे को पैदा करने का अर्थ था सामाजिक समस्या को स्वीकार करना और हीन-हीन स्थिति को आमंत्रित करना।

जहाँ काले गुलाम को अपनी सामाजिक अस्मिता के बिना अस्तित्वहीन स्थिति में रहना होता था वहीं गुलाम महिलाओं को गोरे मालिकों की रखैल बनकर रहने में महत्त्व हासिल हो जाता था। ऐसी महिलाओं का स्थान अपने ही गुलाम समाज में बढ़ जाता था। वे महिलाएँ गोरी महिलाओं के लिए ईर्ष्या का कारण बनती थीं। इस तरह के शारीरिक सम्बन्ध खेतों या बगीचों के गोरे मालिकों के और गुलाम औरतों के बीच सुविधा से होते थे।

गुलामी ही गुलाम के व्यवहार पर निर्णय करती थी। स्वतंत्र गुलाम बहुत कम होते थे। गुलामों के बीच आजादी की भावना का होना न के बराबर था। पर अपवाद भी थे। कुछ गुलामों ने अपनी गुलामी की जंजीरों को तोड़ा, ऐसे भी उदाहरण मिलते हैं जिन्हें अपनी आजादी प्रिय थी, उन्होंने गोरों की गुलामी की जंजीरों को तोड़ा और उस व्यवस्था को नकारा जो मानवीय आधार पर गलत थी। उनमें गुआना के बुश नीग्रो, जमैका के मारून और नार्दर्न यूनाइटेड स्टेट्स के भगोड़े विशेष रूप से शामिल थे। पर सहमति और तालमेल के उदाहरण भी उन्होंने प्रस्तुत किए।

अधिकांश रूप में गुलामों के लिए अपने गोरे मालिकों को संतुष्ट करना ही बड़ी सेवा और वफादारी थी। गुलामों का अस्तित्व और जीवन की सुरक्षा भी इसी में थी। वरना उनके आसपास तो निर्दयी चक्र घूमता रहता था। कुछ परिस्थितियों में ऐसे भी गुलाम रहे जिन्होंने अपनी मेहनत से मालिकों की ओर से सहानुभूति बटोरी। मैत्थू जी लेविस ने अपनी पत्रिका '**जर्नल आफ ए वेस्ट इण्डियन प्रोपराइटर**' में समझौता-परस्त गुलामों का उल्लेख किया है :

नीग्रो के आनन्दमय क्षणों के बारे में सन्देह किया जाता रहा है। लेकिन जैसा कि मैंने स्वयं देखा वे एक साथ बातें करते, गाते, नाचते, शोर मचाते और अपने हावभाव से ऐसा उत्पात करते, एक-दूसरे के ऊपर गिरते-पड़ते कि जमीन को ही मथ डालते''' उनका शोर, प्रमोद, खिलखिलाकर हँसना, उनकी बूढ़ी महिलाओं का गाना, नाचना, अपने शरीर को गाउन में ढँकना, सिर पर रंगबिरंगे रूमाल बाँधना और कोलाहल के बीच मौन खड़े रहना निश्चित ही काले लोगों की इच्छाओं, उमंगों को महसूस कराते हैं।

ब्लैक नस्ल के मानव समाज को अपने अधीन रखने की गोरों की मानसिकता के साथ सामाजिक अंत:करण के संघर्ष के बारे में हमें पता चलता है। इस सम्बन्ध में

युक्तिपूर्वक व्याख्या हमें साउथ कारोलिना (1836) के जे. सी. पोस्टेल के द्वारा मिलती है। यह उस समय की आधारभूत व्याख्या ही नहीं है बल्कि उन्होंने तत्कालीन आस्था और प्रचलन का चित्रण भी किया है :

यह (गुलामी) एक नैतिक बुराई नहीं है। इसका कारण यह है कि गुलामी का ईजाद मनुष्य के द्वारा नहीं किया गया है बल्कि दैवी उत्पत्ति है। अगर गुलामी मनुष्य-कृत होती या नैतिक बुराई तो अब तक क्यों इसका अस्तित्व रहता। क्योंकि इस तर्क को प्रस्तुत करने वाले यह कहते हैं कि जो ताकत सृजन करती है वही विध्वंस भी करती है। जबकि चर्च और राज्य के सभी कानून बने और गुलामी को खत्म करने के लिए आंदोलन भी हुए। फिर भी कुछ नहीं हुआ। वास्तव में यह लार्ड (ईश्वर) की ही रचना है और वह ही इसे समाप्त करेगा।[26]

अमेरिका में काले और गोरों के परस्पर रिश्ते

अमेरिका का अर्थ क्या हैं ? यह कहते हुए हम भूल जाते हैं कि हमने कुछ विशेष नस्ल के लोगों पर अपने विचार थोपे हुए हैं, कि एक राष्ट्र में हम अनगिनत राष्ट्र हैं, हम इटेलियन अमेरिकन हैं, चाइनीज अमेरिकन हैं, अफ्रीकन अमेरिकन हैं, स्कोट आइरिश अमेरिकन हैं। उन्हें गिनना भी मुश्किल है। हम अपने उच्चारण का पोषण करते हैं, पारिवारिक जड़ों के बारे में शोध करते हैं और जातीय भोज पर घमण्ड के साथ उद्वेलित होने लगते हैं। हम हमेशा अपनी उस संस्कृति तथा इतिहास पर घमण्ड करते रहे हैं जहाँ से हम आए थे। हम अपनी क्षेत्रीय परंपराओं और उनके रंगों से अभी भी प्रभावित हैं। हम उनके उल्लास में जीते हैं, अपनी जड़ों की पुरानी गंध को महसूस करते हैं। पर हम हमेशा यही कहते रहे हैं, ''हम सब अमेरिकी हैं।''

इसके लिए हमें विभाजन को रेखांकित करने वाली नस्ल सम्बन्धी क्लिटर्न की नवीनतम रिपोर्ट का अध्ययन करना होगा जोकि 39 राज्यों के 17,000 अमेरिकन से बातचीत कर 14 माह में तैयार की गई थी। इस रिपोर्ट के सार्वजनिक होने से पहले कमीशन के चेयरमैन जोहन होप फ्रेंकलिन ने प्रेसीडेंट को लिखा था, ''**कलर ब्लाइण्ड सोसाइटी** का यह विचार रेसियल स्टीरियो टाइपिंग जैसा है। रेसियल स्टीरियो टाइपिंग को कम करने के लिए सर्वोत्तम तरीका है नस्लीय मतभेदों के प्रति चेतना आए। जबकि रिपोर्ट में सुझाव इस तरह थे कि राष्ट्रीय एकता के लिए सभी नस्ल सभी समय में हों।''

यह एक तरह का गलत संवाद था। इसके लिए प्रेसीडेंट क्लिंटन तथा जोहन होप फ्रेंकलिन की अलग-अलग परिस्थितियों को समझना होगा। कोई भी दक्षिण का ऐसा व्यक्ति, जिसे काले अमेरिकियों को बस से पीछे ढकेलने के अनादर को अनुभव के साथ अलग अस्पताल, अलग स्नानघर, और बहुत से अच्छे स्कूलों को सुरक्षित

रखना, इसलिए कि भेदभाव की परंपरा जारी रहे, इन सबसे परिचत होना होगा, वह कैसे नस्लीय आधार पर भेदभाव को अच्छी दृष्टि से देख सकता है!

1997 में स्टेट ऑफ द यूनियन को सम्बोधित करते हुए प्रेसीडेण्ट ने डाइवर्सिटी को अमेरिका की ताकत बताया था। वे अमेरिका के पहले राष्ट्रपति थे जिन्होंने यह बात बहुत जोर शोर से कही थी। यह ठीक है कि डाइवर्सिटी एक बड़ी ताकत हो सकती है, लेकिन फिर भी अमेरिका की वह बड़ी ताकत नहीं हो सकती है। बोसानिया विविध है। खाण्डा विविध है। क्यूबेक विविध है। स्थिति यह है कि अमेरिका में जहाँ-जहाँ डाइवर्सिटी का सिद्धांत है वहाँ-वहाँ नस्लीय भेदभाव समाज को तोड़ रहा है। अमेरिका की सबसे बड़ी ताकत यह है कि केवल हम एक राष्ट्र हैं, जैसा मार्ग्रेट थेचर ने इस बारे में अपना विचार दिया, ''विभिन्न नस्लों और राष्ट्रों के लोगों को एकमात्र संस्कृति से जोड़ना निश्चित ही सफलता है।''

इसलिए यह हमारी बहस का राष्ट्रीय विषय होना चाहिए कि वे कौन से कारण हैं जो हमें अलग-थलग कर रहे हैं, क्या इस बारे में राष्ट्रीय स्तर पर संवाद नहीं होना चाहिए? उस समय के बारे में विचार करें, जब अमेरिका अपने उत्कर्ष पर था और हम लेक्सींगटन और कनकर्ड पर आजादी का युद्ध जीत रहे थे और सेलमा एलबामा में हर अमेरिकन स्वतंत्रता के बारे में संघर्षरत था। उस दौरान हम समान अवसर, स्वशासी सरकार तथा व्यक्ति के अधिकारों के लिए संगठित होकर आगे बढ़ रहे थे। उन्हीं सिद्धांतों से नस्लीय समझौते तक पहुँचे थे।

यद्यपि 1787 में अमेरिकी संविधान बनने के समय गुलामी के बारे में विचार किया गया था। प्रजातांत्रिक आदर्शों के लिए प्रतिबद्ध एक नए समाज में यह कैसे सही हो सकता था, दक्षिणी राज्यों में सूती मिलों के अस्तित्व में आने के कारण गुलामी में बढ़ोत्तरी हुई थी। ब्रिटिश एम्पायर में गुलामी के प्रचलन पर निषेध लगने के बाद स्वयं ब्रिटिश आंदोलनकारियों का ध्यान अमेरिका की तरफ गया था। एक समय में गुलामी के खिलाफ अमेरिकी धर्म-योद्धा बन गए थे। अमेरिका के तीसरे राष्ट्रपति थामस जेफ्फर्सन (1743-1826) ने स्वयं गुलामी की जड़ों को पानी देने वाली संस्थाओं पर अनेक बार आलोचनात्मक हमले किए थे। उन्होंने स्वयं अपनी आत्मकथा में लिखा था, ''यह महसूस किया गया है कि कुछ लोग मुक्ति के विचार को भी सहन नहीं करते हैं। यहाँ तक कि आज के दौर में भी नहीं करेंगे। तो भी वह दिन दूर नहीं है जब उन्हें आजाद होना है।''

लेकिन जेफ्फर्सन तथा उनके तत्कालीन समाज सेवियों ने कमजोर वर्ग के अधिकारों पर जोर दिया था। वैसे दक्षिण के अमेरिकी समाज में गुलामी के विषय पर मौलिक रूप में मतभेद थे। गुलामी के विरुद्ध संघर्ष दक्षिण निवासियों के जीवन का अंग बन चुका था। जैसा कि काक्स ने भी उल्लेख किया है कि दक्षिण में गोरे व्यापारियों का

प्रवेश कोल समुदाय के लोगों पर सिर्फ शारीरिक रूप में हमला नहीं था बल्कि सांस्कृतिक स्तर पर भी ये हमले होते रहे थे। बाद के दौर में, गोरे शासक बन गए और काले लोगों को उखड़ना पड़ा।

अलगाव और भेदभाव के प्रेरक तत्त्वों को अगर हम समझने का प्रयास करें तो यह हमें अपने शोध में दर्ज करना ही पड़ेगा कि दक्षिण में बहुत से ब्लैक नस्ल के लोग गरीब, अनपढ़ और शारीरिक दृष्टि से कमजोर रहे हैं, लेकिन यह आधा सच ही है।

विलियम आर्चर, जो अमेरिका में आरंभ में नस्लीय समस्याओं के प्रेक्षक रहे थे, उन्हें अन्य से इस बारे में बेहतर अनुभव होगा। रेलयात्रा के दौरान नस्लीय अलगाव को भी उन्होंने देखा होगा। अपने इसी तरह के अनुभवों के साथ उन्होंने टिप्पणी भी की है।[27]

यह बात बहुत पेंचदार है। इसलिए यहाँ तक बताना भी जरूरी है कि दक्षिणी क्षेत्रों में हालाँकि गरीब, अनपढ़, गँवार और गोरे भी थे, लेकिन उनमें आधारभूत संगठन था, जो गुलामी के सिद्धांत को सीधे-सीधे स्वीकार कर लेने का सुबूत था। दूसरी तरफ गोरे और कालों के बीच एक गहरा फासला था। इसलिए गरीब गोरा भी बड़े शान से भेदभाव की बात करता था।[28]

गोरों के काले लोगों के रिश्तों के साथ मूल समस्या यह रही है कि वे नैतिकता के दो स्टेण्डर्ड रखते रहे हैं। पश्चिमी समाज में ब्लैक के पक्ष में ताकतवर प्रजातांत्रिक ईसाई आस्था विकसित हुई है, पर नस्लीय भावना रखने वाले कुछ गोरों का विचार है कि इस तरह की आस्था काले लोगों को जोड़ती नहीं है।[29]

अमेरिका में रह रहे भारतीयों का उदाहरण और विशेषरूप में सिखों को ही लें। बहुत पहले गोरे-काले समुदायों के बीच रिश्तों को समझते और महसूस करते हुए वे पगड़ी बाँधना और दाढ़ी रखना छोड़ चुके थे। हालाँकि बाद में अपनी परंपरागत वेशभूषा की तरफ लौटे। उनका पहनावा ऐसा था कि वह शेष अमेरिकियों से उन्हें अलग करता था। हिंदू होने के नाते उन्हें कुछ विशेष सुविधाएँ तथा अवसर भी प्राप्त थे। जबकि ब्लैक समुदाय के व्यक्ति और यहाँ तक कि साँवले रंग के व्यक्ति के हिस्से में भी यह सब नहीं था। लेकिन साउथ अफ्रीका के राज्य नाटाल में ऐसा नहीं था। अमेरिका में देखें तो वहाँ हिंदू बहुत अच्छी स्थिति में रहा है जबकि साउथ अफ्रीका में वह मात्र एक तुच्छ कुली के रूप में था। किस स्थान पर किस विचारधारा के लोग रह रहे थे, यह सब कुछ इसी बात पर निर्भर करता था।

यह भी एक तथ्य है कि बड़ी संख्या में गोरे नस्ल के लोग काले समुदाय से आर्थिक क्षेत्र में कहीं अधिक सम्पन्न हैं। यही नहीं गोरी चमड़ी के कारण उनके भीतर अपने-आपको सर्वश्रेष्ठ कहने या कहलवाने की भावना भी है जो एक तरह

से देखा जाए तो गोरों की अपरिवर्तनीय प्रवृत्ति का प्रतीक है। भारत में ऐसा विचार रूढ़िवादी हिंदुओं में देखा और महसूस किया जाता रहा है। समय कितना ही परिवर्तित क्यों न हो जाए, लेकिन वे हरगिज नहीं बदलेंगे। दोनों देशों में इस तरह की जड़ मानसिकता वाले लोग रहे।[30]

ऐसा प्रतीत होता है कि गोरी नस्ल की महिलाओं के विवाहों के लिए सामाजिक प्रतिबंध न केवल सामान्य विवाहों पर था बल्कि अवैध शारीरिक सम्बन्धों पर भी लागू था। जहाँ तक पुरुषों की बात है, उन पर भी यह कम और अधिक रूप में नियम लागू था कि वे काली नस्ल की महिलाओं से विवाह नहीं करेंगे। साथ ही अवैध सम्बन्धों के लिए भी प्रतिबंध थे। विशेषरूप में गोरे अफ्रीकन अमेरिकियों के साथ सम्बन्धों से बचते थे। ऐसा वे अपने-आपको दूषित होना मानते थे। इसके लिए गोरे और काले समूह के बीच वैवाहिक सम्बन्धों को रोकना भी आवश्यक था।

जबकि गुन्नार मर्डल[31] का मानना है कि गोरे व्यक्ति और काली महिला के बीच हुए शारीरिक सम्बन्ध गोरी नस्ल की नहीं बल्कि काली नस्ल को ही प्रभावित करते हैं। वैसे भी उन्होंने ऐसी सम्मिश्रित संतानों का नीग्रो के रूप में ही वर्गीकरण किया है। इसके सम्बन्ध में देखें, काले व्यक्ति और गोरी महिला के मध्य शारीरिक सम्बन्धों के होने का अर्थ है अफ्रीकन-अमेरिकन खून को गोरी नस्ल में मिलाने का प्रयास। लेकिन ऐसे माता-पिता की संतान अफ्रीकन-अमेरिकन होने के कारण उसके आगे बढ़ने की संभावना कम होती है। गोरी महिला का तो सामाजिक दर्जा वैसे ही कम हो जाता है।

सामान्य तौर पर बहुत से चिंतक एवं दार्शनिक ऐसा विश्वास करते हैं कि एक-दूसरे के प्रति अच्छी भावना और सहयोग ही गोरी और काली नस्ल के लोगों को परस्पर नजदीक लाएगा।[32]

नस्लीय समस्याओं की समाप्ति हेतु हालाँकि इस तरह के (अंतरजातीय विवाह) कारगर होते हैं। लेकिन यहाँ गोरे पुरुष को नहीं बल्कि महिला की स्थिति जोखिम में आ जाती है। ऐसा हमें मानकर चलना चाहिए कि नस्लीय समस्या तभी समाप्त हो सकती है जब गोरी महिला को विवाह में काले या गोरे साथी को जीवन साथी चुनने की स्वतंत्रता हो।

लामर एलेक्जेण्डर ने अपने एक लेख 'क्रिएटेड इक्वल' में इस बात का उल्लेख किया है कि जबकि अमेरिका एक राष्ट्र है, उसकी एकता डाइवर्सिटी में झलकती है। उनके अनुसार जोर डाइवर्सिटी में नहीं बल्कि एकता पर दिया जाना चाहिए। इस बारे में वे नस्ल के विचार पर राष्ट्रपति क्लिंटन के आयोग के नस्लों के बोध की आलोचना करते हैं। उनके विचार में डाइवर्सिटी अमेरिका की ताकत नहीं है, जैसा कि राष्ट्रपति

क्लिटन ने इस पर जोर दिया है। यद्यपि अमेरिका की ताकत विभिन्न नस्लों के एक होने में तथा राष्ट्रों के एक ही संस्कृति में होने से है। (परिशिष्ट–1 देखें)

गोरों का उदारवाद

शेलबाई स्टीले ने अमेरिका में 1960 के बाद के युग में गोरों के उदारवाद को दर्शाया है। वे लिखते हैं कि अमेरिका में यह राष्ट्रीय मुक्ति (उदाहरण के लिए जैसा भारत में दलितों के बारे में गांधीजी ने इसे प्रायश्चित कहा था।) के रूप में नहीं बल्कि काले समूह के लोगों को स्वावलम्बी और उन्हें बराबरी देने के विषय पर कार्य करना चाहिए। दूसरे, **अफरमेटिव एक्शन** के रूप में एक वर्ग को कुछ विशेष सुविधाएँ देना न कि काले सुमदाय के साथ होने वाले भेदभाव को समाप्त करते हुए उनका विकास करना। इस तरह से नस्लीय सुधार सद्भावना के अभाव में एक खोखला विचार है। इस तरह की नीति गोरे लोगों के अंत:करण को सुख देती है और कालों की परेशानियों को बढ़ाती है। इस नीति से स्वयं अपनी ताकत को ही संरक्षण दिया जाना होता है। जनतांत्रिक सिद्धांतों के तहत कालों की उन्नति हेतु यह प्रभावकारी सुधार नहीं होता। (परिशिष्ट–2 देखें)

1960 में सिविल राइट्स के लिए आरंभ किए गए काली नस्ल के लोगों के संघर्ष के परिणाम के रूप में **अफरमेटिव एक्शन** को उपलब्धियों के रूप में रखा जा सकता है। फेडरल लेजिस्लेशन पर बढ़ते हुए दबाववश ही 1964 और 1968 के **सिविल राइट्स एक्ट** और 1965 के **वोटिंग राइट्स एक्ट** अस्तित्व में आ सके जोकि स्कूलों, रोजगार, सार्वजनिक सुविधाओं तथा मतदान के लिए भेदभाव समाप्ति और समान अधिकार देने की गारण्टी देता है। सिविल राइट्स आंदोलन के तहत मार्टिन लूथर किंग एक महत्त्वपूर्ण व्यक्तित्व थे, जिन्होंने 1955 में माण्टगोमरी बस बहिष्कार का नेतृत्व कर कीर्ति स्थापना की थी।

इसी का परिणाम था कि वाशिंगटन में सारे अमेरिका से 2 लाख आंदोलनकारियों का ऐतिहासिक मार्च संभव हो सका था। उस समय नस्लीय आधार पर बराबरी की माँग की गई थी।

संदर्भ

1. मर्डल गुन्नार, एन अमेरिकन डाइलेमा, हार्पर एण्ड रौ पब्लिशर्स, न्यूयार्क, 1944, पृ. 573
2. काक्स, आलिवर सी., कास्ट, क्लास एण्ड रेस, माडर्न रीडर पेपरबेक्स, न्यूयार्क, 1948
3. अब्राहम लिंकन ने 1848 में कांग्रेस में कहा, "यह कोई अच्छी बात नहीं है कि हम सनातनी नियमों और परंपराओं को मानते रहें। बल्कि नई रचना के लिए हमें इन्हें तोड़ना पड़ेगा। निकोले, जे.जी. एण्ड हे, जोहन, अब्राहम लिंकन : कम्पलीट वर्क्स, भाग 1, पृ. 105

4. ऐसा प्रतीत होता है कि नस्लीय और राष्ट्रीयता के सिद्धान्त के समीकरण को लायड वार्नर एण्ड लियो सोर्ल ने इस तरह रखा था :

आतिथ्य समुदाय और देशान्तर में बसने वाली संस्कृति के बीच एक बड़ा अंतर होता है, जो अधीनता के विचार से उत्पन्न होता है। इसका जाति सम्बन्धी सामाजिक व्यवस्था पर निर्भर होना भी आवश्यक होता है। जितना अधिक नस्लीय भेद होता है उतनी ही अधीनता की मात्रा अधिक होती है।

इसके बीच (दो नस्ल के समुदायों के मध्य) आपसी मेलजोल होना सांस्कृतिक और शारीरिक लक्षणों पर भी निश्चित होता है।

—देखें, द सोशल सिस्टम ऑफ अमेरिकन एथेनिक ग्रुप्स, पृ. 285-86

5. एडगर. एच. ब्रुक्स का साउथ अफ्रीका की परिस्थितियों के बारे में किया गया वर्णन : आर्थिक रूप से गरीब गोरे, काले समूह के लोग और अन्य आदिवासी सब एक ही श्रेणी में रहते आए हैं। पूँजीवाद के विरोध में कम्युनिस्ट पार्टी के अलावा साउथ अफ्रीका में किसी भी राजनीतिक दल ने उनकी समस्याओं को नहीं उठाया। यह भी सत्य है कि शहरों में रहने वाले गोरे कम्युनिस्ट पार्टी को या लेबर प्रत्याशी को चुनाव में अपने मत नहीं देते। लेकिन कुछ राजनीतिक दल जो मुख्य राष्ट्रीय पार्टी हैं या नहीं, वे अपने-आपको राष्ट्रवादी होने का दावा करती हैं। उनमें चेतना नहीं है। अपने ही साथियों के साथ रहने को वे वरीयता देते हैं। जैसा कि अमेरिका के दक्षिण राज्यों में पहले से रहा। इस बारे में कुछ गरीब गोरों का उदाहरण दिया जा सकता है। (द कलर प्राब्लम्स आफ साउथ अफ्रीका, पृ. 29)

6. देखें, एर्नडेट, हन्नाह, ''रेस-थिंकिंग बिफोर रेजिज्म,'' द रिव्यू आफ पालिटिक्स, भाग 6, जनवरी, 1944, पृ. 36-73 एण्ड डेटवोलियर, फ्रेडिक जी. ''द राइज ऑफ मार्डन रेस एंटागोनिज्म,'' द अमेरिकन जर्नल ऑफ सोसियोलोजी, भाग-37, मार्च 1932, पृ. 738-47.

7. प्रोफेसर रोबर्ट ई. पार्क के आवश्यक विचार को देखें :

किसी जापानी के खिलाफ पक्षपात की भावना का होना उसकी एक विशेष पहचान के कारण होता है जब कोई नस्ल शहरी तौर पर अपनी पहचान का चिह्न रखती है, जिससे व्यक्तिगत रूप में भी उस नस्ल के सदस्य की पहचान हो जाए। वैसी स्थिति में उस नस्ल के लोगों के अलग-अलग रहने की स्थितियों में विकास होता है। उदाहरण के लिए जापानी, चाइनीज और ब्लैक नस्ल के लोग अन्य नस्ल के लोगों की तुलना में स्वतंत्रता से घूम-फिर नहीं सकते। इसलिए कि उनके शरीरों पर उनकी अलग नस्ल होने की पहचान मौजूद होती है।

यही पहचान किसी को दूसरे से अलग करती है। एक बार अलगाव की निर्मिति हुई नहीं कि फिर संपूर्ण नस्ल के लिए वैसी भावना भर जाती है। यह एक दुष्ट चक्र है। यानी पहले अलगाव फिर अन्यायपूर्ण धारणा, फिर अलगाव। (इन स्टेइनर जेस्से एफ., द जेपेनीज इनवेसन)

तब से हमें यह मान लेना चाहिए कि ''सभी नस्ल कुछ ऐसे चिह्न रखती हैं जिनसे उनके अमुक नस्ल होने का अहसास होता है,'' मि. पार्क के अनुसार नस्ल के मामले में कुछ खास वर्गीकरण ऐसे होते हैं जो उन्हें अन्य नस्ल के लोगों से मिलने-जुलने की भावना को असंभव बनाते हैं।

8. मि. ब्राउन, इनाकोरिना, नेशनल सर्वे ऑफ द हायर एजूकेशन ऑफ नीग्रोज, यू.एस. आफिस ऑफ एजूकेशन, न. 6, भाग-6, पृ. 4-8, प्रोफेसर जी. ए. बोगसे इसी से सम्बन्धित टिप्पणी करते हैं :
अंग्रेजी बोलने वालों के दिमाग विषय की गंभीरता के लिए तैयार नहीं होते जैसे कि जर्मन मित्र और दुश्मनों की असमानता। इसी तरह से एंग्लो-सेक्शन ने मास्टर रेस बनने के लिए कभी झगड़ा नहीं किया। जबकि जर्मनी इस बारे में सफल हुए। (इटेलिक्स बोगसे), ''यूरोप वाण्टस् फ्रीडम फ्रोम शेम,'' लाइफ, मार्च 12, 1945, पृ. 41-42.
जर्मनी को हिटलर की व्यर्थ की बातों और गोबेल्स के प्रोपेगण्डा के प्रतिदिन की खुराक की जरूरत महसूस होती थी कि वे अन्य लोगों से सर्वश्रेष्ठ हैं।
—देखें, स्कोट, जोहन, यूरोप इन रिवोल्यूशन, पृ. 216

9. उदाहरण के लिए देखें : रसेल, जोहन एच., ''द फ्री नीग्रो इन वर्जीनिया, 1619-1865 (1913); बल्लध, जे.सी., ए हिस्ट्री आफ स्लेवरी इन वर्जीनिया (1902), हर्ड, जोहन सी. द लॉ आफ फ्रीडम एण्ड बोण्डेज इन द यूनाइटेड स्टेट्स (1858-1862).

10. ए वीक वेरियेशन आफ दिस पोपूलर थ्योरी—कमजोर, क्योंकि पिछड़े हुए लोगों के संदर्भ में अस्थायी रूप में तो यह उन्नत नीति लगती है, पर वहीं कालों को शिक्षित करने के साथ गोरे उनका ईसाईकरण भी कर रहे होते हैं। इस तरह की विभिन्नता ह्वाइट मेन्स बर्डन्स डाक्टाईन के नाम से जाना जाता है। विशेष रूप में 19वीं शताब्दी के उत्पीड़न में मुख्य भूमिका निभाने वाला आदर्श। इस बारे में अन्य मतों के लिए, देखें, ब्राउन डब्ल्यू क्यू रेशनलाइजेशन आफ रेस प्रिजडाइस'', द इण्टरनेशनल जर्नल आफ इथिक्स, अप्रैल, 1933, पृ. 299-301

11. यद्यपि वेस्ट इण्डीज के भारतीयों को गुलाम बनाने में कोलम्बस की भी भागीदारी हुई थी जो उनके अहित में ही हुई। फिर भी इण्डियन्स के बारे में उनका पहला अनुभव इस तरह था :
—वे प्रिय लोग हैं। योरहाइनेस, मैं विश्वास दिलाना चाहता हूँ। वे अच्छे इंसान हैं। उनका देश अच्छा है। वे अपने पड़ोसियों को प्यार करते हैं। वे हमेशा मुस्कराते हुए अच्छा व्यवहार करते हैं।
—उनकी मित्रता का मैं कायल हूँ और जैसा मैं महसूस करता हूँ कि उनका विश्वास ईसाई आस्था में भी श्रेष्ठ है। मैंने उन्हें कुछ रंगीन बटन दिए और कुछ को काँच के दाने भी दिए। वे हमसे इतना हिलमिल गए कि हम यह सब देखकर चकित थे।
—देखें, मेकनट, फ्रांसिस ए., बार्थोलोम्यू डी. लास केसास, पृ. 18-19

12. 1455 से पूर्व पोप निकोलस पंचम ने अफ्रीकन तटीय क्षेत्रों में पुर्तगालियों को उनकी अपनी खोज के लिए विशेष अधिकार दे दिए थे। लेकिन धार्मिक प्रचार-प्रसार से अधिक उनके व्यापारिक उद्देश्य कहीं अधिक थे।

13. संवैधानिक सभा में गुलामी को लेकर बहस के दौरान चार्ल्स ए. बीयर्ड का विचार था : साउथ कारोलिना में विशेषरूप से यह निश्चय किया गया और उत्तर के प्रतिनिधियों को यह समझाया गया कि अगर वे अपने व्यापारिक विशेष अधिकारों को सुरक्षा चाहते हैं, उन्हें गुलामी के व्यापार के लिए रियासत देनी पड़ेगी। यहाँ एल्सवर्थ कहते हैं : वर्जीनिया और मार्यलेण्ड में गुलाम की जनसंख्या इतनी तेजी के साथ बढ़ी कि उन्हें आयात करने से तो यह सस्ता ही था जबकि बाहर चावल भेजना भी जरूरी था। अगर हम समय को देखते हुए कुछ नहीं करते हैं तो साउथ कारोलिना और अन्य जातियों के साथ अन्याय होता। जैसे-जैसे जनसंख्या बढ़ती है वैसे-वैसे गरीब मजदूरों की इतनी भीड़ हो जाएगी कि गुलाम बेकार हो जाएँगे।'' (एन इकानोमिक इण्टरप्रेटेशन आफ द कांस्टीट्यूशन, पृ. 177. कोट फ्रोम फ्रारेण्ड, मैक्स, रिकार्ड, पृ. 371)

14. अमेरिका की बस्तियों में रहने वाले आरंभिक स्पेनियों के बीच मजदूरों की स्थिति पर बहस के दौरान प्रो. बेली. डब्ल्यू. डिफे. का विचार इस तरह से है : एक नीग्रो मेहनत करने में दो, चार और इससे भी अधिक इण्डियन्स के बराबर था,'' लेटिन अमेरिकन सिविलाइजेशन, पृ. 206

15. मोरेल, ई. डी. द्वारा उल्लेख, द ब्लैक मेन्स बर्डन, पृ. 30

16. यहाँ हम बताना चाहते हैं कि नस्लीय द्वेष किसी व्यक्ति या समूह के पूरी तरह से सचेत होने की स्थिति में ही होता है। इस तरह का द्वेष या अलग तरह की मानसिकता का विकास उत्तराधिकारियों के रूप में भी विकसित होता है। एडम स्मिथ के अनुसार जो नस्लीय द्वेष करना सिखाते हैं तथा इस उद्देश्य की पूर्ति हेतु आर्थिक मदद करते हैं वे उनसे कहीं अधिक बेवकूफ हैं जो इस तरह की विचारधारा में विश्वास रखते हैं और इसका पालन भी करते हैं।

17. मेक नट्ट फ्रांसिस आगस्टस, पृ. 83, यह अच्छी तरह से ध्यान में रखना चाहिए कि उपनिवेश आंदोलन अमेरिका के सामंती ढाँचे में परिवर्तन नहीं था। यह पूरी तरह से एक अलग आर्थिक तत्परता की शुरुआत थी। उपनिवेशी पूँजी का पतन, फिर गोरों की पूँजी काली नस्ल के लोगों के खेतों में चली जाती, एक तरह से उनका (काले लोगों का) भी आर्थिक फायदे के लिए शोषण होता (मेक नट्ट, पृ. 288)।

18. तत्कालीन समय के स्पेनिश लेखकों के बीच (लगभग 1535 से आगे) जो नए संसार में मानवीय उत्पीड़न के तेज-तर्रार तरीकों के साथ सहमत थे, उनमें गोंजोलो फर्नांडिस डी ओविडो रहे हैं, जिनके द्वारा किए गए कार्य का संग्रह किया गया है, हिस्टोरिया जनरली नेचुरल डी लास इंडियास (चार भागों में)। यह ओविडो का विचार था, यहाँ तक कि रायल कमीशन के नाते अमेरिका जाने के बाद इंडियन्स को जंगली जानवरों के राज्य से दूर नहीं किया गया था और क्रूर उपाय जरूरी थे, अगर वे ईसाई बनकर ठीक-

ठाक तरीके से मजदूरी करना सीख जाएँ।

19. मेक नट्ट, पृ. 94-95
20. ओलिवर सी. कोक्स लिखते हैं कि बीस्ट्स आफ बर्डन (यह शब्द काली नस्ल के लोगों के लिए प्रयोग किया गया है) मानवीय सम्मान रखने के अधिकारी नहीं हैं जिन्हें मानव होने के नाते सम्मान मिलना चाहिए। वे कभी भी शोषण का शिकार बनाए जा सकते हैं। चाहें पूँजीवादी शोषण हो या नस्ल के आधार पर उत्पीड़न को, कुछ जागरूक चिंतकों ने उठाया तब-तब ही शासक वर्ग जवाब देने के लिए तैयार रहा। यही कि काली नस्ल के लोगों को मालिकों के साथ वैसा कोई अधिकार नहीं हैं। शोषण करने वाली जमात अपना पैसा खर्च करती है और इस तरह के सवाल उनकी सम्पत्ति, उनकी जमीन और पूँजी पर हमले माने जाएँगे (काक्स, 1948)।
21. काक्स, पृ. 427
22. काली सुर्खियाँ, सं. राजेन्द्र यादव, प्रवीण प्रकाशन, महरौली, नई दिल्ली, 1994, पृ. 21
23. वही, पृ. 22
24. वही, पृ. 23
25. वही, पृ. 27
26. पार्कर पिल्सबरी, द चर्च एज, इट कोटेड बाई बोवन, टेवोर, डिवाइन ह्वाइट राइट, पृ. 107
27. आर्चर के विचारों के साथ जारी—
    अगर ऐसा स्वीकार नहीं किया जाता तो दक्षिण आम लोगों का नहीं साधुओं का एक देश बन गया होता। यह उनके अपने तरीकों में रहा है कि कभी वे अपने-आप को आदमी ही नहीं उससे कहीं आगे बल्कि निर्दयी भी दिखते हैं (एफ्रो-अमेरिका से, 1910, पृ. 72)।
28. एम्ब्री, एडविन आर., ब्राउन अमेरिका, 1933, पृ. 205
29. ये विश्वास स्वयं सामाजिक निर्धारित नहीं हैं; ये केवल दो सामाजिक व्यवस्थाओं के बीच के द्वंद्व को प्रकट करते हैं, जो प्रजातांत्रिक श्रमजीवी और अल्पजन पूँजीपति हैं।
30. पुराने साहित्य का अगर अवलोकन करें, हेनरी डब्ल्यू ग्रेडी के पैराग्राफ की अलंकारिक तीव्रता, हमें भावुक स्वर देती है :
    लेकिन साउथ की गोरी नस्ल के आधिपत्य को हमें बनाए रखना चाहिए और नीग्रो प्रभुत्व का हर तरह से प्रतिकार करना चाहिए। क्योंकि गोरी नस्ल श्रेष्ठ नस्ल है। यह कोई नई घोषणा नहीं है। यह हमारी हड्डियों की मज्जा में हमेशा के लिए निवास कर चुकी है और हमेशा ही खून में दौड़ती रहेगी, जो एंग्लो-सेक्सन हार्ट्स को ऊर्जा देती रहेगी।
31. मर्डल, गुन्नार, पृ. 589
32. आर. एफ. एलफ्रेड, साउथ अफ्रीकन के संदर्भ के साथ ला सकते हैं। इसके लिए दोनों नस्ल के लोगों को कुछ नियमों का पालन करना होगा कि गोरे और काले लोग अपनी-

अपनी नस्ल में ही विवाह करें।

यह मुझे अप्रासंगिक और निरर्थक लगता है कि दोनों नस्लों के लोगों को अपनी-अपनी पहचान को ध्यान में रखते हुए मजबूत बनाना चाहिए"(''रेस मिक्चर एण्ड नेटिव पोलिसी इन साउथ अफ्रीका'' इन शापेरा, पृ. 278-79)।

2

भारत में जाति व्यवस्था

भारतीय समाज में जाति की अवधारणा का महत्त्वपूर्ण स्थान है। जन्म से लेकर मृत्यु तक जाति और जाति से सम्बन्धित मानसिकता और उसका वर्चस्व हमारा पीछा नहीं छोड़ते। जाति-उपजातियाँ छाया की तरह व्यक्ति और व्यक्ति समूह के साथ-साथ चलती हैं। उन्हें काट कर अलग नहीं किया जा सकता। जाति की उत्पत्ति और उसके विकसित होने की परिस्थितियों के बारे में विद्वानों के अलग-अलग आर्यों के भारत में आने के बाद से जुड़ी। उससे पहले भारतीय समाज जाति और धर्म के संकुचित विचार से मुक्त था। किसी के साथ किसी तरह का अमानवीय व्यवहार नहीं होता था। ऐसा भी माना जाता है कि आर्यों ने अपने रंग, रूप और शुद्धता को बचाने के लिए जातियों की रचना की और उन्हें ईश्वर निर्मित बतला दिया, क्योंकि जाति की अवधारणा को वे समाज में अटूट रखना चाहते थे।

समय बदलने के साथ जातियों के स्वरूप में भी बदलाव आए। एक तरह से यह भी माना जाता है कि जाति-व्यवस्था भारतीय समाज में अलगाव का प्रतीक रहा है। आरंभ में मानव समाज को चार वर्णों में बाँटा गया।

जब आर्य लोग सबसे पहले भारत में आए तो वे तीन सामाजिक वर्गों में विभाजित थे—योद्धा अथवा कुलीन वर्ग, पुरोहित एवं सर्व-साधारण। वर्ण-चेतना उस समय बिलकुल नहीं थी, जैसाकि इस प्रकार के कथनों से सिद्ध होता है कि ''मैं चारण हूँ, मेरा पिता वैद्य है और मेरी माँ अनाज पीसती है।'' व्यवसाय पैतृक नहीं थे, और न की कोई ऐसे नियम थे जो विवाह संबंधों को इन वर्गों के भीतर ही सीमित करते हों अथवा यह बताते हों कि किसके साथ भोजन नहीं करना चाहिए। समाज का तीन वर्गों में विभाजन केवल सामाजिक एवं आर्थिक संगठन की सुविधा के लिए था। वर्ण (वर्ग नहीं) की दिशा में पहला कदम उस समय उठाया गया जब आर्यों ने दासों को सामाजिक परिधि से बहिष्कृत किया। संभवत: उन्होंने ऐसा दासों के भय से किया।[1] दास अलग रंग-रूप और भिन्न संस्कृति के थे।

समाज को औपचारिक रूप से चार व्यापक समूहों में बाँट देना ही वास्तविक

वर्ण-व्यवस्था नहीं थी। प्रथम तीन वर्णों के रूप में संभवत: ब्राह्मणों ने एक सैद्धांतिक रूपरेखा तैयार कर दी थी, जिसमें विविध व्यवसायों का नियोजन था। चौथे वर्ण में मिश्रण एवं परिवर्तन अवश्यंभावी था, और इसकी व्याख्या वर्णसंकरत्व के मूल के रूप में की जाती थी। परंतु ऐसा प्रतीत होता है कि चौथे वर्ण का आधार जाति एवं व्यवसाय दोनों थे। (जैसा कि आगे चलकर अछूतों के उद्‌भव में भी हुआ, जिनकी स्थिति इतनी हीन थी कि बाद की शताब्दियों में उनके स्पर्श मात्र से मनुष्य अपवित्र हुआ समझा जाता था) किसी भी व्यवसाय के व्यक्ति का वर्ण एक लंबे समय के बाद बदल सकता था। धीरे-धीरे वैश्य जो 'आर्य' थे—व्यापारी और जमींदार हो गए और शूद्र उन्नति करके किसान बन गए (हालाँकि उनकी हालत खेती करने वाले दासों जैसी नहीं हुई)। अब दासों के ऊपर आर्यों का पूरा आधिपत्य हो चुका था। शूद्रों को भूमि पर खेती करने का अधिकार तो मिल गया था, परंतु उन्हें द्विज का दर्जा अभी भी नहीं मिला था।

समाज के ऐसे विभाजन के महत्त्व और उच्चतम वर्ण को प्राप्त होने वाले विस्तृत अधिकारों को समझने में ब्राह्मणों को देर नहीं लगी। यह दावा करके कि केवल वे ही राजा को देवत्व प्रदान कर सकते हैं (जिसे पाना राजा के लिए अनिवार्य बन चुका था), उन्होंने प्रथम स्थान ही प्राप्त नहीं किया, बल्कि वर्ण-विभाजन के लिए धार्मिक स्वीकृति भी प्रदान कर ली।[2]

वरिष्ठ स्कालर एम. के. शर्मा के अनुसार सभी देशों में सामाजिक समूह जाति और नस्ल सम्बन्धी पहचान के रूप में जाने जाते हैं। एक छोटे से देश यूगोस्लाविया में छह नस्ल के लोग रहते हैं। वे पूछते हैं कि भारतीय नस्ल को जाति के रूप में क्यों पुकारा जाता है।[3] डॉ. अम्बेडकर अपनी पुस्तक 'भारत में जाति' में इसे स्पष्ट करते हैं। उनके अनुसार अमेरिका में विशेषरूप में तीन तरह की जातियाँ हैं—गोरों की जाति, कालों की जाति और रेड इंडियन्स की जाति। इस तरह से यह एक जातिगत धर्म है।

अगर हम सर विलियम्स के विचार को देखें तो धर्म सम्बन्धी उनका विचार डॉ. अम्बेडकर के करीब होता है। अम्बेडकर ने आर्य धर्म या ब्राह्मण धर्म को धर्म नहीं माना। वैसा ही सर विलियम्स भी कहते हैं। उनका कहना है कि हिंदू शब्द से हमें एक भौगोलिक सीमा का अहसास होता है न कि धर्म का।[4] जब आर्य सेन्ट्रल एशिया से पर्वतों को पार कर भारत में आए तब सबसे पहले वे सिंधु नदी (जो आज इंदुस नाम से जानी जाती है) के पास ठहरे। पर्सियन में सिंध का उच्चारण हिंदू के रूप में हुआ और आर्यों के लिए उन्होंने हिंदू शब्द का प्रयोग किया। जबकि बाल गंगाधर तिलक[5] वेद, पुरणों, शास्त्रों के संदर्भ में हिंदू शब्द को लेते हैं। इसके आगे अन्य महापुरुषों के विचार दर्शन को लें। जी. जे. गजेन्द्र गडकर के विचार में हिंदू किसी एक देवता में विश्वास नहीं करते हैं।[6]

वर्ण व्यवस्था और जातियों की उत्पत्ति के विषय में दो मत प्रचलित हैं। एक मत रूढ़िवादियों का है और दूसरा मानवतावादियों का है। रूढ़िवादी हिंदुओं के अनुसार चारों वर्ण अर्थात ब्राह्मण, क्षत्रिय, वैश्य और शूद्र ब्रह्म के द्वारा निर्मित हुए बताते हैं। दूसरे मत के अनुसार वर्ण व्यवस्था और जातियों का विभाजन मनुष्यकृत हैं।

इस तरह हिन्दुओं में जातियों की संख्या में वृद्धि का मूल मनोवैज्ञानिक कारण एक दूसरी जाति के पीछे ऊँच-नीच की भावना का होना है। भारत में वर्ण-व्यवस्था और जाति का इतिहास बहुत पुराना है। कुछ विद्वानों का मत है कि वर्ण-व्यवस्था और जाति के जन्मदाता एवं प्रणेता मनु थे, लेकिन डॉ. अम्बेडकर इस बात को नहीं मानते कि मनु ने 'जाति प्रणाली का निर्माण किया। पर इतना तो अवश्य ही कहा जा सकता है कि ''बुद्धकाल तक आते-आते इसने न केवल सामाजिक दृढ़ता प्राप्त कर ली, अपितु उच्च और निम्न वर्ग की विद्वेषपूर्ण भावना को भी जन्म दे दिया।''

शूद्रों की उत्पत्ति संबंधी खोज पर सर्वप्रथम डॉ. अम्बेडकर ने कलम उठाई थी। हू वेयर शूद्राज, पुस्तक (1947) में लिखी, जिसमें उन्होंने प्रमाणित किया है कि शूद्रों की उत्पत्ति आर्य-क्षत्रियों के उस सूर्यवंशी वर्ग में से हुई जिनका वैमनस्य के कारण ब्राह्मणों ने उपनयन संस्कार करने से मनाही कर दी थी। जिसका वर्णन महाभारत के शांति पर्व (बारह-60, 38-40) में आया है। यहाँ नवल वियोगी का मानना है, ''शूद्रों की उत्पत्ति जिन क्षत्रियों से हुई वे आर्य नहीं अनार्य थे। वे सिंधु घाटी के वीर शासक आयुद्ध जीवी वर्ग की संतान थे।'' इनके अलावा अन्य विद्वानों ने भी इस बारे में अपने मत दिए हैं। अवन्तिका प्रसाद मरमट लिखते हैं, ''यदि आर्य शूद्र होते तो मनु क्यों कहते कि शूद्र के सम्मुख वेद न पढ़ें।'' प्रश्न उठता है, शूद्र को वेद पढ़ने, सुनने, स्मरण रखने आदि से क्यों वंचित कर दिया गया? उसके खिलाफ इतने कठोर एवं अमानवीय दण्ड की व्यवस्था क्यों की गई। शायद इसलिए तो नहीं कि शूद्र जान ले कि उसके पूर्वज दास, दस्यु, असुरों के गौरवपूर्ण इतिहास वेदों में हैं और जिन्होंने आर्यों से पग-पग पर भीषण एवं लम्बा संघर्ष किया था।

सर मोनियर विलियम्स के विचार में हिंदू शब्द धर्म से अधिक एक विशेष क्षेत्र से अधिक जुड़ा है। वे लिखते हैं :

शूद्रों की ऐतिहासिक उत्पत्ति का सबसे बड़ा समाजशास्त्रीय प्रमाण था जाति-व्यवस्था का प्रमुख गुण। ऊँच-नीच की भावना की उत्पत्ति इसी आधार पर हुई। यानी जो जाति युद्ध में जीत गई वह प्राकृतिक रूप में अपने-आप को हारने वाली जाति से उच्च समझने लगी तथा इसके विपरीत हारने वाली जाति जीतने वाली की तुलना में स्वयं को हीन समझने लगी। बाद के दौर में इसी रूप में इन दोनों का सामाजिक स्तर भी स्वीकार कर लिया गया। समय बदलने के साथ नियम भी कठोर होते गए। संभवतः उनमें से कोई भी आक्रमणकारी विजयी जाति निम्न जातियों में शामिल नहीं हुई। भले

ही ब्राह्मणों ने उनमें से कुछ जातियों को शूद्र घोषित कर दिया। ज्ञातव्य है कि मिस्र में भी ऐसा ही हुआ जबकि रोम द्वारा विजय कर लिए जाने पर रोमन सामाजिक रूप में सबसे उच्च स्थान पर आ गए। ग्रीकों के आने के बाद वे मध्य में तथा मिस्र वाले सबसे नीचे।

रजनीकान्त शास्त्री लिखते हैं कि ब्राह्मणों की इस मनोवृत्ति का यह फल हुआ कि वर्ण निर्णय में जन्म ने 'कर्म' का स्थान छीन लिया। साथ ही उनमें परस्पर घृणा तथा छुआछूत आदि जैसी मलिन भावनाओं को फैलाकर उन्हें अपाहिज बना दिया। उनका तर्क है कि 'ब्राह्मण शब्द के साथ उच्चता और 'शूद्र' शब्द के साथ निम्नता का जो भाव एक बार लग गया उससे बाद के दौर में भी पीछा छुड़ाना मुश्किल हो गया।

इसे एक जाति के उत्कर्ष और दूसरी जाति के पराजित होते-होते विरोध का काल भी कहा जा सकता है। हालाँकि जिन्होंने पराजय स्वीकार नहीं की वे लड़ते-लड़ते मारे गए। उन सभी का साक्ष्य हमारे पास नहीं है। हाँ, उनके उखड़ने और अपनों से बिछुड़ने की दर्दनाक कहानियाँ हमारे पास जरूर हैं। हमलावर आर्यों की बर्बरता का जिक्र बहुत से इतिहासकारों ने किया हैं। वे अर्ध-नग्न रहते थे या पशुओं की खाल पहनते थे। शत्रुओं की खोपड़ियों का प्रयोग पानी पीने के लिए करते थे।

पिगट के शब्दों में, ''आर्य भाषाएँ बोलने वाले नार्डिक लोगों ने हमला करके सिंधु घाटी की महान सभ्यता को उजाड़ कर रख दिया था, शहरों को आग लगा दी, पुरुषों की हत्या कर दी गई। इस प्रकार सिंधु घाटी की सभ्यता पर आर्यों की विजय को एक महान सभ्यता पर असभ्यों की विजय कहा जा सकता है। जाहिर बात है कि सिंधु देश के निवासियों के वध के बाद उनके शेष बचे बीवी-बच्चों को आर्यों ने अपना गुलाम बनाया होगा। उन पर अपनी मान्यताएँ थोपी होंगी। मृत द्रविड़ सैनिकों के वंशजों के सामने और कोई विकल्प नहीं रहा होगा। हो सकता है कुछ ने विकल्प तलाश करने के प्रयास किए होंगे। अपने प्रयासों में कुछ सफल भी हुए होंगे और कुछ नहीं भी। दोनों स्थितियों में उनके भीतर द्वंद्व रहा होगा। कुछ भागे भी होंगे। पर उन्हें कितनी सफलता मिली होगी।

जाति की परिभाषा एवं व्युत्पत्ति

'जाति' का मूल अर्थ है, ''जन्म अथवा उत्पत्ति की समानता।'' कहीं-कहीं प्रजाति, परिवार अथवा अंश के लिए भी इसका प्रयोग होता हैं। लेकिन ''हिंदुओं में यह विशेष संस्था है जो वर्ण-व्यवस्था (समाज के चार वर्गों में विभाजन) से भिन्न है। इसका आधार जन्म और व्यवस्था है तथा समाज, भोजन, विवाह आदि प्रथाएँ हैं। जबकि वर्ण का आधार प्रकृति के आधार पर कर्तव्य का चुनाव और तद्नुकूल वृत्ति (शील

और आचार) है।'' प्रत्येक जाति का आधार परम्परा से निश्चित है, जिसे धर्मशास्त्र और विधि मान्यता देते हैं। तीन प्रकार के आचारों—देशाचार, जात्याचार तथा कुलाचार—में से जात्याचार भी है।''

''महाभारत में 'जाति' का प्रयोग मनुष्य मात्र के लिए किया गया है। सभी वर्णों (जातियों) का इतना संकर (मिश्रण) हो चुका है कि किसी भी व्यक्ति की (मूल) जाति की परीक्षा कठिन है। सभी जातियों के पुरुष सभी जातियों की स्त्रियों में संतान उत्पन्न करते आए हैं, इसलिए तत्त्वदर्शी पुरुषों ने शील को ही प्रधान माना है, जाति को नहीं।'' इससे स्पष्ट हो जाता है कि वर्ण और जाति में अन्तर होता है। यद्यपि ये दोनों एक-दूसरे के पर्याय प्रतीत होते हैं। आधुनिक युग में विज्ञान अपनी प्रगति की बुलन्दियों पर है। ''जीव विज्ञान के अन्तर्गत, सामाजिक प्राणियों का एक समूह, जो दूसरे समूह अथवा जाति से, अपने सामाजिक क्रिया-कलापों से भिन्न होता है,'' उसे जाति कहते हैं।

अंग्रेजी के 'कास्ट' (**बेजम**) शब्द का मूल स्पेनी और पुर्तगाली भाषा में पाया जाता है। 'कास्टा' (**बेज**) का अर्थ 'लीनिज' या 'रेस' (**स्पदमंहम वत त्वम**) होता है। यह शब्द भी लैटिन के शब्द 'कैस्टस' (**बेंजने**) से लिया गया है, जिसका अर्थ 'शुद्ध' होता है। स्पेन के लोगों ने इस शब्द का प्रयोग सबसे पहले 15वीं शताब्दी के मध्य किया था। लेकिन भारतवर्ष में इसका प्रयोग पुर्तगालियों के माध्यम से किया गया था।

विकासवाद के संस्थापक डार्विन ने इस शब्द का प्रयोग विभिन्न सामाजिक जीवों और प्राणियों के सन्दर्भ में किया है। भारत में अंग्रेजों और पुर्तगालियों के आगमन के समय भारतीय जनता पहली बार पाश्चात्य भाषाओं के शब्दों से अवगत हुई हो, जैसा कि श्री केतेर ने अपने मत में प्रकट किया है।

लेकिन 'जाति' शब्द भारत में स्मृतियों, पुराणों, महाभारत, बुद्ध और महावीर के कालों में प्रचलित था। शब्द का वर्तमान स्वरूप 'कास्ट' (**बेंजम**) फ्रेंच भाषा का शब्द है,'' जो वर्तमान काल में दृष्टिगोचर होता है। इस शब्द को जाति अथवा मनुष्य वर्ण के अर्थ में अधिक-से-अधिक 1550 ई. में प्रयोग हुआ था। ''स्पेनी शब्द कास्टा (**बेंज**) को यूरोपियन, अमरीकन और अफ्रीकी मिश्रित जातियों अथवा वंशों के लिए प्रयोग किया गया था।''

इस बारे में आलिवर सी. काक्स सर हर्बर्ट रिस्ले की थ्योरी को आगे बढ़ाते हैं जिन्होंने जाति को नस्ल के सम्बन्ध में ही प्रयोग किया है। इसका समर्थन नृपेन्द्र कुमार दत्त ने भी किया है। उनके अनुसार आर्यों को रंग और रक्त मिश्रण का भय था। इसलिए जाति संरचना बनी। हालाँकि काक्स लिखते हैं कि इतने लम्बे समय में रंग आधारित थ्योरी या विचार असफल रहा है। जबकि ओ. पी. गोयल का मानना है

कि अपने आरंभिक दौर में जाति व्यवस्था उतनी रूढ़ नहीं थी।

ओलिवर सी. कॉक्स 1498 का उदाहरण देते हैं। जब वस्को डि गामा कालीकट आए थे। उन्होंने यहाँ अलग-अलग तरह के समूहों को देखा था।[7]

भारतीय गाँव : अस्पृश्यता के केंद्र

हिंदुओं का गाँव हिंदुओं की समाज-व्यवस्था की मानो प्रयोगशाला है। गाँव में हिंदू समाज-व्यवस्था का पूरा-पूरा पालन होता है। जब कभी कोई हिंदू भारतीय गाँवों का जिक्र करता है तो वह उल्लास से भर उठता है। वह उन्हें समाज-व्यवस्था का आदर्श रूप मानता है। उनकी यह पक्की धारणा है कि संसार में इसकी कोई तुलना नहीं। कहा जाता है कि सामाजिक संगठन के सिद्धांत में भारतीय गाँवों का एक विशेष योगदान है, जिसके लिए भारत गर्व कर सकता है।

हिंदू अपनी इस धारणा के बारे में कि भारतीय गाँव सामाजिक संगठन के आदर्श रूप हैं, कितने कट्टर होते हैं। इसका अनुमान भारतीय संविधान सभा के हिंदू सदस्यों के धुआँधार भाषणों से लगाया जा सकता हैं, जो उन्होंने अपने इस मत के समर्थन में दिए थे कि भारतीय संविधान में भारतीय गाँवों को स्वायत्त प्रशासनिक इकाइयों के संवैधानिक पिरामिड के आदर्श के रूप में स्वीकार किया जाना चाहिए, जहाँ उनकी अपनी-अपनी विधायिका, अपनी कार्यपालिका, अपनी न्यायपालिका होती है। अस्पृश्यों के दृष्टिकोण में इससे बढ़कर कोई दुखद बात नहीं है। भगवान का शुक्र है कि संविधान सभा ने इसे स्वीकार नहीं किया। इसके बावजूद हिंदू अपनी इस बात पर हमेशा जोर देते हैं कि भारतीय गाँव समाज-व्यवस्था के आदर्श रूप हैं। यह धारणा हिंदुओं की कोई पुश्तैनी धारणा नहीं हैं और न इस धारणा की जड़ें उनके अतीत में छिपी हुई हैं। यह उन्होंने **चार्ल्स मैटकाफ** से ली है, जो ईस्ट इंडिया कंपनी में एक कर्मचारी था और राजस्व अधिकारी के पद पर काम करता था। उसने अपने राजस्व के दस्तावेजों में भारतीय गाँवों का इस प्रकार वर्णन किया :

''प्रत्येक गाँव छोटे-छोटे गणराज्य हैं, जिनमें अपनी-अपनी आवश्यकता की, लगभग हर वस्तु मौजूद है और वे दूसरों से पूर्णतः स्वतंत्र हैं। ऐसा लगता है कि जब कुछ नहीं बचेगा तब भी वे बने रहेंगे। सल्तनतें एक के बाद एक गिरती जाती हैं, एक के बाद दूसरी क्रांति होती हैं। हिंदू, पठान, मुगल, मराठा, सिख, अंग्रेज बारी-बारी से शासक बनते जाते हैं, लेकिन गाँव वैसे के वैसे ही रहते हैं। संकट के दिनों में वे अपनी रक्षा स्वयं कर लेते हैं। जब आक्रामक सेनाएँ देश को एक कोने से दूसरे कोने तक रौंदने लगती हैं तब गाँव के लोग अपने-अपने जानवरों को अपने-अपने बाड़े के अंदर बंद कर लेते हैं और आक्रामकों को चुपचाप रास्ता दे देते हैं। अगर वे स्वयं लूटमार का निशाना बनते हैं और फौजों के आक्रमण को नहीं झेल पाते हैं तो वे भागकर दूर के

किसी गाँव में चले जाते हैं। लेकिन जब फौजे निकल जाती हैं तब वे लौट आते हैं और अपना धंधा फिर शुरू कर देते हैं। अगर किसी भू-भाग में बार-बार लूटमार और नर-संहार होता है, और गाँव फिर से आबाद न हो सकें, तब लोग बिखर जाते हैं। लेकिन ज्यों ही अमन-चैन हो जाता है त्यों ही ये लोग अपने-अपने गाँव फिर वापस आ जाते हैं। एक पीढ़ी गुजर जाती है, लेकिन उसके बाद आने वाली पीढ़ी लौट आती है। बेटा, बाप की जगह ले लेता है और अपने बाप-दादा के गाँव आ जाता है, उसी जगह घर बनाता है जहाँ उसके बाप-दादा का घर था, यह पीढ़ी भी वहीं पर फिर बस जाती है जहाँ उसके पूर्वज गाँव में फिर से आबाद होने पर दुबारा इसमें आए थे। इस बार किसी छोटे-मोटे हमले से डरकर नहीं भागेगी, क्योंकि अब ये लोग मुसीबतों का मुकाबला करने के लिए अपना दल गठित कर लेंगे और लूटमार करने वाले का सफलतापूर्वक मुकाबला कर लेंगे। मैं सोचता हूँ कि गाँव के लोगों का इस प्रकार संगठित होना और अपने लिए एक छोटी-मोटी शासकीय इकाई बनाना सभी प्रकार की उथल-पुथल और उलट-फेर के बावजूद भारत की जनता के संरक्षण में जितना सहायक हुआ, उतना कोई और तत्त्व नहीं हुआ और इसी के कारण यहाँ की जनता खुशहाल रही, उसने आजादी का सुख भोगा।

हिंदुओं ने भारतीय गाँवों के बारे में जब अंग्रेज सरकार के एक अधिकारी का यह वर्णन पढ़ा, तब वे फूलकर कुप्पा हो गए, उन्होंने इसे अपना वास्तविक गुण समझा। भारतीय गाँवों के बारे में इस दृष्टिगोण को अपनाकर हिंदुओं ने अपनी बुद्धि या ज्ञान के प्रति न्याय नहीं किया, बल्कि उन्होंने अपनी कमजोरी ही प्रकट कर दी। चूँकि बहुत से विदेशी भारतीय गाँवों के बारे में इसी आदर्शपरक दृष्टिकोण को सही मान लेते हैं, इसलिए समाज की असली तस्वीर पेश करना उचित होगा, जैसी कि हर किसी को भारतीय गाँवों में मिलती है।

भारतीय गाँव अलग से सामाजिक इकाई नहीं हैं। उनमें भिन्न-भिन्न जातियाँ होती हैं। परंतु हमारे प्रयोग के लिए यह कहना पर्याप्त है :

1. गाँव में दो तरह की आबादी होती है—(क) स्पृश्य और (ख) अस्पृश्य।
2. स्पृश्य लोगों की संख्या अधिक और अस्पृश्य लोगों की संख्या थोड़ी होती है।
3. स्पृश्य लोग गाँव में रहते हैं और अस्पृश्य गाँव के बाहर अलग-अलग घर बनाकर रहते हैं।
4. आर्थिक दृष्टि से स्पृश्य लोग सबल और शक्तिशाली होते हैं, जबकि अस्पृश्य लोग गरीब और पराश्रित होते हैं।
5. स्पृश्य लोग सामाजिक दृष्टि से शासकों की जाति से आते हैं जबकि अस्पृश्य लोग पीढ़ी-दर-पीढ़ी चले आ रहे बँधुआ लोगों की जाति होती है।

भारत के गाँवों में रहने वाले इन स्पृश्य और अस्पृश्य लोगों के बीच आपसी व्यवहार की शर्तें क्या होती हैं ? प्रत्येक गाँव में स्पृश्य लोगों का एक आचार-संहिता होती है, जिसका अस्पृश्यों को पालन करना होता है। यह संहिता उन कार्यों को निश्चित करती है जिनको करने या न करने पर अस्पृश्य लोगों का अपराध माना जाता है। इन अपराधों की सूची निम्नलिखित है :

1. अस्पृश्यों को चाहिए कि वे अपने घर हिंदुओं की बस्तियों से दूर बनाएँ। अगर अस्पृश्य अपने घर दूर बनाने के इस नियम को तोड़ते हैं या उसकी अनदेखी करते हैं, तब यह उनका अपराध माना जाएगा।
2. अस्पृश्य लोगों के घर गाँव के दक्षिण में होने चाहिए, क्योंकि चारों दिशाओं में दक्षिण दिशा ही सबसे अधिक अशुभ होती है। इस नियम का उल्लंघन अपराध समझा जाएगा।
3. अस्पृश्य को चाहिए कि वह इस बात का ध्यान रखे कि उसके छू जाने या उसकी छाया से भी पाप लगता है। अगर वह इस नियम को तोड़ता है, तब वह अपराध करता है।
4. अगर कोई अस्पृश्य अपने पास किसी भी प्रकार की कोई संपत्ति, जैसे भूमि या पशु रखता है, तब वह अपराध करता है।
5. अगर कोई अस्पृश्य अपने लिए खपरैल की छत वाला घर बनाता है, तब वह उसका अपराध माना जाता है।
6. अगर कोई अस्पृश्य स्वच्छ कपड़े, जूते, घड़ी या सोने के जेवर पहनता है, तब वह अपराध करता है।
7. अगर कोई अस्पृश्य अपने बच्चों के अच्छे नाम रखता है, तब वह अपराध करता है। उनके नाम ऐसे होने चाहिए जो हीनता/घृणासूचक हों।
8. अगर कोई अस्पृश्य किसी हिंदू के सामने किसी कुर्सी पर बैठता है, तब वह अपराध करता है।
9. अगर कोई अस्पृश्य घोड़े पर चढ़कर या पालकी में बैठकर गाँव से गुजरता है, तब वह अपराध करता है।
10. अगर कोई अस्पृश्य अपनी बिरादरी वालों का कोई जुलूस गाँव से होकर ले जाता है, तब वह अपराध करता है।
11. अगर कोई अस्पृश्य किसी हिंदू को प्रणाम आदि नहीं करता, तब वह अपराध करता है।
12. अगर कोई अस्पृश्य सभ्य लोगों की भाषा बोलता है, तब वह अपराध करता है।
13. अगर कोई अस्पृश्य किसी शुभ दिन गाँव में आकर बातचीत करता फिरता है जब हिंदू व्रत कर रहे हों या जब वे अपना व्रत पूरा कर अन्न-जल ग्रहण

कर रहे हों, तब वह अपराध करता है, क्योंकि उसके मुख से निकली श्वास से न केवल वातावरण दूषित होता है, बल्कि हिंदुओं का आहार भी दूषित हो जाता है।

14. अगर कोई अस्पृश्य स्पृश्य व्यक्तियों के जैसे चिह्न धारण करता है और अपने को स्पृश्य जैसा प्रदर्शित करता घूमता है, तब वह अपराध करता है।
15. अस्पृश्य को चाहिए कि वह हीन व्यक्तियों के स्तर के अनुरूप दिखे और उसे प्रत्यक्ष रूप में हीनता दर्शाने वाले ऐसे नाम आदि धारण करने चाहिए, जिनसे लोग उसे तद्नुरूप पहचान सकें। जो इस प्रकार हैं—
    (क) हीनता-सूचक नाम रखना।
    (ख) स्वच्छ वस्त्र न पहनना।
    (ग) बिना खपरैल वाले घर में रहना।
    (घ) चाँदी-सोने के जेवर न पहनना।

इनमें से किसी भी नियम का उल्लंघन करना अपराध है।

इसके बाद हम उन कर्तव्यों को लेते हैं जो इस संहिता के अनुसार अस्पृश्यों को स्पृश्यों के लिए करने अपेक्षित हैं। इस शीर्षक के अंतर्गत निम्नलिखित कार्यों को रखा जा सकता है :

1. अस्पृश्य जाति के व्यक्ति को चाहिए कि वह किसी भी हिंदू के घर की घटना, जैसे मृत्यु या विवाह की सूचना दूसरे गाँवों में रहने वाले उनके सगे-संबंधियों तब पहुँचाए, चाहे वह गाँव कितनी ही दूर क्यों न हों।
2. अस्पृश्यों को चाहिए कि हिंदू के घर में विवाह के अवसर पर ऐसे कार्य, जैसे लकड़ी चीरना या आने-जाने का कार्य करे।
3. अस्पृश्य को चाहिए कि जब हिंदू की लड़की अपने पिता के घर से पति के गाँव जा रही हो तो वह उसके साथ जाए, चाहे वह गाँव कितनी ही दूर क्यों न हो।
4. जब सारा गाँव बड़े-बड़े त्यौहारों, (जैसे होली और दशहरे का त्यौहार) की तैयारी कर रहा हो तब अस्पृश्यों को चाहिए कि वे नौकरों द्वारा किए जाने वाले ऐसे काम करें जो मुख्य कार्य के पहले किए जाने जरूरी होते हैं।
5. अस्पृश्य को चाहिए कि वे कुछ त्यौहारों पर अपनी स्त्रियों को गाँव के बाकी लोगों के हवाले कर दें, जिससे वे उनके साथ फूहड़ मजाक आदि कर सकें।

ये काम बिना मजदूरी लिए किए जाने होते हैं। इन कामों के महत्त्व को समझाने के लिए जानना जरूरी है कि ये काम क्यों अस्तित्व में आए। गाँव का हर हिंदू अपने-आपको अस्पृश्यों से श्रेष्ठ मानता है। वह अपने-आपको सबका मालिक मानता है और इसलिए वह अपनी इज्जत को तब तक कायम नहीं रख सकता जब तक उसके इशारे

पर नाचने वालों की भीड़ उसके आसपास नहीं रहती। इसके लिए उसे अस्पृश्य ही मिलते हैं, जो उसका हर कामे करने के लिए तैयार रहते हैं और जिन्हें उसके लिए कुछ भी देना नहीं पड़ता। चूँकि अस्पृश्य असहाय होते हैं, अत: वे इस कारण इन कामों को करने से इंकार नहीं कर सकते और हिंदू भी उनसे जबरदस्ती काम करवाने से नहीं चूकते, क्योंकि वे उनकी प्रतिष्ठा की रक्षा करने के लिए जरूरी होते हैं।

अंग्रेज सरकार ने जब दंड-संहिता बनाई तब उसमें इन अपराधों को शामिल नहीं किया गया। लेकिन जहाँ तक अस्पृश्यों का सवाल है, अपराध अभी भी वास्तविक हैं। इनमें से कोई भी अपराध करने पर अस्पृश्य को सजा अवश्य भुगतनी पड़ती है।

दूसरी महत्त्वपूर्ण बात यह है कि इन अपराधों के लिए जो सजा दी जाती है वह सामूहिक होती है। चाहे अपराध किसी एक अस्पृश्य ने किया हो, लेकिन उसकी सजा पूरी जाति को भुगतनी होती है।

अस्पृश्य किस प्रकार रहते हैं ? वे अपनी रोजी-रोटी किस प्रकार कमाते हैं, जब तक यह नहीं पता चलता है तब तक हिंदू समाज में उनकी हैसियत का स्पष्ट पता लगना संभव नहीं।

एक कृषि-प्रधान देश में जीविका का प्रमुख साधन कृषि हो सकता है, परंतु रोजी-रोटी का यह साधन आमतौर से अस्पृश्यों के लिए उपलब्ध नहीं है। इसके कई कारण हैं। पहली बात तो यह है कि जमीन खरीदना उनके वश की बात नहीं, और दूसरी यह कि यदि अस्पृश्य जमीन खरीदने की स्थिति में है, तो भी वह ऐसा नहीं कर सकता। देश के अधिकांश भागों में हिन्दू इस बात को बर्दाश्त नहीं कर सकते कि अस्पृश्य जाति का कोई व्यक्ति जमीन खरीदकर स्पृश्य जाति की बराबरी का प्रयत्न करे। किसी अस्पृश्य के ऐसे दुस्साहस का विरोध ही नहीं किया जाता, बल्कि उसको सजा भी भुगतनी पड़ सकती है। कुछ भागों में तो उनके जमीन खरीदने पर कानूनी प्रतिबंध है। उदाहरणार्थ, पंजाब प्रांत में एक कानून है जिसका नाम है, भूमि स्वामित्व अधिनियम। इस कानून में उन जातियों का उल्लेख किया गया है जो जमीन खरीद सकती हैं और अस्पृश्यों को इस सूची में शामिल नहीं किया गया है। इसके परिणाम-स्वरूप अधिकांश भागों में अस्पृश्य भूमिहीन मजदूर रहने के लिए विवश है और मजदूर के रूप में वे वाजिब मजदूरी की माँग नहीं कर सकते। वे हिंदू किसानों के लिए उसी मजदूरी पर काम करने को मजबूर हैं जो उन्हें मालिक देना चाहे। इस प्रश्न पर हिंदू किसान मजदूरी कम से कम रखने के लिए आपस में एकमत हो जाते हैं, क्योंकि यह उनके हित में होता है। दूसरी ओर अस्पृश्यों के पास कोई चारा नहीं रहता। वे या तो उसी मजदूरी पर काम करें अथवा भूखों मरें। न ही उनमें मोल-तोल करने की क्षमता होती है। वे या तो निश्चित की हुई दरों पर काम करें या फिर पिटाई के लिए तैयार रहें।

अस्पृश्यों को उनकी मजदूरी नकद या अनाज के रूप में दी जाती थी। उत्तर

प्रदेश के कुछ भागों में मजदूरी के रूप में दिए जाने वाले अनाज को **'गोबरहा'** कहा जाता है। इसका अर्थ है, जानवरों के गोबर से निकलने वाला अनाज। मार्च या अप्रैल के महीने में जब फसल पूरी तरह पक जाती हैं तो उसे काटकर खलिहान में फैला दिया जाता है। उस पर बैलों की दाँय चलती हैं, ताकि उनके चलने से भूसा अनाज से अलग हो जाए। दाँय पर चलते हुए बैल बहुत सा अनाज और लाँक खा जाते हैं। जब वे जरूरत से ज्यादा खा लेते हैं तो अनाज को पचाना मुश्किल होता है। अगले दिन वही अनाज गोबर के साथ निकल जाता है। गोबर को इकट्ठा कर लिया जाता है और उसमें से अनाज निकाल लिया जाता है। यही अनाज मजदूरी के रूप में अस्पृश्य मजदूरों को दे दिया जाता है, जिसे पीसकर वे रोटी बना लेते हैं।

जब फसल का समय गुजर जाता है और अस्पृश्यों के पास रोजी-रोटी का कोई साधन नहीं होता, तो वे घास काटते हैं और जंगलों से ईंधन इकट्ठा कर आसपास के शहरों में बेच आते हैं। परंतु यह भी वन-रक्षकों के ऊपर निर्भर करता है। जब उसकी मुट्ठी गरम की जाएगी तभी वह उन्हें सरकारी जंगलों में घास और लकड़ी काटने देता है। जब वे शहर में आते हैं तो उनका मुकाबला खरीदारों से होता है। ये खरीदार भी हिंदू ही होते हैं, जो हमेशा मजदूरी कम रखने की कोशिश में रहते हैं। चूँकि उनमें अपने माल को रोके रखने की सामर्थ्य नहीं होती, इसलिए उन्हें अपना माल उसी कीमत पर बेचना पड़ जाता है, जो भी उन्हें बताई जाती है। कभी-कभी तो उन्हें अपने गाँव से शहरों तक दस-दस मील तक बोझ लेकर जाना पड़ता है।

ऐसा कोई व्यवसाय नहीं है जिससे वे अपनी रोजी-रोटी कमा सकें। उनके पास इसके लिए न तो पूँजी होती है और यदि हो भी तो कोई भी उनसे सामान नहीं खरीदता।

आमदनी के ये सभी साधन स्पष्टतः अनिश्चित और अस्थायी होते हैं। इनमें कोई गारंटी नहीं होती है। देश के कुछ भागों में जिन्हें मैं जानता हूँ, अस्पृश्यों के लिए रोजी-रोटी का केवल एक ही स्थायी साधन है। यह है गाँव के हिंदू किसानों से खाना माँगने का अधिकार। हर गाँव का अपना अलग शासन-तंत्र होता है। गाँव की व्यवस्था के अनुसार अस्पृश्य पुश्तैनी नौकर-चाकर होते हैं। मजदूरी के अंश के रूप में सारे अस्पृश्यों को मिलाकर जमीन का एक छोटा-सा टुकड़ा मिलता है, जो उन्हें बहुत पहले दिया गया था, जो निश्चित होता है, जिसमें कभी बढ़ोत्तरी नहीं की गई, और जिसे अस्पृश्य भी बगैर खेती किए छोड़ देना बेहतर समझते हैं, क्योंकि उसके भी छोटे-छोटे टुकड़े हो गए होते हैं। इस कारण उन्हें भीख माँगने का अधिकार ही मिलता है।

यह बात चाहे कितनी ही खेदजनक क्यों न हो, यह अधिकार उनका परंपरागत अधिकार बन गया है और सरकार भी अस्पृश्य का वेतन तय करते समय, चाहे वह सरकारी पद पर ही क्यों न नियुक्त हो, अस्पृश्य को मिलने वाली भीख की कीमत

को अपने ध्यान में रखती है।

भारत में इस समय स्पृश्यों से भीख माँगकर खाना छह करोड़ अस्पृश्यों की जीविका का मुख्य आधार है। अगर कोई किसी गाँव में उस समय जाए जब लोग शाम का खाना खा चुके होते हैं, तब वह अस्पृश्यों के झुंड रटे-रटाएँ ढंग से गुहार करते हुए भीख माँगते हुए देख सकता है।

यह विधिसम्मत भिक्षावृत्ति अस्पृश्यों के लिए एक प्रथा बन चुकी है। गाँव में स्पृश्यों के परिवार के साथ अस्पृश्यों के परिवारों का वैसा ही संबंध होता है जैसा मध्यकालीन यूरोप में लार्ड्स आफ मैनर्स और उनके अधीन सफर्स और मिलेन्स के बीच होता था। स्पृश्य लोगों के परिवारों के साथ जुड़े अस्पृश्य लोगों के परिवार उनके यहाँ काम करते थे। ये संबंध इतने गहरे हो गए हैं कि जब कोई स्पृश्य हिंदू किसी अस्पृश्य की बात करता है तो वह उसे 'मेरा आदमी' कहता है, जैसे कि वह उसका गुलाम हो। यह संबंध-सूत्र ही स्पृश्य परिवारों के यहाँ अस्पृश्य लोगों द्वारा भीख माँगकर खाना खाने की प्रथा को स्थायी प्रथा बनाने में सहायक हुआ।

सही हैं हमारे ग्रामीण गणराज्य, जिन पर हिंदुओं को इतना नाज है। इन गणराज्यों में अस्पृश्यों की क्या स्थिति है? वे दुमछल्ला तो क्या, पैर की जूती भी नहीं हैं। उनको दीन-हीन बना दिया गया है। उन्हें हर तरह से इतना दीन-हीन बना दिया गया है कि बहुसंख्यक उन पर राज कर सकें। यह विपन्नता किसी एक व्यक्ति या परिवार की नहीं, बल्कि उनके पूरे समुदाय की नियति है। अस्पृश्य हर स्पृश्य से तुच्छ है, चाहे उसकी आयु कुछ भी क्यों न हो, वह कितना भी योग्य क्यों न हो। एक स्पृश्य हिंदू युवक किसी भी वृद्ध अस्पृश्य से उच्च है। पढ़ा-लिखा अस्पृश्य भी उस स्पृश्य से हीन है जिसके लिए काला अक्षर भैंस बराबर है।

स्पृश्य द्वारा दिया गया आदेश कानून है। अस्पृश्यों को इस बात से और कुछ लेना-देना नहीं सिवाय इसके कि वे उसका पालन करें और उसे शिरोधार्य करें।

स्पृश्यों के विरुद्ध अस्पृश्यों को कोई अधिकार प्राप्त नहीं। उन्हें न कोई समान अधिकार प्राप्त है और न ही कोई न्याय, जिसके द्वारा उन्हें वह सब-कुछ दिया जा सके जो उन्हें देय है। उन्हें उसके सिवा कुछ भी देय नहीं है जो स्पृश्य उन्हें देने के लिए सहमत हैं। अपनी ओर से अस्पृश्यों को अपने लिए कुछ भी अधिकार नहीं माँगने चाहिए। उनको स्पृश्यों से उनकी कृपा और अनुकम्पा के लिए बिनती करनी चाहिए। उन्हें जो कुछ मिले, उसी से संतोष करना चाहिए।

यह व्यवस्था हैसियत और व्यवहार, दोनों ही दृष्टियों से पीढ़ी-दर-पीढ़ी चली आ रही है। एक बार स्पृश्य तो हमेशा के लिए स्पृश्य। एक बार अस्पृश्य तो हमेशा के लिए अस्पृश्य। एक बार ब्राह्मण तो हमेशा के लिए ब्राह्मण। एक बार भंगी तो हमेशा के लिए भंगी। जो लोग उच्च जाति से पैदा होते हैं, वह इस व्यवस्था में हमेशा

उच्च रहते हैं। दूसरे शब्दों में यह कहा जा सकता है कि यह व्यवस्था कर्म, अर्थात भाग्य के अटल सिद्धांत पर आधारित है, जो एक बार हमेशा के लिए निश्चित होता है और जिसमें कोई परिवर्तन नहीं हो सकता। इस व्यवस्था में किसी व्यक्तिगत योग्यता या अयोग्यता का कोई स्थान नहीं है। कोई अस्पृश्य ज्ञान और आचार-विचार में कितना ही श्रेष्ठ क्यों न हो, लेकिन ज्ञान और आचार-विचार में वह स्पृश्य से नीचे ही समझा जाएगा, जो ज्ञान या आचार-विचार में कितना ही हीन क्यों न हो। कोई स्पृश्य चाहे कितना ही गरीब क्यों न हो, वह उस अस्पृश्य से ऊँचा है जो चाहे कितना ही अमीर क्यों न हो।

यही है भारतीय गाँवों के भीतर जीवन की तस्वीर। इस गणतंत्र में लोकतंत्र के लिए कोई स्थान नहीं। इसमें समता के लिए कोई स्थान नहीं। इसमें स्वतंत्रता के लिए कोई स्थान नहीं। इसमें भ्रातृत्व के लिए कोई स्थान नहीं। भारतीय गाँव गणतंत्र का ठीक उलटा रूप है। अगर वह गणतंत्र है तो वह स्पृश्यों का गणतंत्र है, स्पृश्यों के द्वारा है और उन्हीं के लिए है। यह गणतंत्र अस्पृश्यों पर स्थापित हिंदुओं का एक विशाल साम्राज्य है। यह हिंदुओं का एक प्रकार का उपनिवेशवाद है जो अस्पृश्यों का शोषण करने के लिए है। अस्पृश्यों के कोई अधिकार नहीं हैं। उन्हें तो सिर्फ मुँह जोहना है, सेवा करनी है और अपने को अर्पित कर देना है। उन्हें यह कार्य सिर्फ करते रहना या मर जाना है। उनके कोई अधिकार नहीं हैं, क्योंकि वे इस तथाकथित गणतंत्र के बाहर हैं। वे हिंदुओं के समाज से बहिष्कृत हैं। यह एक दृश्चक्र है। लेकिन यह एक यथार्थ है, जिसे अस्वीकार नहीं किया जा सकता।

धीरू भाई का मानना है कि नस्ल और जाति दो अलग-अलग विषय हैं। जब हम इन पर चर्चा करें या अध्ययन करें तो अलग तरह से ही इन्हें लेना चाहिए। उनका यह भी कहना है कि जाति का विश्लेषण नस्ल की दृष्टि से नहीं करना चाहिए। वे इस बारे में विदेशी इतिहासकारों की आलोचना भी करते हैं। उनका मानना है कि हालाँकि भारत में ब्रिटिशर्स के आने से पूर्व ही जातियाँ थीं लेकिन उन्होंने जाति संरचना को रेखांकित किया। हमलावरों का समूह अपने आप को सर्वश्रेष्ठ मानने लगा। दूसरे पक्ष को द्राविड़यन कहा गया।[8] ऋग्वेद में भी इस तरह का जातीय आधार का वर्णन मिलता है। पुरुष सूक्त में जाति के उद्‌भव की बात कही गई है। प्राचीन भारत में जाति का संस्थागत रूप था। आर्यों और द्रविड़ों के रंग, रूप, शरीर की बनावट अलग-अलग थी।[9] क्षीर सागर के अनुसार जाति आधारित मानसिकता में उत्पीड़न का भाव विद्यमान रहा।[10] जैसा स्वयं गांधी ने भी कहा है कि छुआछूत हजार मुख वाला सर्प है और प्रत्येक में जहरीले दाँत हैं।[11] एलेया पेरूमल कमेटी की रिपोर्ट देखें तो भारत में छुआछूत आक्रमण भाव का ही दूसरा रूप है।[12]

हालाँकि नस्ल और जाति एक ही सिक्के के दो पहलू रहे हैं। सामाजिक रूढ़ियों

की स्वीकृति दोनों यानी जाति और नस्ल की व्यवस्था में विकसित हुई हैं। फिर भी हमारे पास ऐसा कोई पैमाना नहीं है जिसके माध्यम से हम यह कह सकते हैं कि अमेरिका में नस्लीय आधार पर कम भेदभाव है और भारत में जातीय स्तर पर अधिक छुआछूत है। हालाँकि जाति व्यवस्था में प्रत्येक जाति जानती हैं कि उसका वहाँ कौन-सा स्थान है। नस्ल की विभिन्न परिस्थितियो से उत्पन्न सामाजिक विषमता पर अंग्रेजी में दी गई कविता को हम हिन्दी में अनुवाद कर दे रहे हैं, जिसमें कम शब्दों में महत्त्वपूर्ण बात उठाई गई है :

मुझ बूढ़े व्यक्ति के गोरे बूढ़े पिता,
और मेरी बूढ़ी काली माँ,
मेरे बूढ़े पिता एक बड़े तथा शानदार घर में मरे,
मेरी बूढ़ी माँ एक झोपड़ी में मरी,
मुझे आश्चर्य होता है, मैं कहाँ मरूँगा,
मैं न तो गोरा हूँ, न काला ?

जहाँ तक नस्लीय और जातीय कम में कठोरता की बात है, यह हमें ध्यान रखना चाहिए कि अमेरिका से भारतीय संदर्भ में अंतर्जातीय विवाह होना एक विशेषता रही है। भारत में जातियों के बीच में समता की स्थिति आना एक उपलब्धि के रूप में माना जा सकता है। जबकि अमेरिका में अभी भी काले लोगों को उस दृष्टि से देखा जाता है कि उनके पूर्वजों को द्वितीय श्रेणी के नागरिकों के रूप में गोरों की सेवा हेतु लाया गया था।

वर्षों पहले बुकर टी. वाशिंगटन ने अमेरिका में गंभीरता से नस्ल की समस्या को समझा था। भारत में डॉ. अम्बेडकर ने जाति-व्यवस्था और जातिवाद की जड़ों को पहचाना था। नस्ल और जाति समस्या दशक-दर-दशक से विभिन्न अवस्थाओं में रही हैं। और दोनों ही दिशा में सम्बन्धित समस्या चुनौती बनकर आई है।

एक बार राबर्ट ई. लेन ने जोहसन से इस समस्या के बारे में पूछा, जिससे अमेरिका जूझ रहा है। उत्तर में मि. जोहसन ने कहा था, ''मैं सोचता हूँ कि यह एक गंभीर समस्या है। और जैसे-जैसे समय बीतेगा, यह और भी गंभीर बनेगी।'' अगर इस तरह का सवाल भारत में किसी से भी किया जाए, कोई भी कहेगा कि भारत जातिवाद की समस्या से जूझ रहा है। लेकिन अगर कोई अमेरिका तथा भारत से नस्लवाद और जातिवाद समाप्त करना चाहता है तो अमेरिका में गोरे और काले साथ ही भारत में हिन्दू और दलित के बीच भेदभाव कम करना होगा।

बहुत पहले गुन्नार मर्डल ने निष्कर्ष निकाला था कि ''अमेरिकन नीग्रो समस्या अमरीकियों के मन की समस्या है।'' काले लोगों की समस्या गोरों की समस्या नहीं है। यह उनके भीतर काले लोगों के खिलाफ एक विशेष तरह की ग्रंथि है, जो उनसे

भेदभाव करने के लिए प्रेरित करती है।

असल में अमेरिका में नस्लीय समस्या और भारत में जाति आधार पर उत्पीड़न सदियों पूर्व हुआ था जब गोरों तथा सवर्ण जातियों ने क्रमश: काले समुदाय के लोगों को और शूद्रों को अछूत तथा छोटा माना था। यह भावना समाज में अभी भी है। खत्म इसलिए नहीं हुई कि बचपन से ही नस्ल और जाति के आधार पर लगे धब्बे के बारे में पीड़ित लोग जान जाते हैं।

शोषित नस्ल या जाति मुख्य धारा में तब तक अपना स्थान नहीं बना सकती जब तक कि उस समुदाय के लोग स्वयं अपने-आपको तिरस्कार करना बंद नहीं कर देते हैं। जब तक कि नस्ल या जाति आधारित सर्वश्रेष्ठता और निम्नता की भावना को नहीं छोड़ देते हैं तब तक वे कैसे आगे बढ़ेंगे। उन्हें यह मानना होगा कि वे एक ही परिवार के सदस्य हैं। स्वतंत्रता और बराबरी के लिए विशेष रूप में संघर्ष करना पड़ता है। यह सब उपहारस्वरूप में नहीं मिलता।

दूसरे रूप में समाज से बैरभाव या द्वेष उसी स्थिति में समाप्त होगा तब गोरे और हिंदू कालों तथा दलितों के साथ प्रतिदिन बैठकें लेंगे। वे उनके सुख-दुख में शामिल होंगे। उदाहरण के लिए भारत में हमें हिंदुओं के भीतर परिवर्तन करने होंगे। उनके अंदर बैठी हुई परम्परागत मानसिकता को निकालना होगा।

ऐसे लोगों की कमी नहीं है जो अस्पृश्यों की दयनीय स्थिति से दुखी हो यह चिल्लाकर अपना जी हल्का करते फिरते हैं कि 'हमें अस्पृश्यों के लिए कुछ करना चाहिए।' लेकिन इस समस्या को जो लोग हल करना चाहते हैं उनमें से शायद ही कोई ऐसा व्यक्ति हो जो यह कहता हो कि 'हमें स्पृश्य हिंदुओं को बदलने के लिए भी कुछ करना चाहिए।' यह धारणा बनी हुई है कि अगर किसी का सुधार होना है तो वह अस्पृश्यों का ही होना है। अगर कुछ किया जाना है तो वह अस्पृश्यों के प्रति किया जाना है और अगर अस्पृश्यों को सुधार दिया जाए, तब अस्पृश्यता की भावना मिट जाएगी। सवर्णों के बारे में कुछ भी नहीं किया जाना है। उनकी भावनाएँ, आचार-विचार और आदर्श उच्च हैं। वे पूर्ण है, उनमें कहीं भी कोई खोट नहीं है। क्या यह धारणा उचित है ? यह धारणा उचित हो या अनुचित, लेकिन हिंदू इसमें कोई परिवर्तन नहीं चाहते ? उन्हें इस धारणा का सबसे बड़ा लाभ यह है कि वे इस बात से आश्वस्त हैं कि वे अस्पृश्यों की समस्या के लिए बिल्कुल भी उत्तरदायी नहीं हैं।

यह मनोवृत्ति कितनी स्वभाव अनुरूप है इसे यहूदियों के प्रति ईसाइयों की मनोवृत्ति का उदाहरण देकर स्पष्ट किया जा सकता है। हिंदुओं की तरह ईसाई भी यह नहीं मानते कि यहूदियों की समस्या असल में ईसाइयों की समस्या है। इस विषय पर गोल्डिंग की टिप्पणी इस स्थिति को और अधिक स्पष्ट करती है। यहूदियों की समस्या असलियत में किस तरह ईसाइयों की समस्या है, इसे बताते हुए वह कहते

हैं :

''जिस अर्थ में मैं यहूदियों की समस्या को असलियत में ईसाई समस्या समझता हूँ, उसको स्पष्ट करने के लिए बहुत ही सीधी-सी मिसाल देता हूँ। मेरे ध्यान में मिश्रित जाति का एक आयरिश शिकारी कुत्ता आ रहा है। इसे मैं बहुत दिनों से देखता आया हूँ। यह मेरे दोस्त जॉन स्मिथ का कुत्ता है, नाम है पैडी। वह इसे बेहद प्यार करते हैं। पैडी को स्कॉच शिकारी कुत्ते नापसंद हैं। इस जाति का कोई कुत्ता उसके आस-पास बीस गज दूर से भी नहीं निकल सकता और कोई दिख भी जाता है तो वह भूँक-भूँककर आसमान सिर पर उठा लेता है। उसकी यह बात जॉन स्मिथ को बेहद बुरी लगती है और वह उसे चुप करने का हर संभव प्रयत्न भी करते हैं, क्योंकि पैडी जिन कुत्तों से नफरत करता है वे बेचारे चुपचाप रहते हैं और कभी भी पहले नहीं भूँकते। मेरा दोस्त, हालाँकि पैडी को बहुत प्यार करता है, तो भी वह यह सोचता है, और जैसा कि मैं भी सोचता हूँ, कि पैडी की यह आदत बहुत कुछ उसके किसी जाति-विशेष होने पर उसके स्वभाव के कारण है। हमसे किसी ने यह नहीं कहा कि यहाँ जो समस्या है, वह स्कॉच शिकारी कुत्ते की समस्या है और जब पैडी अपने पास के किसी कुत्ते पर झपटता है जो बेचारा टट्टी-पेशाब वगैरह के लिए जमीन सूँघ-साँघ रहा होता है, तब उस कुत्ते को क्या इसलिए मारना-पीटना चाहिए कि वह वहाँ अपने अस्तित्व के कारण पैडी को हमला करने के लिए उकसा देता हैं।''

हम देखते हैं कि यहूदी समस्या और अस्पृश्यों की समस्या एक जैसी है। स्कॉच शिकारी कुत्ते के लिए जैसा पैडी है,[13] यहूदियों के लिए वैसा कोई ईसाई है और वैसा ही अस्पृश्यों के लिए कोई हिंदू है। किंतु एक बात में यहूदियों की समस्या और ईसाई समस्या एक-दूसरे की विरोधी है। यहूदी और ईसाई अपनी प्रजाति के एक-दूसरे के शत्रु होने के कारण एक-दूसरे से अलग कर दिए गए हैं। यहूदी प्रजाति ईसाई प्रजाति के विरुद्ध है। हिंदू और अस्पृश्य उस प्रकार की शत्रुता के कारण एक-दूसरे से अलग नहीं हैं। उनकी एक ही प्रजाति है और उनके एक जैसे रीति-रिवाज हैं।

दूसरी बात यह है कि यहूदी, ईसाइयों से अलग-अलग रहना चाहते हैं। इन दो तथ्यों में से पहले तथ्य अर्थात् यहूदियों और ईसाइयों में वैर-भाव का आधार यहूदियों की अपनी प्रजाति के प्रति कट्टर भावना है और दूसरा तथ्य ऐतिहासिक तथ्यों पर आधारित लगता है। प्राचीन-काल में ईसाइयों ने यहूदियों को अपने साथ मिलाने के कई प्रयत्न किए, लेकिन यहूदियों ने इसका सदा प्रतिरोध किया। इस संबंध में दो घटनाएँ उल्लेखनीय हैं—

पहली घटना नेपोलियन के शासन-काल की है। जब फ्रांस की राष्ट्रीय असेम्बली इस बात के लिए सहमत हो गई कि यहूदियों के लिए 'मानव के अधिकार' घोषित किए जाएँ, तब अलसाके के व्यापारी संघ और प्रतिक्रियावादी पुरोहितों ने यहूदी प्रश्न

को फिर उठाया। इन पा नेपोलियन ने इस प्रश्न को यहूदियों को उनके द्वारा ही विचार करने के लिए सौंपने का निर्णय किया। उसने फ्रांस, जर्मनी और इटली के प्रमुख यहूदी नेताओं का एक सम्मेलन बुलाया ताकि इस बात पर विचार किया जा सके कि क्या यहूदी धर्म के सिद्धांत, नागरिकता प्राप्त करने के लिए आवश्यक शर्तों के अनुरूप हैं अथवा नहीं। नेपोलियन यहूदियों को बहुसंख्यकों के साथ मिला देना चाहता था। इस सम्मेलन में एक सौ ग्यारह प्रतिनिधियों ने भाग लिया। यह सम्मेलन 25 जुलाई 1806 को पेरिस के टाउन हाल में हुआ, जिसमें बारह प्रश्न विचारार्थ रखे गए थे। ये प्रश्न मुख्य रूप से यहूदियों में देश-भक्ति की भावना, यहूदियों और गैर-यहूदियों के बीच विवाह होने की संभावना और इसकी कानूनी मान्यता से संबंधित थे। सम्मेलन में जो घोषणा की गई, उससे नेपोलियन इतना प्रसन्न हुआ कि उसने येरूसलम की प्राचीन परिषद् के आधार पर यहूदियों की सर्वोच्च न्याय परिषद् (सैनहेड्रिन) का आयोजन किया। उसने इसे विधान सभा का कानूनी दर्जा देना चाहा। इसमें फ्रांस, जर्मनी, हालैंड और इटली के इकहत्तर प्रतिनिधि शामिल हुए। इसकी अध्यक्षता स्ट्रासबर्ग के रब्बी सिनजेइम ने की। इसकी बैठक 9 फरवरी 1807 को हुई और इसमें एक घोषणा-पत्र स्वीकार किया गया, जिसमें इस बात के लिए सभी यहूदियों का आह्वान किया गया कि वे फ्रांस को अपने पूर्वजों का निवास स्थान मान लें, इस देश के सभी निवासियों को अपना भाई समझें और यहाँ की भाषा बोलें। इसमें यहूदियों और ईसाइयों के बीच विवाह-संबंध उदार भाव से ग्रहण करने का भी अनुरोध किया गया, लेकिन इस घोषणा-पत्र में यह भी कहा गया कि ये विवाह-संबंध यहूदियों की धार्मिक महासभा द्वारा नहीं स्वीकृत किए जा सकते। यहाँ यह उल्लेखनीय है कि यहूदियों ने अपने और गैर-यहूदियों के साथ विवाह-संबंध होने की स्वीकृति नहीं दी। उन्होंने इन संबंधों के विरुद्ध कुछ भी कार्रवाई न करने के बारे में सहमति मात्र दी थी।

दूसरी घटना है, जब बटाबिया गणराज्य की स्थापना 1795 में हुई थी। इसमें यहूदी संप्रदाय के अति-उत्साही सदस्यों ने इस बात पर दबाब डाला कि उन ढेर सारे प्रतिबंधों को समाप्त किया जाए जिनसे यहूदी पीड़ित हैं। किंतु प्रगतिशील यहूदियों ने नागरिकता के पूर्ण अधिकार की जो माँग की थी; उसका एम्स्टर्डम में रहने वाले यहूदियों के नेताओं ने पहले तो विरोध किया जो काफी आश्चर्य की बात थी। उनको आशंका थी कि नागरिक समानता होने से यहूदी धर्म की सुरक्षा खतरे में पड़ जाएगी, और उन्होंने घोषणा की कि सहधर्मी अपने नागरिक होने के अधिकार का परित्याग करते हैं, क्योंकि इससे उनके धर्म के निर्देशों के अनुपालन में बाधा पहुँचती है। इससे स्पष्ट है कि वहाँ के यहूदियों ने उस गणराज्य के सामान्य नागरिक के रूप में रहने की अपेक्षा विदेशी के रूप में रहना अधिक पसंद किया था।

ईसाइयों के स्पष्टीकरण का चाहे जो भी अर्थ समझा जाए, इतना तो स्पष्ट है

कि उन्हें कम से कम इस बात का तो एहसास रहा है कि उनका यह प्रमाणित करना एक दायित्व हैं कि यहूदियों के प्रति उनका व्यवहार गैर-मानवीय नहीं रहा है। परंतु हिंदुओं ने अस्पृश्यों के साथ अपने व्यवहार के औचित्य को प्रमाणित करने की बात तो कभी सोची ही नहीं। हिंदुओं का दायित्व तो बहुत बड़ा है, क्योंकि उनके पास कोई वास्तविक कारण है ही नहीं, जिसके अनुसार वे अस्पृश्यता को उचित ठहरा सकें। वे यह नहीं कह सकते कि कोई व्यक्ति समाज में इसलिए अस्पृश्य है, क्योंकि वह कोढ़ी है या वह घिनौना लगता है। वे यह भी नहीं कह सकते कि उनके और अस्पृश्यों के बीच में कोई धार्मिक वैर है, जिसकी खाई को पाटा नहीं जा सकता। वे यह तर्क भी नहीं दे सकते कि अस्पृश्य स्वयं हिंदुओं में घुलना-मिलना नहीं चाहते।

लेकिन अस्पृश्यों के संबंध में ऐसी बात नहीं है। वे इस अर्थ में अनादि है और शेष से विभक्त हैं। लेकिन यह पृथकता, उनका पृथकवास उनकी इच्छा का परिणाम नहीं है। उनको इसलिए दंडित नहीं किया जाता कि वे घुलना-मिलना नहीं चाहते। उन्हें इसलिए दंडित किया जाता है कि वे हिंदुओं में घुल-मिल जाना चाहते हैं। दूसरे शब्दों में हम यह कह सकते हैं कि हालाँकि यहूदियों और अस्पृश्यों की समस्या एक जैसी है क्योंकि यह समस्या दूसरों की पैदा की हुई है, तो भी वह मूलतः भिन्न है। यहूदी की समस्या स्वेच्छा से अलग रहने की है। अस्पृश्यों की समस्या यह है कि उन्हें अनिवार्य रूप से अलग कर दिया गया है। अस्पृश्यता एक मजबूरी है, पसंद नहीं।

वी. टी. राजशेखर[14] लिखते हैं कि यह एक रुचिकर निरीक्षण है, जैसा ब्लैक अमेरिकन विश्वास करते हैं कि अगर काले और गोरों के बीच सम्मिश्रण हो जाए और एंग्लो अमेरिकन बहुत गोरों की जनसंख्या हो जाए तो समस्या का हल हो सकता है। दूसरी ओर भारत में यही विचार हमें बतलाता है कि बड़ी मात्रा में दलित तथा सवर्णों के बीच शारीरिक सम्बन्ध होने के बाद भी बराबरी नहीं आ सकी।

अमेरिकन नीग्रो और दलित

बकौल शरण कुमार लिम्बाले ई. स. 1619 के अगस्त मास में नीग्रो का अमेरिका में आयात हुआ और उनकी बिक्री हुई। यहाँ से अमेरिकन नीग्रो की गुलामी का प्रारंभ होता है तो बहिष्कृत समाज की गुलामी पौराणिक काल से चली आ रही दीख पड़ती है। नीग्रो को अफ्रीका खंड में से पकड़कर अमेरिका में लाकर बेचा गया। नीग्रो की मातृभूमि अफ्रीका है, तो दलित की भारत है। उनकी मातृभूमि देश के बाहर नहीं है।

अमेरिका में स्थित श्वेत समाज में खेती करने के लिए नीग्रो को जानवर के रूप में खरीद लिया जाता। नीग्रो गुलाम प्राप्त करने के लिए नीग्रो की बस्तियों पर डाके-डकैती जैसे सशस्त्र छापे डाल दिए जाते। छापे डालने वाले गोरे लोगों का कुछ काले

लोग सामना करते। इसमें बहुत मारपीट होती रहती। फिर सबको जानवरों की तरह एकत्र कर अधिकार में लिया जाता। नीग्रो को यातनाएँ दी जातीं। काले लोगों को सबक सिखाने के लिए मरने तक मारना, जीवित गाड़ देना आदि बातें हमेशा होती रहतीं। गर्भवती नीग्रो स्त्रियों को इतना कठिन काम दिया जाता कि उसके कारण उसका गर्भपात हो जाता। काले मनुष्य के हाथ में कीलें ठोककर दीवार में लटकाना, उसका कान काटकर उसे खाने के लिए देना आदि यातनाएँ दी जातीं। इतना ही नहीं, गर्भ में होने वाले काले बच्चे पुरस्कार के रूप में दिये जाते। ऋण अदायगी न होने पर साहूकारों का उस बच्चे पर गर्भावस्था में होते ही स्वामित्व अधिकार जारी रहता।

गुलामों की तादाद बहुत हुई तो वे विद्रोह करेंगे, इसलिए उन्हें हमेशा बेच दिया जाता। इस तरह माँ से बच्चे को, पत्नी से पति को अलग बेच कर उनका परिवार नष्ट किया जाता। गोरे लोगों को ऐसा भय लगा रहता कि बहुत दिनों तक एकत्र रहने के कारण उनमें प्रेम निर्माण होकर वे विद्रोह करेंगे। गुलामों को ऐसा डर लगा रहता कि मालिक हमें बेचेगा तो नहीं। वे भाग जाते। इसी प्रकार की यातना और जुल्म का शरीर पर रोंगटे खड़े करने वाला वर्णन अॅलेक्स हैली के **'द रूट्स'** पुस्तक में मिलता है।

भारत में अस्पृश्य जाति के लोगों को सदियों तक अस्पृश्य कहकर दूर रखा गया। उन पर त्रैवर्णिकों ने नौकरी लाद दी। उन्हें बहुत दिन तक यातना दी गई। भटके विमुक्त जाति की ऐसी अवस्था है कि 'एक गाँव नहीं है, एक घर नहीं है।' गुनाह कर जीना अथवा भीख माँग कर जीना यही उनकी उपजीविका का साधन है। ऐसी अवस्था है कि आदिवासी जाति गिरि-कंदराओं में, जंगलों में वन्य जीवन जिए। दलितों और नीग्रो की गुलामी ईश्वरनिर्मित नहीं है, वह मानवनिर्मित है। श्वेत और सवर्ण समाज ने नीग्रो और दलितों पर गुलामी लादकर उनके द्वारा सख्ती से सेवा करवा ली है। मालिक समाज ने गुलाम समाज के स्वाभिमान और ज्ञान का शोषण किया। नीग्रो और दलित समाज का भूत-भविष्य हमेशा दलित समाज के हाथ में टँगा हुआ दीख पड़ता है। इसमें भी नीग्रो की स्थिति शोचनीय दिखाई देती है।

न्यूयॉर्क ने ई.स. 1706 में ऐसा कानून पास किया कि ईसाई होने के कारण नीग्रो की गुलामी समाप्त नहीं होती। गुलाम स्वतंत्र नागरिक के विरुद्ध गवाही नहीं दे सकते। ईसाइयों के मन में भी कहीं तो मनु होना चाहिए। क्योंकि मनु की ऐसी भूमिका है कि उच्चवर्णियों के विरुद्ध दास-शूद्रों की गवाही प्रमाण न मानें।

श्वेतों ने नीग्रो के लिए अलग शिक्षा संस्था, अलग भोजनगृह रेल और बस में अलग स्थान और अलग बस्तियों की व्यवस्था की है। वहीं अस्पृश्यों को गाँव के बाहर रखा गया। उनके लिए अलग बस्ती, अलग पनघट और अलग श्मशान भूमि की व्यवस्था की गई। हिन्दू धर्मव्यवस्था में शूद्रों को शिक्षा का अधिकार नकारने के

कारण उनके लिए अलग शिक्षा संस्था होने का सवाल ही पैदा नहीं होता। आगे ब्रिटिश काल में जब शिक्षा मिलने लगी तब उन्हें एक कोने में अथवा कक्षा की देहली पर बैठकर शिक्षा लेनी पड़ी। इसका यथार्थ वर्णन प्र. ई. सोनकांबले के 'यादों के पंछी', शरणकुमार लिंबाले की 'अकरमाशी' तथा ओम प्रकाश वाल्मीकि की आत्मकथा में दिखाई देता है।

सेपरेट बट इक्वल

सन् 1833 के अध्यादेश के अनुसार 1865 में सभी अमेरिकन नीग्रो स्वतंत्र हो गए। लेकिन 1896 में अमेरिका के सर्वोच्च न्यायालय ने '**प्लेसी विरुद्ध फर्ग्युसन**' मुकदमे में 'सेपरेट बट इक्वल' का निर्णय दिया। यह निर्णय ऐसा था कि ''सार्वजनिक जीवन में नीग्रो के लिए अलग पर समान व्यवस्था किए जाने से उसमें अन्यायपूर्ण नहीं है।''

दलितों ने नासिक के कालाराम मंदिर में प्रवेश के लिए सत्याग्रह शुरू किया, तब वि. दा. सावरकर ने स्वतंत्र मंदिर बाँधने की योजना रख दी। बाबा साहेब अंबेडकर ने इस स्वतंत्र मंदिर की व्यवस्था के विरोध में अपना मत रखा था। वे कहते हैं, ''नए मंदिर की कल्पना सुंदर है, पर अस्पृश्यता दूर करने के नए उपाय के रूप में यदि वह अस्तित्व में आएगा तो उससे सच्ची अस्पृश्यता दूर न होकर, अस्पृश्यता दूर करना केवल बच्चों का खेल होगा। अस्पृश्यों को मंदिर में जाना है, उन्हें केवल स्पृश्यों के समान अपना हक अमल में लाना है। अलग व्यवस्था करने से यदि अस्पृश्य लोग स्पृश्य होंगे तो अछूत, मांगता, चमार बस्तियाँ अनादि काल से आज तक अलग हैं, पर उसका परिणाम क्या हुआ ?'' बाबा साहेब अम्बेडकर ने 3 जून, 1927 को अलग पर समान तत्त्व का विरोध किया, तो अमेरिका के सर्वोच्च न्यायालय ने 1954 में 1896 का निर्णय बदलकर अलग पर समान तत्त्व खारिज कर दिया।

कानून एक बहुत बड़ा शस्त्र है। उसका उपयोग काले समुदाय के लोगों की रक्षा के लिए और नागरिक अधिकार के लिए बहुत बड़ी मात्रा में किया जाता है। दलित आंदोलन ने भी अपने संघर्ष के लिए कानून का आधार लिया। दलितों का महाड और नासिक का सत्याग्रह कानून पर आधारित था।

आप एक महान वंश के और महान संस्कृति के उत्तराधिकारी हैं। **मारकस गार्वे** ने ऐसा विचार रखा हुआ दिखाई देता है कि आपको अपने वंश का श्रेष्ठत्व प्रस्थापित करना आवश्यक है। बाबा साहेब अम्बेडकर के द्वारा ऐसी ही भूमिका '**हू वेअर शूद्राज**' और '**द अनटचेबल्स**' ग्रंथ में विशद रूप से की हुई दीख पड़ती है।

अफ्रीकी मूल के लोगों ने 'नीग्रो' शब्द का उपहास किया और स्वयं को 'ब्लैक' कह लिया, तो दलितों ने 'हरिजन' शब्द का उपहास किया और स्वयं को 'दलित'

कह लिया। नीग्रो ने अपने नाम बदल दिए। मालिक की ओर से मिला हुआ अपना नाम उन्होंने त्याग दिया है। क्योंकि ये नाम उनकी गुलामी के प्रतीक थे। दलितों ने भी धर्म द्वारा लादे गए अमंगल और अभद्र नाम त्याग दिए हैं। नीग्रो ने अपनी गुलामी समाप्त करने के लिए धर्मान्तर किया है। दलितों ने भी अस्पृश्यता से तंग आकर धर्मांतर किया है।

दलित बहिष्कृत समाज का नायक है तो काली नस्ल का आदमी ब्लैक अमेरिका का नायक है। दोनों ही गुलाम हैं। नीग्रो श्वेत समाज की ओर से तो दलित सवर्ण समाज की ओर से लूटा गया है और ठगा गया है। नीग्रो को मोल लिया गया, इसलिए वह दूसरों को बेचा जा सकता है। कुछ नीग्रो स्वयं की कीमत स्वामी को देकर अपनी स्वतंत्रता खरीद लेते। लेकिन भारतीय समाज-व्यवस्था में अस्पृश्यता जन्मत: लादी जाने के कारण उसे बेचा नहीं जाता। नीग्रो गुलाम स्वामी के घर में रह सकता है। श्वेत बच्चा नीग्रो स्त्री का स्तनपान कर सकता है। पर अस्पृश्य मनुष्य ही क्या उसका स्पर्श और छाया भी स्पृश्यों ने अस्पृश्य मानी है। यह भेद ध्यान में लेना चाहिए कि नीग्रो लोग श्वेत लोगों की अपेक्षा मानववंश की दृष्टि से भिन्न हैं, अस्पृश्य लोग उच्चवर्णियों की अपेक्षा मानववंश की दृष्टि से भिन्न नहीं हैं।

अमेरिकन ब्लैक और दलितों की तुलना निम्नानुसार की जा सकती है :

1. नीग्रो पैसे के द्वारा अपनी स्वाधीनता खरीद सकता है। दलितों को पैसे देकर किराए का घर भी नहीं मिलता।
2. नीग्रो श्रम करते हैं पर उनका श्रम अपमानजनक नहीं है। दलित हीन दर्जे का काम करते हैं। उनका श्रम अप्रतिष्ठित माना जाता है।
3. नीग्रो गुलाम हैं, अस्पृश्य गुलाम नहीं हैं।
4. नीग्रो का नीलाम होता है, अस्पृश्यों का नीलाम नहीं होता।
5. नीग्रो गुलामों को सँभालना श्वेत मालिक का काम है। अस्पृश्य गुलाम न होने के कारण सवर्ण उनकी चिंता नहीं करते। अस्पृश्य सार्वजनिक गुलाम हैं।
6. नीग्रो की गुलामी का कारण आर्थिक है। दलितों की अस्पृश्यता का कारण सामाजिक है।
7. नीग्रो अपना रंग छिपा नहीं सकते। अस्पृश्य अपनी जात नहीं छिपा सकते।
8. नीग्रो का राष्ट्र अलग है। उन्हें अफ्रीका से लाया गया है। दलित भारतीय ही हैं। नीग्रो और दलितों की भावना में साम्य है। अन्याय करने वालों की भाषा और प्रांत अलग हों तो भी उनका सूत्र एक ही है। जिन पर अन्याय होता है उनकी जात और धर्म अलग हों तो भी वेदना एक ही है।

संदर्भ

1. रोमिला थापर, भारत का इतिहास, राजकमल प्रकाशन, नई दिल्ली, 2001, पृ. 28
2. वही, पृ. 33
3. 1991 में "मार्क्स, अम्बेडकर और पोलाराइजेशन ऑफ आप्रेस्ड एण्ड एक्सप्लाइटेड क्लासेस इन इंडिया" विषय पर संजीवय्या इंस्टीट्यूट ऑफ सोशियो-इकानोमिक स्टडीज, न्यू दिल्ली द्वारा आयोजित सेमिनार में पढ़ा गया शोध पत्र।
4. विलियम, सर मोनियर, हिंदुइज्म, सोसाइटी फॉर प्रोमोटिंग क्रिश्चियन नाले, लंदन, 1894, पृ. 1-12
5. समग्र तिलक (मराठी), केसरी मुद्रणालय, पुणे, 1976, वाल्यूम, 6, पृ. 791
6. क्षीर सागर, आर. के., दलित मूवमेंट इन इंडिया एण्ड इट्स लीडर्स, एम. डी. पब्लिकेशंज प्राइवेट लिमिटेड, नई दिल्ली, 1994, पृ. 13
7. काक्स, आलिवर सी., कास्ट, क्लास एण्ड रेस, मार्डन रीडर पेपर बेक, न्यूयार्क, 1948, पृ. 298
8. पार्सस, टालकॉट, सोसाइटीज एण्ड इवोल्यूशनरी एण्ड कम्पेरेटिव पर्सपेक्टिस, हरवर्ड यूनिवर्सिटी, 1966, पृ. 78
9. कावलेकर काशीनाथ, नॉन ब्राह्मण मूवमेंट इन साउथर्न इंडिया : 1873-1949, शिवाजी यूनिवर्सिटी प्रेस, कोल्हापुर, 1879, पृ. 9
10. दलित मूवमेंट इन इंडिया एण्ड इट्स लीडर्स, पृ. 19
11. हिंगोरानी, ए. टी., माह फिलासफी आफ लाइफ बाइ महात्मा गांधी, 1961, पृ. 161
12. रिपोर्ट ऑफ दा कमेटी (1969), पृ. 1
13. हिंदूज एण्ड देयर वांट आफ सोशल कांशस, डॉ. बाबा साहेब अम्बेडकर, राइटिंग्स एण्ड स्पीचिज, वाल्यूम-5, एजूकेशन डिपार्टमेंट, महाराष्ट, बंबई, 1989
14. वी. टी. राजशेख, स्टेटमैन, बंगलौर, 3 अक्टूबर, 1978।

3

किंग और अम्बेडकर : उनका बचपन, शिक्षा, प्रभाव और धार्मिक आस्थाएँ

मार्टिन लूथर किंग और बी. आर. अम्बेडकर इन दोनों महापुरुषों ने जीवन के आरंभिक समय में ही समाज में अपने समुदाय तथा जाति के लोगों की निम्न स्थिति के बारे में अच्छी तरह से जान-समझ लिया था। परिणामस्वरूप उनके भीतर विद्रोह के बीज कम उम्र में ही उग आए थे। जैसे-जैसे वे बड़े होते गए उनके अपने-अपने देशों की जमीन पर उभरती विषमता की परिस्थितियों के बीच जुल्म तथा अन्याय के खिलाफ उनके भीतर चेतना भी आती गई। अपने शैक्षिक जीवन में उन्होंने विभिन्न दार्शनिक तथा महापुरुषों के विचारों का अध्ययन किया, जिनसे वे प्रभावित हुए बिना नहीं रह सके। एक तरफ उनके भीतर ज्ञान की ज्योति प्रज्वलित हुई तो दूसरी ओर मानवीय दर्शन की उत्पत्ति भी। ये दोनों ही महापुरुष समाज से भेदभाव तथा विषमता समाप्त करना चाहते थे। इसलिए डॉ. अम्बेडकर ने जहाँ सामाजिक और राजनीतिक आंदोलन को पुन: आम आदमी से जोड़ा वहीं डॉ. किंग ने अमेरिका में नस्ल भेद को खत्म करते हेतु आह्वान किया। और इस बात में भी कोई संदेह नहीं है कि विश्व स्तर के दोनों नेता अपने-अपने देशों में सफल भी हुए।

जहाँ तक इन दोनों महापुरुषों के व्यवितत्व और दलितों तथा पीड़ितों के लिए किए गए संघर्ष की तुलना का विषय है, यह और भी मुश्किल है, इसलिए कि डॉ. किंग और डॉ. अम्बेडकर की सामाजिक परिस्थितियाँ, शैक्षिक जीवन तथा विचार लगभग एक जैसे ही थे।

किंग अमेरिकी प्रजातंत्र की उपज थे। जैसा पूर्व राष्ट्रपति जेफ्फर्सन की वहाँ के आदर्शों के अनुरूप घोषणा भी रही है : सभी मनुष्य बराबर पैदा हुए हैं। उनका विश्वास था कि प्रजातंत्र की महान कीर्ति अधिकारों के लिए संघर्ष करने के लिए उचित है। हालाँकि नस्लीय समानता के बारे में अमेरिका में प्रजातंत्र का जो व्यावहारिक पक्ष था, उससे वे निरुत्साहित ही हुए थे। गोरे समाज के द्वारा उनके समुदाय के लोगों के प्रति जो बैरभाव था, उसका उन्होंने विरोध भी किया था। डॉ. अम्बेडकर ने जातीय आधार

पर भारत में चल रहे बैरभाव के विरुद्ध विद्रोह किया। उन्होंने अपने जीवन का लंबा समय अध्ययन में लगाया था। बहुत से महत्त्वपूर्ण ग्रंथों को पढ़ने के पश्चात् उन्होंने कहा था कि हिन्दू समाज में जो जाति-व्यवस्था है वह प्रजातंत्र के खिलाफ है। हिन्दुत्व में सुधार के लिए उन्होंने संघर्ष किया। जो अमानवीय परंपरा और रूढ़ियाँ पहले से चली आ रही थीं, उनकी सख्त आलोचना की। उनके मतानुसार छुआछूत एक गंभीर अपराध है और अगर इसे उखाड़ा नहीं गया तो सारा समाज खत्म हो जाएगा।

बाबा साहेब डॉ. अम्बेडकर की तरह से ही मार्टिन लूथर किंग ने भी इस बात से इंकार कर दिया था कि कोई भी व्यक्ति जन्म के आधार पर निम्न नहीं है। उन्होंने अमेरिका में नस्लवाद के खिलाफ विद्रोह किया। इन तथ्यों को भी वे प्रकाश में लाए कि अमेरिका में गुलामी की प्रथा को चर्च ने स्वीकृति दी थी। उनका विचार था कि कोई भी धर्म अच्छे सिद्धांतों तथा आदर्शों से ओतप्रोत तभी माना जा सकता है जब कि उसमें अलगाव की भावना न हो। उनका मानना था कि अलगाव से घमंड, घृणा और झूठा आडम्बर ही आता है। ऐसा व्यक्ति जो नस्लीय आधार पर भेदभाव बरतता हो, उसे बेवकूफ आदमी ही कहा जाएगा। उन्होंने इस बारे में अमेरिकी चर्च की बड़ी तीखी आलोचना करते हुए कहा कि जो लोग अलगाव का न तो विरोध करते हैं और न ही उसे अनैतिक मानते हैं, उन्हें कैसे हम देश तथा समाज के हित में कह सकते हैं ? ऐसे समूचे वर्ग के खिलाफ उन्होंने सड़क पर आकर अपने अनुयायियों के साथ आंदोलन किया था।

इस तरह से मार्टिन लूथर किंग और डॉ. अम्बेडकर ने अपने-अपने देश में मानवीय मूल्यों की रक्षा और व्यक्ति की गरिमा बनाए रखने के लिए लंबे समय तक संघर्ष किया था। वे विद्रोही स्वभाव के थे, लेकिन हिंसक नहीं। इन दोनों महापुरुषों ने ही उस आम आदमी को जगाने का प्रयास किया था, जिसे विशेष कहे जाने वाली जातियों तथा नस्लों ने अलग-अलग कर दिया था। उन्होंने उस बड़े वर्ग को न सिर्फ इतिहास से जोड़ा बल्कि उसका इतिहास बनाने में भी महत्त्वपूर्ण भूमिका निभाई थी।

पृष्ठभूमि और बचपन

मार्टिन का जन्म 5 जनवरी, 1929 में एटलांटा में हुआ था। उनके दादा जेम्स अलबर्ट आइरिश और काली नस्ल के सम्मिश्रण से थे तथा उनकी दादी डेलिया मजबूत कदकाठी की, पक्के काले रंग की थी। पिता का नाम मार्टिन मिचेल किंग था जो परिवार में होने वाले दूसरे बच्चे थे। वे स्टाक ब्रिज में खेतीबाड़ी करते थे, लेकिन रंगभेद की नीति से तंग आकर वे एटलांटा में आ बसे थे। हालाँकि रंगभेद एटलांटा में भी जारी था। वहाँ भी गोरों और कालों की अलग-अलग दुनिया थी। स्कूल, चर्च, होस्टल सभी सार्वजनिक स्थान नस्लीय आधार पर बँटे हुए थे। इस सबके बावजूद भी इस शहर में

उनके विकास की काफी संभावनाएँ थीं। उनके पिता ने यहाँ आकर सबसे पहले शिक्षा प्राप्त की। फिर वे चर्च में धर्मोपदेशक बन गए थे। बाद में उन्होंने विवाह किया। जन्म के समय मार्टिन बहुत स्वस्थ थे। उनका असली नाम माइकल लूथर था। लेकिन बाद में एक समाज सुधारक का नाम उन्हें दिया गया, जो लूथरन चर्च के संस्थापक और यूरोप में 18वीं शताब्दी के एक बड़े ईसाई समाज के नेता के रूप में प्रसिद्ध थे।

बालक मार्टिन अपने भाई तथा बहन के साथ-साथ खूब खेलते। गर्मियों में वे बेसबाल और फुटबाल खेलते थे। सर्दियों में जब बर्फ गिरने लगती हो वे बर्फ के गोले बनाकर एक-दूसरे पर फेंकते, बर्फ पर फिसलते और भागते-दौड़ते। लेकिन यह सब खेल तभी तक होता जब तक उनके पिता नहीं आ जाते। शाम होते-होते वे घर लौट आते। उनके पिता एक अनुशासन प्रिय व्यक्ति थे। वे चाहते थे कि उनके बच्चे बिस्तर से सुबह जल्दी उठें और रात में जल्दी सोएँ। यही नहीं घर में नहाने, खाने, पढ़ने तथा प्रार्थना करने के समय निश्चित किए हुए थे, जिनका कड़ाई से पालन होता था। शाम के भोजन के पहले मार्टिन को अपने भाई डेनियल तथा बहन क्रिस्टाइन के साथ मिलकर बाइबिल पढ़नी होती थी।

जवान होते-होते मार्टिन ने अच्छा भाषण देना सीख लिया था। शब्दों पर उन्होंने अच्छी-खासी पकड़ बना ली थी। लोग उनसे प्रभावित होने लगे थे। उनके भीतर अच्छी आदतों का विकास होने लगा था। उनकी माता का स्वभाव अपने पति से थोड़ा विपरीत था। वे प्रेम और सहानुभूति की प्रतीक थीं। समय-समय पर मार्टिन को वे अच्छी बातें सिखाती थीं। सच कहा जाए तो बालक मार्टिन में वे अच्छे व्यवहार की जननी थीं।

इस तरह शान्तिपूर्ण वातावरण में मार्टिन का आध्यात्मिक और भौतिक विकास हो रहा था। पर अतीत में हुई दुर्घटनाएँ याद आने पर उनकी शान्ति जैसे भंग हो जाती थी।

अमेरिका में रहते हुए काले समुदाय की हर माता के जीवन में उन दिनों वह पल जरूर आता था जब उन्हें अपने बच्चों को यह बतलाना पड़ता था कि काले समुदाय से होने के कारण वे गोरे बच्चों के साथ नहीं खेल सकते। साथ ही कुछ ऐसे भी स्थान उस समय थे जो गोरे समुदाय या नस्ल के लोगों के लिए ही सुरक्षित रखे गए थे। वहाँ काले लोगों को जाने की स्वीकृति नहीं थी। अमेरिका की धरती पर नस्ल के आधार पर पल रही इस दुखद कहानी को माँ एलबेरटा ने बड़े दुखी मन से अपने प्रिय बेटे को बतला तो दिया, पर बार-बार वह सोच रही थीं उन्होंने ऐसा क्यों किया। ममतामयी माँ के भीतर अजीब तरह का द्वंद्व था। स्वयं के सवाल और स्वयं के जवाब थे। अगर नहीं बतलातीं तो नस्ल के आधार पर विकसित काले और गोरों को बीच का कड़वा सच अपने-आप मार्टिन को बतला देता। अतीत के दुखद चित्र

कब तक पर्दे में रहते।

आरंभ में मार्टिन गोरे बच्चों के साथ खूब खेलता था। वे भी उसके साथ खुशी से खेलते थे। कहीं किसी तरह के नस्लीय भेद की आशंका नहीं थी। कहीं कुछ गड़बड़ न था। सभी कुछ ठीकठाक था। लेकिन सतही रूप में जैसा दिखता था भीतर वैसा न था। नस्लीय भेदभाव की गाँठें गोरे बच्चों की माँ के भीतर जोर मार रही थीं। माँ दोनों थीं। एक गोरी माँ रंग-भेद में विश्वास रखने वाली और दूसरी काली माँ समता और भाईचारे में विश्वास करने वाली।

एक दिन गोरे बच्चे की माँ ने मार्टिन को अपने बच्चे के साथ खेलने से मना कर ही दिया। सुनकर उसे दुख हुआ। मार्टिन जानना चाहता था। उसके भीतर जिज्ञासा ने जन्म ले लिया था। इससे पहले कि मार्टिन पूछे, उस गोरी महिला ने उत्तर दिया, ''क्योंकि तुम काले हो, इसलिए तुम मेरे बच्चों के साथ नहीं खेल सकते।''

इस घटना के तुरंत बाद मार्टिन घर लौटा और अपनी माँ से काले शब्द का अर्थ पूछा। उसकी माँ उत्तर के लिए तैयार थीं इसलिए कि वह जानती थीं कि देर-सबेर उसका बेटा ऐसा सवाल पूछेगा। माँ ने अपने 6 वर्ष के बेटे को अमेरिका में चल रही गुलामी और अलगाव की पूरी कहानी बतलाई। यह सब जानकर बालक मार्टिन को अत्यंत दुख हुआ। अतीत और वर्तमान के इस दुखद सच को बतलाते हुए उस समय माँ को कितना दुख हुआ होगा। माँ जानती थी कि बेटे पर क्या बीत रही होगी। माँ ने मार्टिन को किसी तरह की न झूठी तसल्ली दी और न ही समझौता करने की बात कही बल्कि एक आदर्श माँ जो कुछ उस समय कर सकती थी वही उसने भी किया। माँ ने मार्टिन को हिम्मत बँधाते हुए यह शब्द दोहराए :

''इस घटना से तुम्हें परेशान होने की जरूरत नहीं है। इससे तुम्हें यह भी महसूस नहीं करना चाहिए कि तुम गोरों की तरह अच्छे नहीं हो और यह भी कभी भूलना मत कि तुम उतने ही अच्छे हो जितने वे।''

इस तरह मार्टिन को पहली बार यह अहसास हुआ था कि वह काली नस्ल से है और उसके दादा गुलाम थे। यह कड़वा सच मार्टिन को उसी तरह पता चला जैसे हजारों काले बच्चों को अपनी माँओं से। लगभग ऐसे सभी बच्चे हीनभावना से ग्रस्त थे और बपचन में उनकी भावनाओं को ठेस लगती थी जब उन्हें इस सच का पता चलता था।

अभी दो वर्ष भी नहीं बीते थे कि मार्टिन के जीवन में फिर एक दुर्घटना हो गई। जिसने उनके मन को पहले से अधिक आहत किया। इस समय उनकी उम्र आठ वर्ष थी। उनके पिता उन्हें एटलांटा से जूतों की दुकान पर ले गए। दोनों पिता-पुत्र शू स्टोर में आगे की सीट पर बैठ गए इस इंतजार में कि उन्हें जूते दिखाने के लिए कोई आएगा। कुछ देर बाद एक नौजवान सेल्समैन आया और नजदीक आकर कहा, ''मुझे

प्रसन्नता होगी अगर आप पीछे की सीट पर जाकर बैठ जाएँ।''

मार्टिन के पिता ने प्रतिवाद करते हुए कहा, ''जिस सीट पर हम बैठे हैं यहाँ बैठने में किसी की कोई हानि नहीं है।''

फिर उसी सेल्समैन का उत्तर था, ''तुम्हें पिछली सीट पर ही बैठना होगा।''

मार्टिन के पिता गुस्से में थे। उन्होंने स्टोर के बाहर आते हुए जवाब दिया, ''हम यहाँ से भविष्य में कोई जूता नहीं खरीदेंगे।''

ऐसा कहते हुए वे बेटे के साथ बाहर सड़क पर आ गए थे। मार्टिन के लिए यह घटना उतनी दुखदायक नहीं थी जितनी पहली, क्योंकि पहली दुर्घटना में उन्हें एक साथी खोना पड़ा था। लेकिन इस बार की घटना से उनके भीतर सार्वजनिक स्थानों पर भेदभाव के खिलाफ आंदोलन करने की चेतना अवश्य आई थी।

डॉ. अम्बेडकर का जन्म भी एक ऐसी जाति में हुआ था जिसके सदस्यों के साथ सामाजिक विषमता का व्यवहार होता था। वे महार (दलितों की एक जाति) जाति से थे। हालाँकि महाराष्ट्र में महार जाति के लोग वीर तथा हिम्मत वाले होते थे। उन्होंने कई निर्णायक युद्ध जीत कर नाम भी कमाया था, लेकिन सवर्ण समाज ने उस जाति के लोगों को इतिहास से काट कर हाशिये पर फेंक दिया था।

अम्बेडकर के पितामह मालोजी सकपाल अंग्रेज सेना में एक सैनिक कर्मचारी थे। उनकी चार सन्तानें थीं। रामजीराव उनकी चौथी संतान थे। रामजीराव भी सेना में सूबेदार हुए थे। 14 अप्रैल 1891 को मध्य भारत के महू में भीमराव का जन्म हुआ। वही बाद में चलकर अम्बेडकर के नाम से प्रसिद्ध हुए। अम्बेडकर के पिता का नाम रामजीराव तथा माता का नाम भीमाबाई था। वह भी एक सैनिक (मेजर) की लड़की थी। उनके जन्म के साथ ही रामजी सूबेदार मेजर बन गए थे। घर में अम्बेडकर के जन्म लेने के बाद उनका परिवार खुशियों से भर गया। पति-पत्नी दोनों को बहुत प्रसन्नता हुई। बालक अम्बेडकर के माता-पिता अमीर नहीं थे, लेकिन उनके मन में अपने बेटे को पढ़ाने की इच्छा थी। रामजीराव ने उसी दिन यह सोच लिया था कि वे अपने बेटे को पढ़ा-लिखा कर बड़ा आदमी बनाएँगे। इसके बदल में उन्हें चाहे कितने भी कष्ट क्यों न सहने पड़ें; और अन्ततः हुआ भी वही।

दो वर्ष बाद रामजीराव सेना से सेवा-निवृत्त होकर परिवार के साथ अपने गाँव दापोली आ गए। वहीं की एक पाठशाला में भीमराव को पाँच वर्ष की आयु में भर्ती कराया गया। स्कूल में उनका नाम भीवा रामजी अम्बावडेकर लिखा गया। उनके परिवार का नाम (कुलनाम) सकपाल था। वैसे अम्बेडकर का पूरा नाम भीमराव रामजीराव अम्बेडकर था। इसके पीछे भी एक दिलचस्प कहानी है। उनकी माता का नाम भीमाबाई था। इसलिए माता के इसी नाम से भीम शब्द लिया गया। उनके पिता का नाम रामजीराव था। इससे उनके नाम में 'रामजी' शब्द जोड़ा गया। पर बालक

अम्बेडकर की माता और बूआ उन्हें प्यार से 'भिवा' पुकारा करती थीं।

अब रह गई अम्बेडकर के नाम के पीछे की कहानी, जो इस तरह है :

अम्बेडकर के उपनाम का रहस्य

महाराष्ट्र में अधिकतर उपनाम गाँव के नाम पर रखे जाते हैं। जो जिस गाँव का रहने वाला होता है उसी गाँव के नाम के साथ 'कर' लगा कर उसका उपनाम बनाया जाता है। मराठी में 'कर' का वही मतलब होता है जो हिन्दी भाषा में 'वाला' का होता है। अम्बेडकर के गाँव का नाम अम्बावडे था। इसलिए प्राइमरी स्कूल में दाखिला दिलाते समय उनके पिताजी ने उनका उपनाम 'अम्बावडेकर' लिखवाया था। लम्बे समय तक उनका यही उपनाम चलता रहा।

यह उन दिनों की बात है जब भीमराव अम्बेडकर हाईस्कूल में पढ़ते थे। भीम के एक ब्राह्मण प्राध्यापक थे। उनका उपनाम भी अम्बेडकर था। वे भीम को बहुत चाहते थे। उन प्राध्यापक को 'अम्बावडेकर' कहते-बोलते बड़ा अटपटा सा लगता था। बार-बार बोलने पर भी उनकी जवान पर वह शब्द चढ़ता न था। इसलिए उन्होंने भीमराव का नाम भीमराव अम्बावडेकर के स्थान पर भीमराव अम्बेडकर ही हाईस्कूल के रजिस्टर में दर्ज कर दिया।

शिक्षा

जबकि किंग के पिता अधिक शिक्षित और धनाढ्य थे। उनका दोमंजिला बड़ा मकान था। उनके पिता व्यापारी थे और **नेशनल एसोसिएशन फार द एडवांसमेंट ऑफ कलर्ड पीपल** के अध्यक्ष थे। किंग के पिता ने एक एक्टिविस्ट की भूमिका भी निभाई। अम्बेडकर के पिता फौज की नौकरी में ही रहे। दोनों धार्मिक प्रवृत्ति के और अनुशासन प्रिय आदर्श पिता थे, जिनके व्यक्तित्व से उनकी संतानें भी प्रभावित हुई थीं। रामजी सकपाल के साथ उनकी माता भी धार्मिक प्रवृत्ति की थीं। यह वह समय था जब भारत ब्रिटिश साम्राज्य के अंतर्गत शासित था। हालाँकि समाज में रूढ़ियाँ और प्रथाओं की बेल खूब फल-फूल रही थी फिर भी दलितों में चेतना आ रही थी। विशेषरूप में उनके बीच शिक्षा का प्रचार-प्रसार होने लगा था। अम्बेडकर को भी अपने बचपन में बहुत ही कड़वे अनुभव हुए थे।

उनके जीवन में दो ऐसी घटनाएँ हुई, जो जीवन भर उन्हें याद रहीं। एक दिन उन्हें रास्ते में प्यास लगी। प्यास के मारे उनका गला सूख रहा था। तभी एक स्थान पर उन्हें कुआँ दिखाई दिया। सोचा, पानी खींचकर अपनी प्यास बुझा लूँ। जैसे ही उन्होंने चुल्लू भरकर पानी पीने का प्रयास किया, उन्हें देखकर कुछ लोगों ने शोर मचाया, ''अरे देखो तो, सारा पानी खराब कर डाला। मारो-मारो।'' बालक अम्बेडकर

की खूब पिटाई हुई। उनकी गलती थी कि उन्होंने कुएँ से पानी पिया था। उनका मन बहुत क्षुब्ध हुआ। आँखों में आँसू निकल आए। वे बहुत देर तक सुनसान स्थान पर बैठकर फूट-फूट कर रोते रहे।

एक दिन भीम अपने पिता से मिलने गोरेगाँव गए। साथ में भाई आनन्द राव और बहन का एक छोटा बच्चा भी था। नौकरी के कारण रामजी सूबेदार सतारा से कुछ दूर गोरेगाँव चले गए थे। बालक भीम ने वैसे पत्र भी लिख दिया था कि वे अमुक गाड़ी से पहुँच रहे हैं, पर नौकर की लापरवाही से वह पत्र रामजी को समय से नहीं मिल पाया। ये पाड़ाली रेलवे स्टेशन से रेलगाड़ी में सवार हुए और मसूर स्टेशन पर उतर गए। सभी बच्चे खुश थे कि स्टेशन पर पिताजी अथवा नौकर आकर उन्हें ले जाएँगे, लेकिन काफी देर के इंतजार के बाद भी कोई नहीं आया। गोरेगाँव तो जाना ही था। बाद में स्टेशन मास्टर की सहायता से उन्हें एक बैलगाड़ी मिली और वे उसमें सवार होकर चल पड़े।

गाड़ी अभी मुश्किल से दो-चार गज ही आगे बढ़ी होगी कि गाड़ीवान को न जाने कैसे पता लग गया कि वे महार बच्चे हैं। उसने फौरन सभी बच्चों को गाड़ी से नीचे फेंक दिया, जैसे वे कोई कूड़ा हों। तभी दोनों भाइयों ने एक युक्ति सोची। दोनों लड़कों ने गाड़ीवान को शान्त किया और दोगुना किराया देकर गाड़ी में ले चलने को राजी कर लिया। शर्त यह थी कि वह गाड़ी नहीं चलाएगा। इस तरह भीम के भाई आनन्दराव ने गाड़ी को स्वयं हाँका और गाड़ीवान पैदल ही चलता रहा। शाम से लेकर आधी रात तक बालक घर पहुँचे। मार्ग में उन्हें कहीं भी पीने का पानी नहीं मिला। जहाँ कहीं भी उन्होंने लोगों से पानी माँगा उन सभी ने गन्दे पानी, जिसमें कीड़े पड़े थे, की ओर संकेत किया। भीम के जीवन में वह घटना एक गम्भीर झटका बन कर आई, जिसने उनके बालमन को झकझोर दिया। इसी घटना से भीम के हृदय में प्रतिशोध एवं विद्रोह के बीज पड़े।

मार्टिन पढ़ाई में बहुत तेज थे। स्कूल में वह मन लगाकर शिक्षकों का लेक्चर सुनते थे। समय से वह स्कूल जाते तथा सभी पीरियड में उपलब्ध रहते। आरंभिक स्कूली शिक्षा समाप्ति पर एटलांटा के लेबोरेटरी हाईस्कूल में वह दो वर्ष तक रहे। उसके बाद उन्हें बुकर टी. वाशिंगटन हाईस्कूल में भेजा गया जहाँ से उन्होंने हाईस्कूल की परीक्षा उत्तीर्ण की। हाईस्कूल करते हुए मार्टिन कभी-कभी एबेनेजर की धार्मिक परिषद तथा चर्च की सभा में गीत गाते थे। प्यानो पर उनकी माँ साथ देती थीं। उनका प्रिय गीत था :

''मैं यीशू की तरह बनना चाहता हूँ।''[2]

हालाँकि मार्टिन के परिवार की आर्थिक स्थिति बहुत खराब नहीं थी। मार्टिन के पिता उसे जेबखर्च भी दिया करते थे लेकिन एक सीमा तक। वह इसलिए कि

अधिक पैसा देने से बच्चों की आदतें बिगड़ती हैं। पर कभी-कभी मार्टिन को जब अतिरिक्त पैसे की जरूरत पड़ती तो वे सॉफ्ट ड्रिंक या अखबार बेचकर पैसा कमाते।

मार्टिन ने यह भलीभाँति महसूस किया था कि उनके पिता अपने बच्चों को सफलता की सीढ़ियों पर चढ़ते हुए देखना चाहते थे। बीच-बीच में पिता मार्टिन को दुनिया की कठोर वास्तविकता के बारे में भी बतलाते रहते थे। मार्टिन ने स्वयं भी अपनी आँखों से वैसे की कड़वे सच को देखा था। आसपास की परिस्थितियों से भी उनका आमना-सामना हुआ था। वह यह भी नहीं जानते थे कि अमेरिका में काली नस्ल से जन्मे किसी विद्यार्थी को कितनी परेशानियों के बाद सफलता मिलती है। एम. के. बरुआ के मतानुसार मार्टिन पढ़ाई के साथ अपने आसपास के परिवेश का भी गंभीरता से अध्ययन करते थे। आरंभ में उन्हें एलीमेंटरी स्कूल में प्रवेश कराया गया। आरंभ में ही मार्टिन का मन पढ़ाई में लग गया था। फिर उनका एडमिशन लेबोरेटरी हाईस्कूल में कराया गया और दो वर्ष बाद बुकर टी. वाशिंगटन में उन्हें भेजा गया। पन्द्रह वर्ष की आयु में मार्टिन ने हाईस्कूल की परीक्षा पास की। इस परीक्षा में उनके अच्छे नम्बर आए थे। 1941 में मार्टिन का दाखिला मोर हाउस कॉलेज में कराया गया।

मोरहाउस कॉलेज की स्थापना ब्लैक समुदाय के लोगों ने की थी। वही इनकी मैनेजिंग कमेटी में थे। यह कॉलेज एटलांटा शहर के उत्तरी भाग में स्थित था। इस कॉलेज का अपना एक महत्त्व था। यहाँ से ब्लैक समुदाय के जो विद्यार्थी शिक्षा लेकर गए थे उनमें शिक्षाविद, वकील, व्यापारी तथा वैज्ञानिक आदि बड़े पदों पर सुशोभित हुए थे। यह बिल्कुल प्राइवेट स्कूल था और राज्य के द्वारा अनुदान प्राप्त ब्लैक इंस्टीट्यूट की तरह इसकी स्थिति न थी। अफ्रीका एवं एशिया से भी यहाँ विद्यार्थी पढ़ने आते थे। यहीं पर वे **एटलांटा अंतरा विद्यालय एसोसिएशन** के सदस्य बने।[3] वे बराबर विद्यार्थियों की समस्याओं के बारे में जानने तथा सुनने में रुचि रखते थे। एक जगह वे स्वयं लिखते हैं कि कॉलेज के परिवेश में उन्हें नए और अच्छे अनुभव हो गए थे। विशेष रूप से कुछ गोरे विद्यार्थी उनसे ठीक-ठाक तरह से बातें करते थे।

इस कॉलेज का वातावरण धार्मिक था। सेल हाल चेपल में प्रतिदिन सभी को इकट्ठा होना पड़ता था। हर मंगलवार को विश्वविद्यालय के अध्यक्ष को इन्फोर्मल टॉक देनी होती थी। विद्यार्थियों को नैतिक और आध्यात्मिक पाठ भी यहाँ पढ़ाए जाते थे।

शुरू में मार्टिन का उद्देश्य शिक्षा पूरी कर डॉक्टर बनने का था। बाद में उनका विचार बदल गया और उन्होंने कानूनी शिक्षा लेने का निश्चय किया। उनके पिता उन्हें धार्मिक क्षेत्र में लाना चाहते थे। पिता का मन था कि बेटा एबेनेजेर बेप्टिस्ट चर्च में धर्मोपदेशक बने। पिता तथा बेटे दोनों द्वंद्व में थे। वैसे मार्टिन चर्च में जाते जहाँ वे घंटों बैठे रहते, ध्यान से सुनते। कभी-कभी मार्टिन के भीतर अमेरिका में चल रही रंगभेद नीति को समाप्त करने का निश्चय उभरता।

मोरहाउस में जब वे सैकेण्ड ईयर में पढ़ते थे तब मार्टिन के जीवन में एक तीसरी घटना और हुई जिसने उनकी जीवनधारा ही बदल दी। निश्चित ही इस घटना ने उनके मन को बहुत गहरे तक छुआ था। बाद के दिनों में मांटगोमरी बस के बहिष्कार का नेतृत्व करने का निर्णय लेने की जिम्मेदारी शायद इसी घटना की रही।[4]

घटना इस तरह से हुई। एक बार मार्टिन अपने मित्रों के साथ वाल्डोस्टा (जार्जिया) से लौट रहे थे। मार्टिन ने भाषण प्रतिस्पर्धा में दूसरा पुरस्कार जीता था। वे सभी खुश थे। रास्ते में उन्हें बस बदलनी थी। जैसे ही बस आई, सभी विद्यार्थी उसमें चढ़ गए और जो भी खाली सीट मिली उस पर बैठ गए। इसी बीच कुछ गोरे लोग भी बस में सवार हुए। बस में खाली सीट न थी। इसलिए उन्हें खड़ा होना पड़ा। यह एक आम बात थी। पर उन दिनों यह आम बात इसलिए न थी कि काले समुदाय के लड़के बस में आराम से बैठे रहें और गोरे खड़े होकर सफर करें। वैसे भी बस में आगे की सीट गोरों के लिए आरक्षित थी। नियम के अनुसार गोरों को बस में खड़े होकर यात्रा करना ठीक नहीं लगता था जिन पर काले लड़के बैठ गए थे। ड्राइवर को भी यह नागवार लगा, क्योंकि अमेरिका समाज में नस्लीय आधार पर भेदभाव था। ड्राइवर स्वयं गोरा था। उसे कैसे यह सब सहन होता कि गोरी नस्ल के तथाकथित सर्वश्रेष्ठ लोग बस में खड़े होकर यात्रा करें। उसने तुरंत बस रोक कर काले विद्यार्थियों से सीट छोड़ कर खड़े होने के लिए कहा जिससे गोरे बैठ सकें। आरंभ में उन्होंने कोई भी सीट नहीं छोड़ी। परिणामस्वरूप वाद-विवाद हुआ। संयोगवश बस में ही उनकी अध्यापिका सुश्री ब्राडले भी यात्रा कर रही थीं। गोरे और काले समुदाय के बीच कोई अप्रिय घटना न हो जाए, इसलिए उन्होंने भी किंग तथा उनके साथियों से सीट छोड़ने के लिए कहा। काले विद्यार्थियों को गोरों के लिए सीट छोड़कर खड़ा होना पड़ता था।

मार्टिन ने कभी भी हिंसा में आस्था नहीं रखी थी। उन्होंने बुद्ध के मानवीय संदेश को ही आगे बढ़ाया था। उनका विश्वास था कि बड़ी से बड़ी लड़ाई अहिंसा और प्रेम से जीती जा सकती है। एक दिन हाथापाई में किसी कमरे का बिस्तर, कुर्सी और डेस्क उलट गए। उत्तरी कारोलिना के एक विद्यार्थी ने मार्टिन पर संदेह किया और तेजी के साथ उनके कमरे में जाकर उन्हें पिस्तौल निकाल कर जान से मारने की धमकी दी जबकि उनका इस घटना में कोई हाथ न था। शोर सुनकर कुछ और विद्यार्थी भी वहाँ आ गए और पिस्तौल वाले विद्यार्थी को बुरा-भला कहा। यही नहीं उन्होंने मार्टिन से उस लड़के की कॉलेज आथर्टी से शिकायत करने के लिए भी कहा। लेकिन मार्टिन ने शान्तिपूर्वक रहते हुए किसी के भी खिलाफ कोई शिकायत नहीं की। बाद में इसका सुखद परिणाम ही हुआ। उस गोरे लड़के के साथ अन्य विद्यार्थियों ने सार्वजनिक रूप से क्षमा माँगी और मार्टिन स्टूडेंट बॉडी गवर्नमेंट के अध्यक्ष चुने गए।

1944 की गर्मियों में मार्टिन ने कोनेक्टीकट, न्यूयार्क के साथ अन्य कुछ शहरों

का दौरा किया। इस बीच वे काले समुदाय के धर्माधिकारियों से लेकर अन्य नेताओं से मिले। साथ ही गोरे समुदाय के नेताओं से भी बातें कीं। वे (**ब्लैक प्यूरिटन**—अंग्रेजी ईसाई धर्म का एक कट्टर पंथ) इस बात में तो विश्वास करते थे कि अमेरिका तथा अन्य देशों के काले समुदाय के लोगों को सफलता हेतु कड़ी मेहनत करनी चाहिए, लेकिन कट्टरपंथियों के इस अलगाव के सिद्धांत से बिल्कुल भी सहमत न थे कि उन्हें गोरी जनता से किसी भी तरह का सम्बन्ध नहीं रखना चाहिए। वे चाहते थे कि मिल-जुलकर और शान्तिपूर्वक तरीके से ही रंगभेद नीति को समाप्त किया जाए।

इन दिनों पाठ्यक्रम में लगी पुस्तकों के अलावा वे अन्य धार्मिक, सामाजिक और राजनीतिक निबंध भी पढ़ते थे। ऐसे समय में उन्होंने 'सिविल डिसओबिडियंस' पर हेनरी डेविड थोरिय के लिखे हुए निबंधों को खूब पढ़ा। थोरिय ने तत्कालीन अमेरिकी समाज में फैली विषम व्यवस्था को नकारा था। मार्टिन ने स्वयं लिखा है कि अहिंसा के सिद्धांतों से उनकी यह पहली बौद्धिक मुलाकात थी। बाद के वर्षों में मार्टिन लूथर किंग ने अहिंसा की तीर्थयात्रा नाम से निबन्ध लिखा।

1948 में उन्होंने मोरहाउस से समाजशास्त्र के साथ स्नातक परीक्षा उत्तीर्ण की। मार्टिन के बौद्धिक विकास और जिज्ञासा के संदर्भ में अगर कहा जाए तो मोरहाउस में बिताए गए उनके दिन काफी महत्त्वपूर्ण इसलिए भी रहे कि मेयस और केल्सेय जैसे स्कालर्स से हुई मुलाकात से उन्हें ज्ञान की प्यास बुझाने के अवसर भी मिले। इसी बीच आम आदमी से मिलने तथा उनकी समस्याओं को सुलझाने के लिए उनके भीतर इच्छा शक्ति भी आई।

1948 के अंत में मार्टिन ने एटलांटा छोड़ा। उन्हें चेस्टेर; पेन्नस्यलवानियाद्ध में क्रोजर थियोलोजिकल संस्थान में शामिल होना था। पूरे अमेरिकन राष्ट्र में क्रोजर अध्यात्मविद्या सम्बन्धी, जेमवसवहपबसद्ध स्कूल के लिए प्रसिद्ध था। इस संस्थान में पहले की अपेक्षा सौहार्दपूर्ण परिवेश था। अध्ययन के दौरान यहाँ उन्हें अच्छे अनुभव हुए। यह प्रथम अवसर था जब वे कॉलेज के साथ ही हास्टल में भी रहते थे। क्रोजर स्थित इस संस्थान में तीनवर्षीय पाठ्यक्रम था, जिसमें बाइबिल, आध्यात्मिक विधा और अन्य धर्म के बारे में पढ़ाया जाता था।

यहाँ काले समुदाय के बहुत कम विद्यार्थी थे। पहली बार मार्टिन को गोरे विद्यार्थियों के साथ पढ़ने का अवसर मिला। लेकिन मार्टिन इससे जरा भी हतोत्साहित नहीं हुए। उन दिनों गोरे लोगों के बीच आम धारणा थी कि काले समुदाय के लोग गंदे होते हैं, उनमें व्यवहारकुशलता नहीं होती। पर मार्टिन किंग ने कालों के प्रति गोरों के इस गलत दृष्टिकोण को तोड़ने में सफलता प्राप्त की थी। मार्टिन यहाँ तीन वर्ष रहे। उन्होंने कड़ी मेहनत की और अपने अच्छे व्यवहार से सभी का दिल जीतने का प्रयास किया। वे एक दिन भी कक्षा में देरी से नहीं गए। शिक्षकों का आदर करते थे। 1951 में क्रोजर

से दिव्यता में डिग्री प्राप्त हुई। लगभग सभी विषयों में उन्होंने कक्षा में टाप किया था। इस तरह की सफलता से उनके भीतर नया विश्वास भरा।

इसके बाद उन्होंने बोस्टन विश्वविद्यालय में एडमिशन लिया। वहीं उनकी मुलाकात कोरेटा नाम की एक आकर्षक और प्रतिभाशाली गायिका से हुई। 18 जून 1953 को जिससे उनका विवाह हुआ। पर विवाह सामाजिक जीवन की उनकी गतिविधियों में रुकावट नहीं बना। उन्होंने सण्डे, स्कूल, बेपटिस्ट ट्रेनिंग यूनियन और मिशनरी सोसाइटी आफ डेक्टर के माध्यम से ब्लैक समुदाय के उन लोगों के बीच विशेषतौर से काम करना शुरू किया जो कमजोर और जरूरतमंद थे। उन्होंने एक सोशल और पालिटिकल एक्शन कमेटी का गठन भी किया। साथ ही आर्टिस्टों की मदद के लिए कल्चरल कमेटी भी बनाई।

डॉ. अम्बेडकर भी किंग की तरह अत्यंत ही भावुक थे। उन्होंने जीवन की कड़वी वास्तविकताओं को बहुत नजदीक से देखा और महसूस किया था। अमेरिका समाज में जैसे काले समुदाय के लोगों को गोरों के द्वारा प्रताड़ना दी जाती रही थी वैसे ही भारत में दलितों की स्थिति थी।

अम्बेडकर को छात्र जीवन में ही छुआछूत का अहसास हो गया था। सतारा में कोई भी नाई उनके बाल नहीं काटता था। बाल बड़े होने पर उनकी बहन को ही उनके बाल काटने पड़ते थे।

एक बार ऐसी ही घटना हुई जिससे उनके मासूम दिल पर बहुत चोट लगी। हुआ यूँ कि रास्ते में नाई की दुकान पड़ती थी जहाँ बहुत से लोग बाल कटवाने आते थे। बालक भीम भी एक दिन वहाँ बाल कटवाने के लिए पहुँच गए, लेकिन नाई ने भीम के बाल काटने से इनकार करते हुए कहा, "तू महार है! इसलिए मैं तेरे बाल नहीं काट सकता।" बालक भीम ने बहुत कहा, लेकिन वह नाई उनके बाल काटने के लिए बिल्कुल भी तैयार नहीं हुआ।[5]

अब रोते-रोते भीम घर पहुँचे। घर पर बड़ी बहन तुलसी के पूछने पर भीम ने सबकुछ सुबकते हुए कह सुनाया, बाद में भीम के बाल घर पर ही तुलसी ने काटे। बालक भीम को अपने जीवन में छुआछूत का यह तीसरा-चौथा अहसास था। इस तरह उनके जीवन की शुरुआत में ही हिंदू धर्म की अमानवीय वर्ण-व्यवस्था से उपजे कड़वे अनुभवों की संख्या में वृद्धि जारी थी।

भीमराव को प्राइमरी शिक्षा के बाद बम्बई के एलफिंस्टन हाईस्कूल में भर्ती किया गया। यह अंग्रेजों का सरकारी स्कूल था। हालाँकि यहाँ दाखिला आदि में तो कोई पाबंदी नहीं थी, लेकिन जाति को लेकर दुर्व्यवहार यहाँ भी होता था। थामस मैथ्यू के अनुसार स्कूल में सामाजिक स्थिति ठीक नहीं थी। जब अम्बेडकर ने संस्कृत भाषा लेनी चाही तो सवर्ण अध्यापक द्वारा इंकार कर दिया गया और हाईस्कूल में संस्कृत

के बदले पर्सियन लेने को मजबूर किया।

जिस समय अन्य विद्यार्थी सिनेमा, शराब और सिगरेट पर पैसा बहाते थे, उन दिनों भीमराव पुस्तकें खरीदने के सिवा अन्य कोई खर्चा नहीं करते थे। शराब और सिगरेट को उन्होंने कभी स्पर्श तक नहीं किया था।

अम्बेडकर के मन में लगन थी कि उन्हें बस पढ़ना और लिखना है। इस तरह 1907 में उन्होंने मैट्रिक परीक्षा उत्तीर्ण की। किसी भी दलित परिवार के लिए उन दिनों मैट्रिक करना बहुत महत्त्व की बात थी। अम्बेडकर के मैट्रिक उत्तीर्ण करने की खबर ने दूर-दूर तक उनकी प्रसिद्धि कर दी। उस अवसर पर परिवार के द्वारा भोज का आयोजन किया गया।[7]

अम्बेडकर का मानना था कि शिक्षा (ज्ञान) ही ताकत का दूसरा नाम है। चूँकि उनके आसपास विषमता भरा वातावरण था इसलिए उनके लिए यह एक प्रेरक तत्त्व था। उन पर उत्पीड़न होना यानी और आगे बढ़ना। जीवन के अंत तक उन्होंने शिक्षा सम्बन्धी इसी महत्त्वपूर्ण बात को गाँठ बाँध कर रखा।[8]

सामाजिक बुराइयों का रोग-निदान करते हुए वे कहते हैं, ''माता-पिता अपनी संतान के केवल जन्मदाता हैं, वे उसके भाग्यदाता नहीं हैं। इस दैवी विधान को हमें तिलांजलि देनी होगी। हमें अपने मन में पक्की गाँठ बाँध लेनी चाहिए कि संतान का भविष्य माता-पिता के हाथ में है। बेटों के समान ही अपनी बेटियों को भी लिखाया-पढ़ाया जाए तो हमारा विकास तीव्र गति से हो सकता है, यह निश्चित है।'' अम्बेडकर के इस पत्र में उनका स्वाभिमान स्वावलंबन और आत्मोद्धार के लिए मची हलचल का अंकुर स्पष्ट दिखाई देता है।

उनके पास धन का अभाव था। इसलिए सैर-सपाटे पर जाना, सिनेमा देखना इत्यादि बातों की ओर उनका मन कभी नहीं दौड़ा। उन्हें अपने भोजन के लिए विदेश में एक डालर और दस सेंट खर्च करने पड़ते थे। इसमें एक कप कॉफी और दो केक, एक प्लेट मछली या सब्जी मिल जाती थी। जब तक जोर की भूख न लगे तब तक वे खाने पर भी कुछ खर्च नहीं करते थे। उन्हें जो छात्रवृत्ति मिलती थी उसमें से कुछ रकम अपनी पत्नी को घर-खर्च चलाने के लिए भारत भेजते थे। उनके सहपाठियों का यह कथन है कि अम्बेडकर ने अपने छात्र जीवन का हर क्षण अध्ययन में ही बिताया।

वह अमेरिका में अध्ययन करते समय भी भारतीय समस्याओं पर विचार करते थे। उनके पठित निबंधों और प्रस्तुत किए गए प्रबंधों का भारत से गहरा संबंध होता था। उन्होंने अमेरिकावासी नीग्रो समाज के सवालों का भारतीय अस्पृश्यों की समस्या के साथ कभी एकीकरण नहीं किया। अपने 'भारतीय जाति' निबंध में उन्होंने यह सिद्धांत प्रतिपादित किया है कि अस्पृश्य, समाज के संबंधित भेदभाव वांशिक नहीं हैं, वरन वे भारतीय संस्कृति का एक अविभाज्य अंग हैं। उनके भविष्य के सारे अनुसंधानों

का यही मूल स्रोत रहा है।

इस तरह भीमराव अम्बेडकर अपनी ज्ञान-साधना में रत रहे। वे प्रतिदिन लगातार 18 घंटे अविराम साधना में लीन रहते। सन् 1915 में उन्होंने '**एडमिनिस्ट्रेशन एंड फायनांस ऑफ ईस्ट इंडिया कम्पनी**' विषय पर अपना शोध प्रबंध प्रस्तुत कर एम.ए. की उपाधि प्राप्त की। इन्हीं दिनों वे '**नेशनल डिविडेंट ऑफ इंडिया—ए हिस्टारिकल एंड अनलेटिकल स्टडी**' विषय पर भी शोध कार्य कर रहे थे। उन्होंने यह शोध प्रबंध सन् 1916 में कोलंबिया विश्वविद्यालय को विचारार्थ प्रस्तुत किया और इसे सन् 1925 में लंदन की पी. एस. किंग एंड कंपनी में '**दि इवोल्यूशन ऑफ प्राविन्शियल फायनांस इन ब्रिटिश इंडिया**' नाम से प्रकाशित किया। (बाद में कोलंबिया विश्वविद्यालय ने उन्हें पी-एच.डी. की उपाधि से विभूषित किया।) इसी समय सन् 1916 में डा. गोल्डन वेझर ने मानववंश शास्त्र पर एक परिचर्चा का आयोजन किया था। इस परिसंवाद में भीमराव अम्बेडकर ने '**कास्ट्स इन इंडिया—देयर मेकेनिज्म, जेनेसिस एंड डेवलपमेंट**' नामक निबंध मई, 1916 को पढ़ा था। केवल तीन वर्षों में डॉ. अम्बेडकर ने अमेरिका में जो काम कर दिखाया उस विद्वत्ता की ऊँची उड़ान और ज्ञान की महान प्रगति के प्रति अपना आदर प्रकट करने के लिए विश्वविद्यालय के कला विभाग के प्राध्यापकों और विद्यार्थियों ने उनका सत्कार किया। सन् 1917 तक उन्होंने जो उपाधियाँ प्राप्त कीं, उनसे उनके अत्यधिक ज्ञान की उपलब्धियों की धरोहर वे अपने साथ लाए थे।

पी-एच. डी. के लिए लिखे गए अपने प्रबंध की प्रकाशित पुस्तक, भीमराव ने बड़ौदा नरेश, सर सयाजीराव गायकवाड़ को, ''मेरे विद्यार्जन के लिए आपने जो सहायता प्रदान की उसकी कृतज्ञता के रूप में'' सादर अर्पित की है। इस पुस्तक की प्रस्तावना में उन्होंने अपने प्राध्यापक मिस्टर एडविन, आर.ए. सेलिग्मन के '**पब्लिक फायनेंस के प्राथमिक पाठ सिखाने के लिए**' हार्दिक आभार माने हैं। सेलिग्मन ने भी पुस्तक की प्रस्तावना में लिखा है, ''इस विषय के मूलभूत तत्त्वों का इतना विवेचन अन्य कहीं उपलब्ध होगा, इसका मुझे ज्ञान नहीं है।'' इस किताब को लिखते समय अम्बेडकर ने 'मॉन्टफोर्ड सुधार' को भी समावेश कर अपने प्रबंध को अधिक विस्तृत किया है। ''बरतानवी हुकूमत के उद्योगपतियों के लाभ के लिए यह नौकरशाही यहाँ की अर्थव्यवस्था को निचोड़ रही है।'' अम्बेडकर इस प्रकार हुकूमत पर टिप्पणी कसना भी नहीं भूले।

भारतीय अर्थव्यवस्था पर लिखी गई यह किताब उन दिनों केंद्रीय विधान सभा के सदस्यों के लिए, बजट पर चर्चा करने के लिए, संदर्भ-ग्रंथ के रूप में आवश्यक मानी जाती थी। उन्होंने किताब का उपसंहार करते समय अपना मनपसंद सवाल प्रस्तुत किया है। वे लिखते हैं, ''राजनीतिक स्वाधीनता पाने के दो मार्ग हैं। एक है सैनिक शक्ति और दूसरा है नैतिक सामर्थ्य। जिन देशों के पास सैनिक सामर्थ्य नहीं

है उन्हें अपनी नैतिक सामर्थ्य को बढ़ाना चाहिए। भारत का राजनीतिक प्रश्न पूरी तरह एक सामाजिक मसला है, और सामाजिक सवाल को आगे करते रहना, यह जाहिर करता है कि जनमत से प्राप्त स्वतंत्र सरकार की स्थापना होने तक राजनीतिक प्रश्न हल नहीं हो सकता।

न्यूयार्क में रहते समय अम्बेडकर ने अपने काल में पुरानी पुस्तकों की दुकानों में जाकर बहुत-सी किताबें खरीदी थीं। उन लगभग 2000 किताबों को भारत लौटने वाले एक मित्र को सौंपकर उन्होंने लंदन के लिए प्रस्थान किया। किंतु कुछ समय के उपरांत भारत लौटने पर उन्हें उन किताबों में से बहुत कम हाथ आईं।

डॉ. अम्बेडकर को अपनी तरुणावस्था में ही पुस्तकों से बहुत लगाव था, प्यार था। उनकी यह लगन 'बांबे क्रानिकल' को लिखे गए एक पत्र से प्रगट होती है। भारत के स्वतंत्रता आंदोलन की पहली पीढ़ी के स्वतंत्रता सेनानी, सर फिरोजशाह मेहता का सन् 1915 में देहांत हुआ। यह समाचार अमेरिका बहुत समय बाद पहुँचा। भारत के प्रति आस्था के साथ खोज-खबर रखने वाले अम्बेडकर को जब यह पता चला कि मेहता की स्मृति में उनका एक पुतला खड़ा किया जाएगा तो उन्होंने 'क्रानिकल' को अपने विचार एक पत्र द्वारा सूचित किए थे। उन्होंने लिखा था, ''मेहता की स्मृति में केवल पुतला खड़ा कर ही स्मारक स्थापित न कर, उनकी याद में एक सार्वजनिक लायब्रेरी की योजना साकार करनी चाहिए। किसी भी राष्ट्र की बौद्धिक और सामाजिक प्रगति के लिए एक ग्रंथागार का बहुत बड़ा आधार रहता है। इस भाँति उस स्मारक का तो उपयोग हितकर होगा ही साथ ही वह उनकी स्मृति को भी चिरंतन बनाए रखेगा।''

उनके अमेरिका निवास की अवधि में लाला लाजपतराय ने उन्हें भारत के स्वतंत्रता संग्राम में लाने का बहुत प्रयास किया, किंतु अम्बेडकर ने बड़ी नम्रता के साथ अपनी अध्ययन कौ विवशता कौ कारण बताकर अपनी अस्वीकृति प्रगट की।

लंदन के विश्वविद्यालय में प्रवेश मिल जाने पर डॉ. अम्बेडकर ने जून, 1916 में अमेरिका से विदा ली। उन दिनों अमेरिका में लाला हरदयाल की 'गदर पार्टी' एक क्रांतिकारी संगठन का रूप ले रही थी। डॉ. अम्बेडकर का भी इस पार्टी से संबंध संभव है, इस आशंका के कारण लंदन के हवाई अड्डे पर उनकी जमकर तलाशी ली गई।

अक्तूबर, 1916 में उन्हें कानून की पढ़ाई के लिए 'ग्रेज इन' तथा अर्थशास्त्र के अध्ययन के लिए 'लंदन स्कूल आफ एकानामिक्स एंड पोलिटिकल साइंस' में प्रवेश प्राप्त हुआ। उन्होंने अपना प्रबंध लेखन आरंभ किया ही था कि बड़ौदा रियासत के दीवान ने उन्हें सूचना भेजी कि उनकी छात्रवृत्ति समाप्त कर दी गई है और वे वापस भारत लौट आएँ। इसलिए अपनी पढ़ाई अधूरी छोड़कर उन्हें वापस लौटना पड़ा। अपनी इस विवशता में उन्होंने अपने प्राध्यापक प्रो. एडविन केनन की सहायता और सिफारिश से चार साल के बीच पुनः अध्ययन प्रारंभ करने की लंदन विद्यापीठ से

अनुमति ले ली।

यह अनुमति सन् 1917 से प्राप्त हुई थी। उन्होंने अपना बोरिया-बिस्तर समेटकर, सारा सामान 'थामस कुक एंड संस' कंपनी के सुपुर्द कर उसे बम्बई भिजवाने को कहा। वे स्वयं मार्सेलिस बंदरगाह तक मोटर से आए और फिर वहाँ से केसरेहिंद जहाज पर उन्होंने भारत के लिए प्रस्थान किया। उन दिनों पहला महायुद्ध छिड़ा हुआ था। खबर उड़ी थी कि भूमध्य सागर में सुरंग फटने से एक जहाज डूब गया है। इस डर से सबका दिल दहल उठा कि कहीं अम्बेडकर इस हादसे के शिकार तो नहीं हो गए। लेकिन उस जहाज पर केवल अम्बेडकर का सारा सामान ही था, यह जानकर लोगों की जान में जान आई। डॉ. अम्बेडकर 21 अगस्त, 1917 को कोलंबो होते हुए बम्बई पधारे।

प्रभाव

क्रोजर स्थित आध्यात्मविधा सम्बन्धी शिक्षा संस्थान में मार्टिन लूथर जूनियर ने महान दार्शनिकों की शिक्षाओं को जैसे-जैसे पढ़ना शुरू किया वैसे-वैसे उनके भीतर और भी अधिक जिज्ञासा उभरने लगी थी। हीगल, राश्चेनबुश, प्लेटो, अरस्तु, रूसो, बेथम, मिल और लॉक आदि दार्शनिक तथा विद्वानों के प्रखर व्यक्तित्व और उनके विचारों का प्रभाव उन पर होने लगा था। ऐसा नहीं था कि वे सभी के विचारों से सहमत थे बल्कि कुछ दार्शनिकों के विचारों से उनकी असहमति भी थी। ऐसे समय पर वे स्वयं और विश्लेषण करते थे। इस बारे में उनकी साथियों से बहस भी हुआ करती थी। वे हीगल के तर्कविधा सिद्धांत से प्रभावित थे। साथ ही संघर्ष के द्वारा विचारों की प्रगति की प्रक्रिया से भी उनकी सहमति थी। राश्चेनबुश के विचारों ने उन्हें सामाजिक समस्याओं की जड़ों को समझने में मदद की। प्लेटो और अरस्तु के तर्क के सिद्धान्तों तथा आदर्श समाज बनाने के लिए मिल और बेंथम के सुधार के दर्शन से भी वे प्रभावित हुए थे। हालाँकि हीगल की कुछ बातों से वे पूरी तरह सहमत नहीं थे। वे मानवीय प्रकृति के बारे में राश्चेनबुश के आशावादी सिद्धांत और विशेष सामाजिक तथा आर्थिक व्यवस्था के साथ चर्च की भूमिका से भी सहमत नहीं थे। हालाँकि इन सभी दार्शनिकों ने उनके आगे के जीवन में संघर्ष के लिए रास्ता बनाया। उन्होंने स्वयं यह महसूस किया कि काली नस्ल के लोगों को सामाजिक और आर्थिक सुधार से राहत मिलेगी। इस बारे में सामूहिक रूप से कुछ करने की आवश्यकता है। यहीं से उन्होंने एक ऐसे अमेरिकन समाज की शुरुआत का स्वप्न देखा जिसमें गोरे और काले लोग समान स्तर पर रहें। साथ ही आर्थिक क्षेत्र में भी उनकी बराबर की हिस्सेदारी हो। (देखें परिशिष्ट 6)

1949 में क्रोजर में द्वितीय वर्ष में किंग ने पहली बार कार्ल मार्क्स और लेनिन

को पढ़ा। उन्होंने कार्ल मार्क्स के दास केपिटल और कम्युनिस्ट मेनिफेस्टो को पढ़ा। उनकी थ्योरी के अनुसार, जैसा कि किंग ने समझा, व्यक्तिगत स्तर पर किसी व्यक्ति का कोई अस्तित्व नहीं है। एक व्यक्ति समाज से ही यह सब विचार ग्रहण करता है। मार्क्सवादियों के अनुसार व्यक्ति एक माइक्रोकोसमिक सेल है। उन्होंने मनुष्य को मिट्टी का एक टुकड़ा बतलाया है, जिसका रंग, रूप तथा स्वरूप उसके आसपास के समूह के द्वारा बदलता रहता है। व्यक्ति स्वयं में कुछ नहीं करता है, उसके व्यक्तित्व की रचना में समाज की महत्त्वपूर्ण भूमिका होती हैं। न्याययुक्त विचार केवल समूह के होते हैं, समाज और देश के होते हैं। सभी तरह की कलाएँ, संगीत, चित्रकला, कविता, उपन्यास, मूर्तिकला आदि उसी सीमा तक ठीक होती हैं तब तक वे समाज के बारे में वर्णन करती हैं। इस तरह का चिंतन किंग के लिए मूलत: आत्मचेतना सम्बन्धी था।

किंग मार्क्स के भौतिकता के विचार से सहमत नहीं थे। एक ईसाई और ऐसे धार्मिक व्यक्ति के रूप में जो ईश्वर की रचना में विश्वास करते थे, किंग ने कम्युनिज्म को इसलिए नकार दिया कि मार्क्सवादियों की दुनिया में भगवान और धर्म का कोई स्थान न था। वे हिंसा की वकालत करते थे और अध्यात्म जीवन से उन्होंने अपने-आपको अलग कर लिया था। उन्हें साम्यवाद के नीतिशास्त्र सम्बन्धी और आत्म-विषयक भौतिकवाद से असहमति थी। यद्यपि वे साम्यवाद का विरोध करते थे इसके बावजूद वे कुछ बातों को मानते थे। सभी पीड़ित मनुष्यों के लिए साम्यवाद सामाजिक न्याय के सिद्धांत की वकालत करता है। अधिकार संपन्न लोगों के खिलाफ अधिकारहीन या आम आदमी के माध्यम से यह विचार प्रदर्शन का प्रतीक है। विशेष रूप से अमेरिका में यह विचार उतना तर्क-संगत नहीं और न ही इस तरह के विचारों को साकार करने वाले समर्थक हैं। पूँजीवाद ने वैसे भी गरीब और अमीर के बीच खाई को और अधिक बढ़ाया है। लोगों का उद्देश्य है कि पैसा कमाएँ और जमीन को अच्छा बनाएँ। एक मायने में देखा जाए तो पूँजीवाद और मुक्त उद्योग व्यावहारिक भौतिकवाद को बढ़ावा देता है।

उन्होंने यह भी महसूस कि किया कम्युनिज्म अमेरिका चर्च के अंत:करण को चुनौती देता है, वो देश की सामाजिक समस्याओं के प्रति उदासीन रहा है। यही नहीं बल्कि साम्यवादी विचारधारा समूची अमेरिकी सरकार को ही चुनौती देती है, ऐसी सरकार को जो न तो गरीबी दूर कर सकी है और न ही बढ़ती हुई बेरोजगारी को कम कर सकी है। यहाँ तक कि काले समुदाय के बीच बढ़ती बेरोजगारी, उनकी अन्य समस्याओं के साथ मौलिक सुविधाओं का अभाव कहीं भी और कुछ भी समस्याओं का निवारण करने में अमेरिकी सरकार असफल रही है। देखा जाए तो राष्ट्रीय स्तर पर कई गुनी समस्या बढ़ी, पर कहीं कोई विकल्प सरकार ने तलाश करने की कोशिश नहीं की।

आम आदमी वैसे ही पिसता रहा। विशेषकर काले लोगों की समस्याएँ तो गोरों से कई गुनी बढ़ीं। जिससे अमेरिकी समाज में भी तनाव ने जन्म लिया।

सामाजिक गतिविधियों में भाग लेते हुए भी वे डेक्टर एवेन्यू चर्च में धर्मोपदेश के रूप में भी अपनी जिम्मेदारी निभा रहे थे। वे दिन-रात इस सामाजिक अभियान में लगे रहते। उनका उद्देश्य था अमेरिकन समाज से विषमता को समाप्त करना। उन्होंने एक अर्ध-साप्ताहिक समाचारपत्र का प्रकाशन भी आरंभ किया, जिसे वे प्रत्येक चर्च में भेजते थे।

इन्हीं दिनों माण्टगोमरी में नस्लीय न्याय हेतु बहुत से नीग्रो संगठन कार्य कर रहे थे जिनमें एन.ए.सी.पी.; सिटीजन कमेटी, प्रोग्रेसिव डेमोक्रेट्स वीमेंस पालीटिकन कॉसिल आदि मुख्य थे। हालाँकि इनके उद्देश्य एक थे, पर परस्पर सहयोग और सहकारिता नहीं थी। मार्टिन को मतभेदों से पूर्ण ब्लैक संगठनों के अकुशल नेतृत्व से बहुत दुख होता था।

1 दिसम्बर 1955 को माण्टगोमरी में एक घटना हो गई, जो ब्लैक लोगों की अस्मिता, पहचान और इतिहास के दृष्टिकोण से प्रभावपूर्ण साबित हुई। इसलिए कि इसी घटना ने अमेरिका में रह रहे काले लोगों की भावनाओं को जोरदार ढंग से उद्वेलित किया और उन्हें एकजुट होकर रंगभेद नीति के खिलाफ आंदोलन करने के लिए प्रेरित किया।

हुआ यूँ कि माण्टगोमरी में ही एम्पायर स्टाप पर एक दिन बस रुकी, जहाँ से छह गोरे बस में चढ़े। उनके लिए सीट खाली न होने पर ड्राइवर ने आगे बैठे हुए काले यात्रियों से उठने के लिए कहा। उनमें एक महिला यात्री रोजा पार्कस भी थी। मैडम रोजा के अलावा सभी काले यात्रियों को उठना पड़ा। वह नहीं उठी, इसलिए कि वह अत्यंत थकी हुई थी। परिणामस्वरूप ड्राइवर ने पुलिस बुला ली और पृथक अध्यादेश का उल्लंघन करने के जुर्म में ब्लैक महिला रोजा पार्कस को अगले दिन अदालत द्वारा दस पौण्ड जुर्माना देने का निर्णय सुना दिया गया। हालाँकि श्रीमती रोजा ने जानबूझकर ऐसा नहीं किया था। अपील में उसने कहा कि उस दिन वह बहुत थकी हुई थी, पर गोरों की अदालत ने उसकी अपील पर विचार नहीं किया।

असल में बात दस पौण्ड की नहीं थी, बल्कि काले समुदाय के आत्मसम्मान पर सीधे-सीधे चोट करने वाली घटना थी। उस समय डॉ. किंग ने कहा था :

''वह इतिहास और नियति दोनों का एक साथ शिकार हुई हैं। हमें जुल्म और अन्याय का सामना करना चाहिए।''

एक तरह से देखा जाए तो श्रीमती रोजा ने सिविल राइट्स मूवमेण्ट के इतिहास में विद्रोह का प्रतीक बनने की भूमिका निभाई थी। उनकी गिरफ्तारी से ब्लैक समुदाय के स्त्री-पुरुषों में रोष की ज्वाला भड़क उठी थी। जगह-जगह प्रदर्शन हुए थे। इसी

बीच एक कमेटी का गठन भी किया गया जिसका उद्देश्य था बसों का बहिष्कार करना। डॉ. मार्टिन लूथर किंग इस आंदोलन के नायक बन गए थे। वे चर्चों में भी अन्य नेताओं के साथ बैठक ले रहे थे तथा उनसे सलाह-मशवरा कर रहे थे। उनके पिता भी इस आंदोलन में उनके साथ थे। प्रशंसा की बात तो यह थी कि उनकी पत्नी भी जी-जान से उनके साथ थी। एक दिन श्रीमती कोरेटा के पिता घर पर आए और कहा कि मार्टिन के घर पर बम गिरने वाला है। तुम बच्चे को लेकर जल्दी आ जाओ। लेकिन उस बहादुर औरत ने इनकार करते हुए कहा था : ''मैं जीऊँगी तो उनके साथ और मरूँगी तो उनके साथ। आखिर मैं उनकी जीवन-साथी हूँ।''

और वह अपने पिता के साथ नहीं गई।

इसी बीच माण्टगोमरी शहर की पुलिस उन्हें गिरफ्तार करना ही चाहती थी कि उन्होंने स्वयं अपनी गिरफ्तारी दी। अदालत ने पाँच सौ पौंड के दण्ड के साथ 386 दिन जेल की सजा सुनाई। इससे शहर के काले लोगों में और भी बेचैनी भर गई। तभी सुप्रीम कोर्ट ने बसों में भेदभाव के नियम को अवैध घोषित कर दिया, जो उनकी पहली जीत थी।

किंग पर भारतीय प्रभाव

देखा जाए तो डॉ. मार्टिन लूथर किंग का अमेरिका से गुलामी समाप्त करवाने में महत्त्वपूर्ण योगदान रहा है। सबसे बड़ी बात तो यह थी कि जुल्म और अन्याय के खिलाफ आंदोलन जारी रखते हुए वे कभी भी हिंसक नहीं हुए थे। वे अन्य ब्लैक नेताओं की तरह यह भी पसंद नहीं करते थे कि उनका संवाद गोरों से खत्म होना चाहिए। बल्कि मिल-जुलकर ही शान्तिपूर्ण तरीके से वे रंगभेद नीति का समापन चाहते थे। शान्तिपूर्ण तरीके से भी उन्होंने अमेरिका में ब्लैक पावर स्थापित की थी। वे चाहते थे कि गोरों को मारने तथा उन्हें अपशब्द कहने से अच्छा है कि हर क्षेत्र में अपना विकास करें। उनका वाशिंगटन मार्च इतिहास में महत्त्वपूर्ण स्थान रखता है।

जब ब्लैक लोगों के सामाजिक सरोकार के लिए वे संघर्ष के पथ पर थे ऐसे समय में किंग का भारत की यात्रा संघर्ष करने की शैली उन्होंने भारत से सीखी। साथ ही अहिंसा का वह सिद्धांत भी, जिसका पालन उन्होंने अपने देश में गोरों के खिलाफ किया। इसलिए भी किंग विश्व-स्तर के नेता बने।

विशेष रूप में देखा जाए तो किंग गांधी से अधिक प्रभावित थे। ब्लैक अमेरिकियों के संघर्ष को आगे बढ़ाने के लिए उन्होंने सत्याग्रह का सहारा लिया। हालाँकि अहिंसा के सिद्धांत में वे शुरू से ही विश्वास करते थे। यहाँ तक कि जब शरीर को स्वस्थ रखने के लिए वे व्यायाम भी करते थे तब उन्होंने शायद ही किसी को नुकसान पहुँचाया हो। एक बार स्कूल में एक विद्यार्थी ने उन्हें टाँग मार दी। पर उन्होंने पलट

कर न दो उसे टाँग मारी और न वे नाराज हुए। उनके लिए यह परीक्षा थी और दूसरे लड़के के लिए सबक। एक बार अनजाने में किसी महिला के पाँव पर पाँव रखे जाने के कारण उस गोरी महिला ने उन्हें थप्पड़ मारा। इस पर भी उन्होंने उसे कुछ नहीं कहा।

सच कहा जाए तो अहिंसा के सिद्धांत को उन्होंने अपने जीवन में बहुत महत्त्व दिया था। स्कूल का मैदान हो या संघर्ष का मैदान कहीं भी वे इस सिद्धांत से इधर-उधर नहीं हुए। अहिंसा के सिद्धांत को और भी समझने के लिए उन्होंने भारत की यात्रा का कार्यक्रम बनाया था। क्योंकि जीवन के प्रत्येक क्षेत्र में वे इसका पालन करना चाहते थे।

जबकि डॉ. अम्बेडकर लेशमात्र भी गांधी से प्रभावित नहीं थे। इतिहास में ऐसी बहुत-सी बातें दर्ज हैं जब गांधी और अम्बेडकर की ज्वलंत विषयों पर बहस हुआ करती थी। वास्तविकता तो यह थी कि अम्बेडकर दलितों के हित में संघर्ष कर रहे थे, यह गांधीजी को बर्दाश्त नहीं था। वे स्वयं दलितों के नायक बनने का श्रेय लेना चाहते थे।

1964 में उन्हें शान्ति के लिए नोबल पुरस्कार मिला था। विश्व स्तर पर उनकी यह पहली दस्तक थी। मोंटगोमरी बस संघर्ष में मिली सफलता के बाद उन्होंने भारत यात्रा की योजना बनाई। इस यात्रा में उनकी पत्नी कोरेट्टाव सिविल राइट्स के उनके मित्र भी साथ में थे। भारत को ग्रेट ब्रिटेन से आजादी मिले अभी अधिक समय नहीं हुआ था। पहली यात्रा में उन्हें शान्ति और अहिंसा का देश भारत अच्छा ही लगा। हालाँकि कहीं-कहीं उनके अनुभव बहुत अच्छे भी नहीं रहे। उदाहरण के लिए उन्होंने यहाँ बहुत गरीबी देखी। और गरीबों में भी दलितों की स्थिति काफी खराब थी। उन्हें यह देख और महसूस कर बड़ा दुख भी हुआ कि एक ऐसे लोकतांत्रिक देश में जहाँ राष्ट्रीय स्तर पर सामाजिक कार्यक्रम चल रहे हों, उस देश में भयंकर गरीबी से लोग पीड़ित थे। 10 फरवरी, 1959 में वे भारत यात्रा पर आए थे। भारत में तत्कालीन प्रधानमंत्री जवाहर लाल नेहरू ने उनका स्वागत किया था। उस समय उनके साथ सुश्री इन्दिरा गांधी भी थीं। डॉ. मार्टिन लूथर किंग ने तब कहा था कि भेदभाव किसी भी तरह का हो, उसके खिलाफ हमें अवश्य लड़ना चाहिए, पर यह ध्यान में रखते हुए कि कहीं हम भी तो इस बहाने अन्य समुदाय पर अत्याचार नहीं कर रहे हैं। रंगभेद की अमानवीय परंपरा के विरोध में आंदोलनरत रहते हुए भी उन्होंने बहुत सी किताबें लिखी थीं जिनकी आज भी प्रासंगिकता है।

भारत में नेहरू की बेबाकी से वे प्रभावित हुए बिना नहीं रह सके। मुलाकात में नेहरू ने कहा कि हम अन्य देशों के अध्यक्षों की तरह इस तरह की बात नहीं कहते कि उन्होंने देश के भीतर विषमता तथा भेदभाव को पूरी तरह से समाप्त कर दिया

है। बल्कि समाज में रहे भेदभाव को उन्होंने कम करने के लिए अवश्य ही प्रयास किए हैं और वह हुए भी हैं, क्योंकि हजारों वर्षों से चले आ रहे भेदभाव को कोई भी सरकार हफ्तों या महीनों में समाप्त नहीं कर सकती। डॉ. अम्बेडकर स्वयं किंग की तरह बहुत से महापुरुषों, दार्शनिकों तथा संतों से प्रभावित हुए थे। 4 अप्रैल 1969 में वे एक व्यक्ति की गोली का सामना करते हुए मृत्यु को प्राप्त हुए थे। भारत के लोग उन्हें हमेशा-हमेशा के लिए याद रखेंगे।

अम्बेडकर पर पाश्चात्य प्रभाव

अमेरिका में रहते समय अपने जीवन में उन्हें तत्काल परिवर्तन प्रतीत हुआ। यहाँ का जीवन उनके मन को नवीन अनुभवों से ओतप्रोत कर रहा था। उनके मन की सीमाएँ विस्तृत हो उठी थीं।

भीमराव की शिक्षा सन् 1913 से 1916 तक और फिर 1920 से 1923 तक विदेशी विश्वविद्यालयों में हुई। वे न्यूयार्क आदि शहरों में भी रहे। 'स्वतंत्रता की देवी' का पुतला उस शहर के निकट ही है। बम्बई के एलफिंस्टन कॉलेज के कुंद वातावरण और न्यूयार्क के स्वतंत्रता प्रिय तथा बंधनरहित जीवन का तुलनात्मक अध्ययन, उनका मन अवश्य कर रहा होगा।

उन दिनों कोलंबिया विश्वविद्यालय में जॉन ड्युई, जेम्स शाटवेल, एडविन सेलिग्मन, जेम्स हावे राबिन्सन, फ्रेंकलिन, गिडीग्ज और अलेक्जेन्डर, गोल्डन वेझर जैसे दिग्गज विद्वान शिक्षा प्रदान करते थे। अमेरिका की विचारधारा से संबद्ध जीवन पर उन सबका बहुत प्रभाव था। इन महान अध्यापकों के साथ व्यतीत किए गए समय में उन्हें आशावादी और प्रगतिशील तथा व्यापक विचारों की दीक्षा मिलना स्वाभाविक ही था।

उन्होंने वहाँ इतिहास, समाजशास्त्र, मानववंशशास्त्र, तत्त्वज्ञान, मानसशास्त्र तथा अर्थशास्त्र का अध्ययन सम्पन्न किया था।

जाफन ड्युई के विचारों की छाप उनकी अनेक पुस्तकों में दृष्टिगोचर होती है। वे कक्षा में अध्यापन करते समय भी जॉन ड्युई की शैली का अनुकरण करते थे। 'अनहिलेशन ऑफ कास्ट' जातपात तोड़ने के विषय पर लिखी गई अपनी किताब में उन्होंने स्पष्ट रूप से लिखा, ''जॉन ड्युई मेरे अध्यापक थे। मैंने उनसे बहुत-कुछ सीखा है।'' सन् 1939 के 20 अक्टूबर को जॉन ड्युई ने अपने 80वें जन्मदिवस के उपलक्ष में जनतंत्र शासन पर एक महत्त्वपूर्ण लेख लिखकर अपने विद्यार्थियों को संदेश के रूप में प्रस्तुत किया था। इस समारोह में डॉ. अम्बेडकर स्वयं उपस्थित न रह सके, किंतु इस लेख की प्रतिलिपि बनाकर उसे उन्होंने विशेष रूप में अपने पास सँभाल कर रखा था।

बी.बी.सी. लंदन से भाषण प्रसारित

इन्हीं दिनों मई में बी.बी.सी. लंदन द्वारा बाबा साहेब अम्बेडकर का एक भाषण 'बौद्ध धर्म के प्रति मेरी श्रद्धा क्यों है ? और आज की स्थितियों में बौद्ध धर्म संसार के लिए क्यों उपयोगी हो सकता है ?' विषय पर प्रसारित किया गया। बौद्ध धर्म के प्रति अपनी श्रद्धा का कारण बताते हुए उन्होंने कहा कि इस धर्म में तीन बातें—प्रज्ञा, करुणा और समता ऐसी हैं जो संसार के अन्य किसी धर्म में उपलब्ध नहीं होतीं। उनकी मान्यता थी कि प्रज्ञा के सहारे व्यक्ति अंधविश्वास (मिथ्या विश्वास) और दैवी शक्तियों में विश्वास के प्रकोप से बचता है। 'करुणा' से स्नेह और श्रद्धा के महत्त्व का पता चलता है, जिससे व्यक्ति से व्यक्ति की निकटता बढ़ती है। और तीसरी और अत्यन्त महत्त्वपूर्ण सिद्धांत 'समता' के बिना तो कोई भी व्यक्ति स्वयं को श्रेष्ठता और निकृष्टता के भाव से मुक्त कर ही नहीं सकता; और इन दिनों भावों के रहते एक व्यक्ति दूसरे व्यक्ति के कल्याण की बात सोच भी नहीं सकता। ऐसे में तो व्यक्ति, व्यक्ति के विनाश को ही अपना परमोद्‌देश्य मान कर चलता है। अत: उनका सुनिश्चित विश्वास था कि इन तीन बातों के बिना मनुष्य का जीवन सुखी, प्रसन्न और कल्य।णकारी नहीं हो सकता। वह ईश्वर और आत्मा को मनुष्य के सुखी, प्रसन्न व कल्याणकारी जीवन के लिए अनावश्यक मानते थे।

अम्बेडकर धर्म को एक बड़ी ताकत मानते थे। उनके अनुसार धर्म मनुष्य को आगे बढ़ने की शक्ति प्रदान करता है। धर्म मनुष्य के जीवन का एक महत्त्वपूर्ण भाग है।[9] अम्बेडकर का यह भी मानना था कि धर्म का आधार नैतिकता भी होता है।[10] वे आगे कहते हैं कि जो धर्म आदमी को कुत्ते-बिल्लियों से भी बदतर माने उस धर्म का भला क्या मूल्य है ?[11] बौद्ध स्कालर संघ रक्षिता हिंदू धर्म तथा उसकी आस्था तथा विश्वासों पर टीका करते हुए लिखते हैं कि आधुनिक युग में भी दलितों का मन्दिरों में प्रवेश नहीं होता।[12]

डॉ. अम्बेडकर की बौद्ध धर्म की यात्रा का अगर हम अध्ययन करें तो हमें उनके 40 वर्ष पीछे जाना होगा। जब 1908 में उनके परिवार में एक छोटी सभा का आयोजन किया गया था। उसमें मुख्य अतिथि एस. के. बोले, उनके हाईस्कूल के मुख्य अध्यापक कृष्णजी अर्जुन केलुस्कर आदि शामिल हुए थे। उस अवसर पर कृष्ण।जी ने भीमराव को अपनी एक नई लिखी पुस्तक 'गौतम बुद्ध का जीवन चरित्र' की प्रति भेंट की थी।[13] बकौल मधुलिमचे नवम्बर, 1935 में नासिक जिले के येवला में हुई डिप्रेस्ड क्लासिस के सम्मेलन में उन्होंने धर्म परिवर्तन की घोषणा की थी।[14]

मार्क्सवाद और उससे उत्पन्न साम्यवाद के प्रति अपनी अनिच्छा और अरुचि प्रकट करते हुए उन्होंने स्पष्ट रूप से कहा था कि मार्क्सवाद और साम्यवाद के कारण ही विश्व में धर्मों की स्थिति में निराशाजनक परिवर्तन आया है। जिन बौद्ध देशों ने

साम्यवाद को अपना लिया था, उनकी समझ पर प्रश्नचिह्न लगाते हुए उन्होंने कहा कि उन्हें पता ही नहीं कि साम्यवाद क्या है? उन्होंने कहा—''रूस का समाजवाद परिवर्तन के लिए खूनी क्रांति की अपेक्षा करता है, जबकि बौद्ध धर्म रक्तविहीन क्रांति से परिवर्तन लाने में विश्वास रखता है। इसलिए एशिया के दक्षिण-पूर्वी देशों को रूस के मायाजाल से बचना चाहिए। इन सबका भला इसी में निहित है कि वे बौद्ध के धार्मिक सिद्धांतों को राजनीति में अमली जामा पहनाएँ अर्थात् व्यवहार में लाएँ।'' उन्होंने आगे कहा—''गरीबी जहाँ है वहाँ रहेगी; यहाँ तक कि साम्यवादी रूस में भी पर्याप्त गरीबी है, पर व्यक्ति की स्वतंत्रता के लिए गरीबी को दोषी कदापि नहीं माना जा सकता। इसके लिए बौद्ध धर्म की सामाजिकता को समझना जरूरी है, तभी गरीबी का स्थायी विकल्प और व्यक्ति की स्वतंत्रता कायम रखी जा सकती है।''

बुद्ध और मार्क्स

डॉ. अम्बेडकर ने बुद्ध और मार्क्स के बीच एक ऐतिहासिक विभाजन को स्वीकार करते हुए उनके सिद्धांतों की तुलना की और आधुनिक भारत के लिए उनकी प्रासंगिकता का विश्लेषण किया। उन्होंने इस बात को देखा कि प्रायः अहिंसा बुद्ध की शिक्षाओं का सब कुछ माना जाता है एवं दर्शाया कि यह इससे कहीं अधिक है। 'अहिंसा' निश्चय ही बुद्धवाद का सबसे उपयोगी पहलू[15] है किन्तु भारतीय शासक वर्ग जातियों के लिए कट्टर शासक वर्ग के चैम्पियन गांधी से संकेत लेते हुए अहिंसा को अपने-आप में साध्य के रूप में प्रक्षेपित किया गया। यहाँ तक कि दमन और शोषण की सर्वाधिक अमानवीय और क्रूर व्यवस्था के जवाब के लिए बुद्ध के पवित्र दावे को भी नहीं छोड़ा। इसके विकृति के जवाब में डॉ. अम्बेडकर ने सिंह सेनापति, वैशाली का सेनापति को बुद्ध द्वारा दिए गए जवाबों को उद्धृत किया जिसमें अहिंसा के व्यवहार को बताया गया था।

बुद्ध ने उत्तर दिया, ''तुमने मेरे द्वारा कही गई बातों को गलत समझा है। एक अपराधी आक्रमणकारी को सजा मिलनी चाहिए और एक निर्दोष व्यक्ति को अवश्य ही मुक्त किया जाना चाहिए। न्यायाधीश यदि अपराधी को दंड देता है तो उसे दोषी नहीं कहा जा सकता। वह तो केवल कानून का पालन कर रहा है। जो व्यक्ति न्याय और सुरक्षा के लिए लड़ता है वह अहिंसा का उल्लंघन नहीं करता। उसे हिंसा के लिए दोषी नहीं कहा जा सकता। यदि शान्ति बनाए रखने के सारे साधन असफल हो जाएँ तो हिंसा का दायित्व उन पर पड़ता है जो युद्ध शुरू करते हैं। किसी भी व्यक्ति को भ्रष्ट सत्ता के सामने समर्पण नहीं करना चाहिए। युद्ध हो सकता है, लेकिन यह स्वार्थी उद्देश्यों के लिए नहीं होना चाहिए।''

जैन संस्थापक महावीर द्वारा प्रचारित अहिंसा की तरह बुद्ध की अहिंसा पूर्ण नहीं है। वह शक्ति का प्रयोग सृजनात्मक मंतव्यों और वैध साध्य के लिए ऊर्जा के रूप में प्रयोग की अनुमति देते हैं। अम्बेडकर ने शक्ति के इस्तेमाल को निम्न शब्दों में उचित ठहराया है :

''लाखों लोगों को मार दिया जाता है। क्या यह हिंसा नहीं है। यदि एक हत्यारे को युद्ध में इसलिए मारा जा सकता है क्योंकि वह शत्रु देश का है तो एक धनवान व्यक्ति को, जिसका स्वामित्व शेष समाज की गरीबी और कष्टों के लिए जिम्मेदार है, क्यों नहीं मारा जा सकता ? सम्पत्ति के मालिक को अपवाद बनाने का कोई कारण नहीं है। कोई व्यक्ति निजी सम्पत्ति को पवित्र क्यों माने।''

बुद्ध दर्शन के मूल तत्त्व इस प्रकार बताए गए हैं :[16] (1) धर्म का मनुष्य, नैतिकता और जीवन तथ्यों से संबंध एवं इसकी ईश्वर, आत्मा, कर्मकाण्ड और मोक्ष के खिलाफ पुनर्रचना, (2) मनुष्य की समानता और बन्धुता, (3) परिघटनाओं में लगातार परिवर्तन।

मार्क्स की अवधारणा निम्न पर आधारित है :

मार्क्स के मूल सिद्धांत थे : (1) इतिहास की आर्थिक व्याख्या, (2) शोषण और गरीबी जिससे वर्ग संघर्ष है और क्रांति की भावना पैदा होती है। यही समाजवाद की अवश्यंभाविता बनाती है, (3) दर्शन का उद्देश्य समाज के पुनर्निर्माण के रूप में। डॉ. अम्बेडकर का कहना है कि मार्क्स की अनेक धारणाएँ गलत साबित हो चुकी हैं। पहला, समाजवाद की अवश्यंभाविता झूठ साबित हो चुकी है। रूसी क्रान्ति स्वतः-स्फूर्त नहीं थी। यह योजनाबद्ध तरीके से की गई। पुनश्च, संसार के अधिकांश हिस्से में समाजवादी क्रान्ति नहीं हुई। मार्क्स ने संगठित सर्वहारा के जाग्रत प्रयास के बिना स्वतः क्रान्ति की कल्पना नहीं की थी। दूसरे, वह इतिहास की आर्थिक व्याख्या की अपर्याप्तता की ओर संकेत करते हैं। यह सही है कि मार्क्स की मौलिक अवधारणाओं में काफी विकृति आ चुकी है लेकिन नियतिवाद निश्चय ही मार्क्स की शिक्षाओं की मूल विकृति है। पुनश्च, मार्क्स ने मजदूरों की हर जगह पूर्ण गरीबी की बात नहीं की, उन्होंने श्रमिकों के पूँजीवादी समाज की तुलना में सापेक्षिक गरीब होते जाने की बात की, जो शायद अभी भी ठीक है।

बुद्ध और मार्क्स के बीच हुई अवधारणाओं में डॉ. अम्बेडकर पूर्णतः तालमेल पाते हैं। वह बुद्ध और ब्राह्मण जाति के पाथपड़े व्यक्ति के बीच वार्तालाप को देते हुए बताते हैं कि जैसे मार्क्स ने कहा कि दर्शन का उद्देश्य व्याख्या नहीं समाज को बदलना है। बुद्ध ने निजी सम्पत्ति को दुख और वर्ग-संघर्ष का कारण माना है और भिक्षु संघ में निजी सम्पत्ति के खिलाफ वकालत की। नियमों के अनुसार भिक्षु निम्नलिखित आठ वस्तुओं के अलावा कुछ भी निजी सम्पत्ति के तौर पर नहीं रख सकते थे। यह आठ वस्तुएँ थीं–(1,2,3,) प्रतिदिन के लिए तीन वस्त्र (4) कमरबन्ध (5) भिक्षापात्र

(6) उस्तरा (7) सुई और (8)पानी का लोटा।

पुनश्च, भिक्षु का सोना या चाँदी लेना या रखना पूर्णतः वर्जित था। इसकी वजह इन धातुओं के इस्तेमाल से उसका स्वीकृत आठ वस्तुओं के अलावा अन्य सामग्री खरीद सकना था। ये नियम रूसी साम्यवादी नियम से भी कठोर थे।

भिक्षुओं द्वारा निजी सम्पत्ति के त्याग को बुद्धिजीवियों द्वारा पेशेवर क्रान्तिकारी बनने के लिए वर्गच्युत होने की मार्क्सवादी-लेनिनवादी अवधारणा के समकक्ष माना जा सकता है। साम्यवाद लाने का साधन मार्ग, जिसे बुद्ध ने सुझाया, पंचशील व अष्टांग मार्ग का पालन था। इनके पालन से धरती पर सत्य राज, निब्बन और परमित की अवधारणा लागू की जा सकती है।

साम्यवादियों ने साम्यवाद की प्राप्ति के लिए हिंसा और सर्वहारा वर्ग की तानाशाही का मार्ग स्वीकार किया। जहाँ हिंसा के मार्ग को एक पूर्ण सिद्धांत के रूप में स्वीकार नहीं किया जा सकता, वहीं हिंसा के प्रयोगों को पूरी तरह त्याज्य भी नहीं माना जा सकता। तानाशाही के विषय में डॉ. अम्बेडकर की शंका थी कि स्वतंत्रता की कीमत पर यह कब तक जारी रह सकेगी।

हिंसा

मार्क्स की परिकल्पना के अनुसार सर्वहारा की क्रांति द्वारा ही सत्ता परिवर्तन आ सकता है और इस तरह से समाजवाद लाना भी संभव है। माओ ने भी कभी कहा था कि सत्ता बंदूक की नली से प्राप्त होती है।

हिंसा से संबंधित जटिलताओं को समझने के लिए इस पर गहराई से विचार करना आवश्यक है। रूस, चीन एवं दूसरे साम्यवादी शासनों के तानाशाही ढाँचे के प्रति मोह को देखते हुए यह सुझाव सही है कि साम्यवादी इससे (हिंसा) एक सिद्धांत के रूप में चिपके होने के बावजूद लोकतांत्रिक आंदोलनों, प्रेस्टोरिका और ग्लासनोस्त के उदारीकरण, मुख्यतः आर्थिक क्षेत्र में ही ज्यादा सीमित रहा है। राजनीतिक क्षेत्र में इसका प्रभाव बहुत ही कम परिलक्षित होता है। साथ ही साम्यवादी अवधारणाओं यथा, शान्तिपूर्ण संक्रमण, सह-अस्तित्व और प्रतियोगिता में ज्यादा उदारपन है। कम्युनिस्ट देशों में लोकतांत्रिक उभार ने राज्यहीन समाज की मार्क्सवादी अवधारणा पर प्रश्नचिह्न लगा दिए हैं। डॉ. अम्बेडकर इस पर आश्चर्यचकित होते हैं कि लोकतंत्र के रास्ते की तमाम बाधाओं और परेशानियों को दूर करने के बाद क्यों कम्युनिस्ट तानाशाही स्वयं का अंत नहीं कर लेती। यहाँ सम्राट अशोक का उदाहरण देते हैं जिसने कलिंग पर निर्णायक विजय के बाद हिंसा को पूरी तरह से तिलांजलि दे दी थी। वह राज्य के लोप होने के बाद के इंतजाम को लेकर भी चिंतित थे।

इस सन्दर्भ में 'पेरिस कम्यून' के मूल्यांकन पर आधारित मार्क्स के विचार बहुत

ही प्रासंगिक हैं। वह कम्यून की यह कह कर प्रशंसा करते हैं कि यह जनता द्वारा उससे दूर हो गई सत्ता की पुन:प्राप्ति थी। कम्यून, जिससे सर्वहारा वर्ग ने बुर्जुआ राज्य को नष्ट कर राजनीतिक सत्ता प्राप्त की थी, जनता के शास्त्रीकरण, नियमित सेना और पुलिस के खिलाफ कार्यकारिणी विधायिका और न्यायपालिका को चुना। उन्हें वापस बुलाने (निलंबित करने) के अधिकार पर आधारित है। हालाँकि मार्क्स ने इस बात का जिक्र किया है कि क्रान्तिकारी परिषद् द्वारा अतिशीघ्र कम्यून को सत्ता सौंपना क्रान्ति की हार का एक कारण था। इसका यह अर्थ तानाशाही का अनंतकाल तक जारी रहना नहीं था। पुनश्च, मार्क्स ने जिस तानाशाही पर विचार किया था, वह ज्यादा जनतांत्रिक थी, वह बुर्जुआ संसदीय लोकतंत्र जो वस्तुत: अल्पमत की तानाशाही थी, की तुलना में सर्वहारा जोकि अधिसंख्यक जनता का बहुमत था, की तानाशाही। क्रांतिकारी तरीके से बदलने के मार्क्सवादी सिद्धांत का तात्पर्य अनिवार्य बहुदलीय प्रणाली या संसदीय प्रणाली का न होना नहीं है। लेकिन संभवत: युद्ध साम्यवाद के दबाव के चलते लेनिन को एक ऐसी प्रणाली का चुनाव करना पड़ा जहाँ पार्टी को सर्वहारा वर्ग का एकमात्र प्रतिनिधि बनकर सत्ता पर एकाधिकार जमाना पड़ा। इस प्रणाली को कोई चुनौती नहीं मिली। यहाँ तक कि चीन में जहाँ सांस्कृतिक क्रांति के दौरान एक विकल्प सुझाया गया था, वह भी माओ का समर्थन प्राप्त नहीं कर सका।

सर्वहारा वर्ग की तानाशाही के चरित्र, विषय-वस्तु और काल के दूसरे पहलू भी हैं। जब तक कि मजदूर वर्ग की निर्णायक सत्ता स्थापित न हो जाए, तानाशाही को समाप्त नहीं किया जा सकता। विश्व स्तर पर सत्ता को चीन और पूर्वी यूरोप में भी लोकतंत्र के संतुलन का हमें ध्यान रखना पड़ेगा। लेकिन चीन एवं पूर्वी यूरोप के पेरेस्त्रोइका और ग्लासनोस्त को हमें गलती से समाजवाद के अन्दर सर्वहारा लोकतंत्र के और प्रजातंत्र की आकांक्षा को पल्लवित होना नहीं समझ लेना चाहिए। यहाँ बुर्जुआ विचारधारा द्वारा समाजवाद को समाप्त कर पूँजीवाद को वापस लाया जा चुका है। तब भी लोकतंत्र की इच्छा एक सकारात्मक कदम है क्योंकि यह संघर्ष सर्वहारा वर्ग की तानाशाही की मार्क्सवादी अवधारणा के खिलाफ नहीं है।

मार्क्सवाद को अभी भी डॉ. अम्बेडकर के इस सवाल का जवाब देना है कि समाजवादी सत्ता के लोप होने पर क्या व्यवस्था की जाएगी। निश्चित तौर पर यह अराजकता तो नहीं होगी। यह ठीक है कि मार्क्सवादी संकल्पना उत्पादन की प्रचुरता पर आधारित है। तब भी व्यक्ति और समाज के बीच अन्तर्विरोधों की जटिलता किसी व्यवस्था के द्वारा हल करनी बाकी रहेगी। डॉ. अम्बेडकर का कहना था कि कम्युनिस्टों ने धर्म को अस्वीकार कर दिया है जोकि समाजवादी राज्य के लोप होने पर समाज को बरकरार रख सकता था। इस बात में काफी दम है कि शक्तिशाली मूल्यों की अनुपस्थिति और भौतिकवाद पर एकपक्षीय जोर ने समाजवादी विचारधारा को हर जगह कमजोर

किया है। उन देशों में ज्यादा, जहाँ समाजवादी क्रांतियाँ हुई हैं। यद्यपि मार्क्स ने धर्म को जनता के लिए अफीम बताते हुए अस्वीकार कर दिया, लेकिन उन्होंने मानव चेतना पर बहुत जोर दिया। वस्तुत: यही लोकतंत्र और मानववाद की भावना का सारांश है मानव को ऐतिहासिक अनादिकाल से विरासत में मिलता चला जा रहा है। महान सर्वहारा सांस्कृतिक क्रांति भी, जोकि डॉ. अम्बेडकर के बाद की परिघटना है, क्रांतिकारी विचारधारा और समाजवादी मूल्यों को राजनीतिक और आर्थिक प्रक्रिया की मूल कड़ी मानती है। यह बात हमें अवश्य ध्यान रखनी चाहिए कि माओ के चीन पर भी कम्बोडिया और वियतनाम की तरह बुद्धवाद का बहुत प्रभाव था। परन्तु बाबा साहब का यह प्रेक्षण कि रूसियों को देखकर यह नहीं लगता कि वह साम्यवाद को बरकरार रखने के लिए उसके अंतत: सहायक के रूप में बुद्ध-दर्शन पर कोई ध्यान दे रहे हैं, एकदम सही प्रमाणित हुई है। धीरे-धीरे समाजवादी प्रतियोगिता एवं नैतिक प्रोत्साहन से आर्थिक प्रोत्साहन की ओर विचलित हुए और अंतत: बाजार प्रणाली की ओर चले गए।

डॉ. अम्बेडकर इस बात पर जोर देते हैं कि ईसाइयत के अलौकिक जोर की तुलना में बुद्ध सांसारिक जीवन पर ज्यादा जोर देते हैं। वह धन संग्रह पर बुद्ध के व्यवहार को बाइबिल के माउंट उपदेश, जिसमें गरीबी और कमजोरी को महिमा मंडित किया गया है, से तुलना करते हैं। बुद्ध वैध और न्यायोचित तरीके से धन की प्राप्ति, जोकि मार्क्सवादी अवधारणा के अनुसार असंभव है, के समर्थक थे। लेकिन उन्होंने संघ में साम्यवाद का पालन किया और वह भी बिना तानाशाही के उल्लेख से। बाबा साहेब ने हिंसा और मनुष्य के दिल और विचारों पर अहिंसा के प्रभाव को हिंसा और शक्ति द्वारा नियंत्रण से श्रेष्ठ देखने की कोशिश की है। इस पर कोई विवाद नहीं हो सकता और निश्चय ही संभव होने पर अहिंसा ही आदर्श तरीका है और हिंसा निश्चय ही एक बुरा तरीका है जिसको केवल तभी न्यायोचित कहा जा सकता है जबकि यह बहुत ही अच्छे कार्य के लिए प्रयोग की गई हो। इसलिए क्रांतिकारी हिंसा और युद्ध प्रतिक्रियावादी हिंसा और युद्ध के खिलाफ वैध हो जाती है।

यही वह संदर्भ था जिसके कारण मार्क्स ने यूरोपीय लोकतंत्र को बुर्जुआ तानाशाही कहा। यानी पूँजीपति और धन्ना सेठ, जो मुक्त बाजार को और इसके द्वारा राजनीति सहित पूरे समाज को नियंत्रित करते थे, की तानाशाही के रूप में इंगित किया। यहाँ पर भारतीय संदर्भ में डॉ. अम्बेडकर का मानना था कि यदि राज्य उद्योग और कृषि को नियंत्रित नहीं करता तो स्वतंत्रता और लोकतंत्र का मतलब निजी नियोजकों की तानाशाही होगा।

डॉ. अम्बेडकर का मानना था कि व्यक्ति की स्वतंत्रता को अन्य व्यक्तियों के अतिक्रमण से सुरक्षित किया जाना चाहिए और इसके लिए कानून द्वारा समाज के

आर्थिक ढाँचे के आकार और ढाँचे को (बनाया जाना) निर्धारित किया जाना चाहिए। राजनीतिक लोकतंत्र चार बातों पर टिका होता है, जिन्हें निम्नलिखित शब्दों में रखा जा सकता है—

1. व्यक्ति अपने-आप में एक साध्य है।
2. व्यक्ति के कुछ अहरणीय अधिकार हैं, जिनकी उसे संविधान द्वारा गारंटी दी जानी चाहिए।
3. किसी भी सुविधा को पाने के लिए व्यक्ति से पूर्व शर्त या एवज के रूप में उसके संवैधानिक अधिकारों को त्यागने की आवश्यकता नहीं होनी चाहिए।
4. राज्य द्वारा निजी क्षेत्र को दूसरों पर शासन करने के अधिकार को नहीं देना चाहिए।

मुक्त उद्यम और मुनाफावृत्ति पर आधारित अर्थव्यवस्था उपरोक्त अन्तिम दो बातें, जिन पर लोकतंत्र टिका है, को कमजोर करती हैं। वह इस विषय में निश्चित थे कि इस तरह की व्यवस्था में अपेक्षाकृत कम शक्तिशाली लोगों, बेरोजगारों की स्वतंत्रता की रक्षा कोई भी सुरक्षात्मक उपाय नहीं कर सकता क्योंकि वयस्क मताधिकार पर आधारित व्यवस्थापिकाएं एवं सरकार भी अधिक शक्तिशालियों द्वारा नियंत्रित की जाती हैं।

इसलिए डॉ. अम्बेडकर ने प्रस्ताव रखा कि राज्य उद्योग एवं कृषि पर स्वामित्व संविधान में ही उनके मूल लक्षण के रूप में दिया जाना चाहिए, जिससे इसका स्थान या रद्द करना संसदीय बहुमत की पहुँच से बाहर हो। डॉ. अम्बेडकर के अनुसार लोकतंत्र की आत्मा एक व्यक्ति एक मूल्य है। लेकिन वर्तमान लोकतंत्र में यह एक व्यक्ति एक मत तक ही सीमित है। उन्होंने इस बात पर जोर दिया कि भारत जैसे देश को, जिसने लोकतंत्र देर से अपनाया, इस गलती को नहीं दोहराना चाहिए। डॉ. अम्बेडकर ने संविधान सभा की बहस में भाग लेते हुए इस सम्बन्ध में एक गम्भीर चेतावनी दी थी। उन्होंने कहा था कि यदि लोकतांत्रिक प्रणाली एक मनुष्य एक मूल्य की अवस्था तक नहीं पहुँचती तो राजनीतिक समानता और आर्थिक असमानता के बीच का अंतर्द्वंद्व सम्पूर्ण लोकतांत्रिक ढाँचे को उड़ा देगा।

समाज की विभाजित प्रकृति को देखते हुए डॉ. अम्बेडकर विशिष्ट सुरक्षात्मक नियंत्रण और संतुलन उपाय चाहते थे जिससे कि बहुसंख्यक समुदाय की तानाशाही से बचा जा सके एवं दूसरों को समता एवं उचित व्यवहार के प्रति आश्वस्त किया जा सके।

राज्य समाजवाद और आर्थिक लोकतंत्र संबंधी बाबा साहेब के विचारों को संविधान सभा का समर्थन नहीं मिला। अल्पसंख्यकों के लिए सुरक्षा कवचों एवं पृथक निर्वाचन क्षेत्रों की माँग को नहीं माना गया। अनुसूचित जाति के विधायकों को चुनने

की संयुक्त निर्वाचन की पूना पैक्ट व्यवस्था की आलोचना करते हुए उन्होंने अनुसूचित जाति के प्रतिनिधियों को संयुक्त निर्वाचन द्वारा निर्वाचन को एक भुलावा और अलोकतांत्रिक बताया। क्योंकि इससे साधारण बहुमत गैर अनुसूचित जाति वोटों का होता था। संयुक्त निर्वाचन की इस प्रणाली को बदलने की अनुमति संविधान सभा ने नहीं दी।

संयुक्त निर्वाचन व्यवस्था ने वस्तुत: भारतीय राजनीति के लोकतांत्रिकीकरण के एकमात्र साधन को नजरअंदाज किया। मनुष्यों की स्थायी असमानता पर आधारित भारतीय सामाजिक आर्थिक ढाँचे के लोगों को बंद कमरों में बाँटा और लोकतंत्र इस ब्राह्मणवादी व्यवस्था का शत्रु (अभिशाप) था। मार्क्स के अनुसार पारंपरिक जाति-व्यवस्था "भारत की शक्ति और प्रगति के (मार्ग में) निर्णायक रुकावट थी।" यही वह घटनाक्रम था जिससे डॉ. अम्बेडकर ने अल्पसंख्यकों, विशेषकर अनुसूचित जाति के लिए शक्तिशाली विशेष सुरक्षा उपाय और कार्यकारिणी, विधायिका, सार्वजनिक सेवाओं और शिक्षाओं में देने की वकालत की। वह उद्योग एवं कृषि पर समाज या राज्य के स्वामित्व को संवैधानिक वस्त्र से बुनना चाहते थे। विशेषत: इसलिए मजदूरों का एक बहुत बड़ा भाग भूमि और संपत्ति रखने से वंचित किया गया था। संभवत: पारंपरिक मूल्य प्रणाली स्वयं में आर्थिक लोकतंत्र की भावनाओं के खिलाफ सबसे प्रबल विपक्ष था।

यहाँ हम मार्क्स और अम्बेडकर की स्थितियों के बीच सबसे महत्वपूर्ण अंतर देखते हैं। मार्क्स दमन और अत्याचार से मनुष्य को मुक्ति के प्रारूप के रूप में पेरिस कम्यून की प्रशंसा कर सका। उन्होंने क्रांतिकारी सर्वहारा द्वारा पूँजीवादियों को हिंसात्मक तरीकों से उखाड़ फेंकने की संभावना को पहले से ही देख लिया। लेकिन डॉ. अम्बेडकर कहीं ज्यादा गम्भीर दुविधा में थे। यद्यपि वह मार्क्स के सौ साल बाद हुए लेकिन भारत मार्क्स के समय से बहुत ही पीछे था। ब्राह्मणवादी व्यवस्था और इसकी विचारधारा की दमनकारी और दमित सहित जनता पर घातक पकड़ थी।

ऐसा नहीं है कि डॉ. अम्बेडकर ने ब्राह्मणवाद और पूँजीवाद के खिलाफ जुझारू मजदूर आंदोलन नहीं किया। न ही यह सत्य है कि उन्होंने महिलाओं समेत तमाम दबे-कुचले लोगों को भी संगठित नहीं किया, न ही यह कहना उचित है कि वह सामाजिक संघर्ष को राजनीतिक स्वतंत्रता के साथ नहीं जोड़ सके। अपितु सत्य यह है कि उनकी स्थिति कहीं ज्यादा जटिल और मार्क्स से कहीं ज्यादा कठिनाईपूर्ण थी।

लोकतंत्र के लिए भारतीय संघर्ष चेतना के मानसिक स्तर पर शुरू होना था, जहाँ अर्धमानवीय स्तर पर चुपचाप दैवीय व्यवस्था के रूप में स्वीकार्य है। अछूतों को जागरूक बनाना, प्राचीन स्थिर समाज को गहन सुप्तावस्था से जागृत करने का काम अत्यंत कठिन था। उन्हें संघर्ष की शुरुआत गरिमा स्वसहायता एवं स्वउत्थान के संघर्ष से जारी करनी पड़ी। लेकिन यूरोप के विपरीत यहाँ जाति-विरोधी, गुलामी-विरोधी और पुरोहित-विरोधी आंदोलन को उभरते हुए क्रांतिकारी दलों का समर्थन

प्राप्त नहीं था। अपने जातिगत मूल्यों की सीमाओं के चलते भारत में न बुर्जुआ और न ही मजदूर वर्ग क्रांतिकारी थे। यही वजह है कि भारतीय लोकतंत्र की प्रसव-पीड़ा इतनी तीव्र और लगातार है।

मार्क्सवाद का वर्गहीन एवं राज्यहीन समाज का सपना उतना ही दूर है जितना कि भारत के दलितों की मुक्ति। मार्क्स ने अकेले मजदूर वर्ग की क्रांति की ही कल्पना नहीं की थी बल्कि उन्होंने सर्वहारा क्रांति की भी कल्पना की थी। संसार के तमाम दमितों (दलितों) को शामिल किया था। परन्तु उसके अनुयायियों ने, जिन्हें सत्ता मिली, बुर्जुआ पूँजीपतियों की तानाशाही के खिलाफ संघर्ष में सर्वहारा की तानाशाही पर कहीं ज्यादा जोर दिया। उन्होंने मार्क्स द्वारा पेरिस क्रांतिकारी समिति द्वारा कम्यूनों को अतिशीघ्र सौंपी गई सत्ता की आलोचना को गलत समझा और उसे सर्वहारा की स्थायी तानाशाही की स्वीकृति मान लिया। उन्होंने चेतना और वर्ग संघर्ष यानी सर्वहारा अथवा समाजवादी मूल्यों और मानवता की भूमिका की अपेक्षा करते हुए सामाजिक, आर्थिक जीवन के भौतिक और उत्पादन शक्तियों के पहलू पर एकतरफा जोर दिया। अंत में उनका अंत हो गया।

साथ ही डॉ. अम्बेडकर के अनुयायी हिन्दूवाद के विकल्प के रूप में उनके द्वारा प्रस्तुत बुद्ध दर्शन को राजनीति में निष्क्रिय रहने की स्वीकृति मान कर गलती करते हैं। संविधान निर्माण में उनके सहयोग को वह संविधानवाद अथवा संसदीयवाद और इन सब से ऊपर 'सुधारवाद' की स्वीकृति मानते हैं। इस बात को भूल जाते हैं कि बाबा साहेब ने बौद्ध दर्शन को सबसे ज्यादा अलोकतांत्रिक और अधार्मिक हिंदू धर्म के क्रांतिकारी विकल्प के रूप में पेश किया था। ब्राह्मणवाद और वर्ण-व्यवस्था के खिलाफ दलितों के संघर्ष के सारांश बुद्ध दर्शन को बहुत ज्यादा लोगों द्वारा नहीं समझा गया है। बाबा साहेब इस विषय में बहुत स्पष्ट थे कि बौद्ध दर्शन 'धम्म' की रक्षा के लिए हिंसा की संभावना को नकारता नहीं है। संविधान निर्माताओं को उनके द्वारा दी गई चेतावनी दलितों को एक स्पष्ट संकेत है कि यह उस व्यवस्था को उड़ा देंगे जिसने उन्हें उनके अधिकार नहीं सौंपे हैं। मार्क्सवाद को भी बौद्ध परम्परा की चेतना और संघ की आवश्यकता है जिससे कि वह पार्टी के पतन और बुर्जुआकरण पर काबू कर सकें। भारत के लोकतांत्रिक और समाजवादी आंदोलन के अगुआ दस्ते के दलित क्रांतिकारियों के सृजन के लिए बुद्धिस्ट संघ की तरह वर्ग-विहीनता और जाति-विहीनता अथवा दलितपना होना आवश्यक है। यह मार्क्स ही था जिसने कहा था, ''दार्शनिकों ने संसार की अनेक तरह से व्याख्या की है।'' हालाँकि बात उसके बदलने की है। जहाँ मार्क्सवादी दर्शन धीरे-धीरे सांस्कृतिक क्रांति और लोकतांत्रिक आंदोलनों के द्वारा जनता से छीनी हुई सत्ता की पुन:प्राप्ति के आधार पर सर्वहारा लोकतंत्र की ओर विकसित हो रहा है वहाँ भारतीय समाज एक दलित संघ तानाशाही के लिए चीत्कार

कर रहा है। यह विशाल बहुमत यानी दलितों द्वारा ताकत के जरिए मार्क्स और बाबा साहेब द्वारा रखे गए लोकतंत्र और विश्व संघ या साम्यवाद की प्राप्ति की चीत्कार हैं।

समानता और शोषण

ऐसा माना जाता है कि समानता और शोषण दोनों तरह के भाव समाज में बहुत पहले से ही रहे हैं। मनुष्य जंगल में रहा या जंगल के बाहर, उसने समानता अवश्य चाही। यह बात अलग है कि उसने बलशाली होने के कारण अपने ही साथी का शोषण भी किया।

डॉ. अम्बेडकर ने कहा था, ''समता एक कल्पना हो सकती है किन्तु फिर भी इसे जीवन को निर्धारित करने वाला सिद्धांत माना जाना चाहिए। मनुष्यों में समानता अंकगणित की समानता जैसे 1+1 नहीं है बल्कि मानव चेतना और जनतंत्र की भावना न केवल राजनीतिक स्तर पर बल्कि 'एक व्यक्ति एक मूल्य' के सिद्धांत की आवश्यकता मानव अस्तित्व के सभी पहलुओं में है। उनके विचार इस सम्बन्ध में बहुत स्पष्ट थे कि 'एक व्यक्ति एक मूल्य' के सिद्धांत के पूर्ण विकास के बिना प्रजातंत्र अधूरा है।

अम्बेडकर दर्शन एवं मार्क्स के दर्शन के बीच अन्तर यह है कि मार्क्स ने समता को केवल कल्पना ही नहीं माना। उनके लिए समता वास्तविकता थी। इसकी व्याख्या इस तथ्य से की जा सकती है कि अम्बेडकर के दर्शन की जड़ें बौद्ध दर्शन, जो प्राचीन युग से उत्पन्न हुआ है, में हैं एवं मार्क्सवाद वैज्ञानिक युग में उत्पन्न हुआ है। बौद्धवाद ने माना कि तृष्णा दुखों का कारण है। किन्तु इससे यह सिद्ध नहीं हो सका कि मानव दुख की समस्या को त्याग के द्वारा सुलझाया जा सकता है। इसने यह तो माना कि संपत्ति एवं धन वर्ग-संघर्ष एवं दुखों की जड़ें हैं, किन्तु इसने यह घोषित नहीं किया कि ''सभी सम्पत्ति चोरी है।'' धर्म इस समस्या को नहीं सुलझा सका। ईसाई धर्म तक ने धनिकों का तिरस्कार किया। ईसा मसीह ने कहा कि ''एक ऊँट के लिए सूई की आँख में से पार होना आसान है, जबकि धनी व्यक्ति का स्वर्ग में प्रवेश पाना आसान नहीं।'' बौद्ध भिक्षुओं का संयम सिद्धांत अथवा उनके सांसारिक सुखों का त्याग बौद्ध धर्म की ही विशेषता नहीं है। यद्यपि बौद्धवाद भारत के दाकियानूसी सामाजिक, धार्मिक ढाँचे के विरुद्ध एक अत्यधिक शक्तिशाली विद्रोह था, किन्तु स्वाभाविक रूप से यह अपने समय की सीमाओं को पार नहीं कर सका। इसने सिद्धांत में केवल भिक्षुसंघ में कुछ समय के लिए साम्यवाद की कल्पना की एवं उसे ही व्यवहार में लाया जा सका। संघ पृथ्वी पर स्वर्ग की प्रतिमा थी, जबकि धर्म द्वारा केवल स्वर्ग की प्रतिमा की कल्पना की जा सकती थी। धर्म द्वारा पृथ्वी पर स्वर्ग की कल्पना में

असमर्थ होने का कारण विज्ञान एवं उत्पादन ताकतों का पिछड़ापन होना था। उत्पादन ताकतों के उचित विकास के बिना समानता एक कल्पना-मात्र एवं स्वप्न है। इसलिए ईसाई धर्म में कहा है—''जीवन आँसुओं की एक घाटी है'' एवं गौतम बुद्ध ने कहा था—''दुख जीवन का सत्य है।'' बिना विज्ञान के तकनीकी विकास के दासताएँ एवं मनुष्य द्वारा मनुष्य के शोषण को रोकने का कोई उपाय नहीं है। इस प्रकार धर्म ने स्वर्ग एवं मोक्ष अथवा परलोक में विश्वास किया।

बौद्ध दर्शन अन्य धार्मिक दर्शनों से अधिक ठोस है क्योंकि यह द्वंद्ववाद (तार्किक) पर आधारित है एवं आत्मा और परमात्मा को नकारता है। धम्म का लक्ष्य धार्मिक उद्देश्य विश्व की उत्पत्ति की व्याख्या से पृथक समाज की संरचना था। इस प्रकार बौद्ध धर्म परलोक की धार्मिक कल्पनाओं एवं भाग्यवाद से आगे बढ़ना चाहता था। तब भी शायद वह पुनर्जन्म के विचार के बारे में स्पष्ट नहीं था। इससे केवल उस काल-सीमाओं को बताता है अन्यथा कुछ नहीं। फिर भी बौद्ध धर्म की महानता यह है कि यह स्वर्ग अथवा पुनर्जन्म की भाग्य की जड़ों पर नहीं खड़ा है। ईसाई धर्म ने बताया कि जीवन का उद्देश्य स्वर्ग में ईश्वर की गोद में सुखी रहना है, तो यह लोगों के लिए एक अफीम बन गया और हिन्दू भाग्यवाद ने बताया कि जीवन का सुख एवं दुख पूर्वजन्म के कर्मों का फल है एवं इन्हें बदलने के लिए कुछ नहीं किया जा सकता। इसके विपरीत बौद्ध धर्म ने धम्म और समाज के पुनर्निर्माण की बात की। बौद्ध धर्म ने कहा कि समाज मानवता पर आधारित था। किन्तु समाज के पुनर्निर्माण की पद्धति क्या थी, यह संघ के उदाहरण द्वारा स्थापित करना था। ईसा ने भी धनी व्यक्तियों को यही सलाह दी थी। उन्होंने कहा था—''उन्हें सम्पत्ति को लोगों में बाँटने दो।'' महात्मा बुद्ध ने भी बौद्ध भिक्षुओं को, जो सांसारिक सुखों का त्याग करते हैं, एवं दूसरे वे जो निजी सम्पत्ति एवं नौकर रखते हैं, के अंतर को पहचाना। जो लोग संघ से बाहर हैं उनके द्वारा भिक्षा दान करना धम्म है। प्रत्येक स्थान पर धनी व्यक्तियों द्वारा गरीबी विरोधी एवं राहत कार्य विस्तृत रूप से चलाए जाते हैं। सम्पूर्ण इतिहास में दस प्रकार के कदम एवं कार्यों की एक निश्चित भूमिका रही है।

मार्क्सवादी विचार

किन्तु मानवीय समता के मार्क्सवादी विचार धर्मों द्वारा निर्धारित असमानता के सिद्धांतों को रद्द कर दिया, चाहे वह ईसाई धर्म का विभिन्न व्यक्तियों को विभिन्न मात्रा प्रदान करने का सिद्धांत हो अथवा हिन्दू धर्म का उत्पादन के विभिन्न एवं व्यवसायों पर अनन्य अधिकार का सिद्धांत हो। हाँ, बौद्ध धर्म ने यह सही कहा कि सभी दुखों का स्रोत निजी सम्पत्ति है, किन्तु वह यह पहचानने में असफल रहा कि सम्पत्ति शोषण का आधार है। मार्क्सवाद के इस विचार ने कि सभी सम्पत्ति चोरी है, सम्पत्ति एवं

ज्ञान के दैविक अधिकार के सारे पूर्व सिद्धांतों को ध्वस्त कर दिया। मार्क्स ने इस आधार वाक्य से शुरुआत की कि सभी मानव, जिस पृथ्वी पर वे पैदा हुए हैं, उस पर उनका समान अधिकार है। उनके लिए एक व्यक्ति एक मूल्य का सिद्धांत निर्धारक सिद्धांत मात्र अथवा एक उच्च आदर्श ही नहीं था जिसे प्राप्त करने के लिए प्रयास किया जाए बल्कि यह एक सत्य एवं प्रारम्भ बिन्दु है। सम्पत्ति शोषण के द्वारा संचित होती है इसलिए यह चोरी है। मनुष्य का शोषण तब होता है जब एक व्यक्ति का श्रम दूसरे व्यक्ति द्वारा हड़प लिया जाता है। चाहे श्रमिक का वेतन नकद में दिया जाए या अन्य किसी रूप में, मुनाफा हमेशा उत्पादन का अधिशेष होता है, जो उसके पास जाता है जो श्रम को खरीदता है। क्योंकि अधिशेष मूल्य के बिना विनिमय का कोई आधार ही नहीं है।

मार्क्सवाद व्यक्ति की समान संभावित शक्ति एवं समान मूल्य पर आधारित है। अधिशेष मूल्य के सिद्धांत की शुरुआत इस आधार से होती है कि समाज में प्रत्येक व्यक्ति की श्रम-शक्ति का मूल्य समान है। यह मूल आर्थिक अर्थ में मूल्य है अर्थात् श्रम-शक्ति के उत्पादन एवं निर्माण में औसत श्रमिक समय की आवश्यकता समान है। श्रम व्यक्ति के उत्पादन के लिए आवश्यक श्रमिक समय का अर्थ है श्रमिक के निर्वाह के साधनों का उत्पादन तथा प्रजनन के लिए आवश्यक समय। मार्क्सवाद इस मूल्य निर्धारण में सांस्कृतिक एवं मनोरंजनात्मक आवश्यकताओं को भी ध्यान में रखता है। इसके तत्त्व में निश्चित रूप से वृद्धों एवं बीमारों की देखभाल भी शामिल है। इस प्रकार मार्क्सवाद की अभिधारणा, कि एक उत्पादक श्रमिक इकाई के उत्पन्न के लिए समाज की लागत एवं एक श्रमिक दिवस एक ही बात है।

जब हम मानव की इस समानता की बात करते हैं तो उत्पादन में अंतर का प्रश्न खड़ा हो जाता है। उत्पादकता का स्तर तकनीकी, जिसमें मशीन अथवा यंत्रों का अथवा श्रमिक का तकनीकी ज्ञान भी शामिल है, पर आधारित हैं। मार्क्सवादी सिद्धांत के अनुसार मशीनें, पूर्व श्रम अथवा श्रमिक समय है। मशीनें चाहे कैसी भी जटिल हों, उन्हें चलाने की निपुणता समाज द्वारा प्राप्त की जाती है। व्यक्ति तो एक उपकरण मात्र है जो इसे उत्पादन की प्रक्रिया में प्रयोग में लाता है। इस सम्बन्ध में श्रम प्रक्रिया एवं तकनीकी ज्ञान पर मार्क्सवादी विचार काफी ज्ञानवर्द्धक हैं। उनमें दिखाया गया है कि किस प्रकार ऐतिहासिक रूप से उपकरणों, औजारों एवं मशीनों का सामूहिक उत्पादन प्रक्रिया में तथा सामूहिक प्रयासों के परिणामस्वरूप विकास हुआ। इसमें यह भी चित्रित किया गया है कि किस प्रकार विज्ञान एवं तकनीक को कारखाने में श्रम की वास्तविक प्रक्रिया से पृथक कर दिया गया है एवं किस प्रकार यह पूँजी की, जो स्वयं भी एक संचित पूर्व अधिशेष श्रम है, एक अनुलग्नक एवं दासी बन गए हैं। जब से यह अधिशेष उपकरण निर्माण की स्थिति से गुजरा है एवं कृषि

करने लगा है, इसमें निरंतर वृद्धि हो रही है। उपकरणों के प्रत्येक सुधार एवं उत्पादन के संगठन के साथ, श्रम शक्ति का मूल्य अथवा आवश्यक श्रम समय (वह समय जो उत्पादक अर्थात् मनुष्य के निर्वाह के लिए आवश्यक हो) का ह्रास होता आया है। अधिशेष श्रम समय में जैसे निरंतर वृद्धि हुई है उसी तरह उत्पादन में वृद्धि से समाज में पूर्ण रूप से विश्राम, मनोरंजन एवं सांस्कृतिक बौद्धिक कार्यों में भी वृद्धि होनी चाहिए थी। किन्तु तलवार एवं शस्त्रों की इच्छा के प्रभुत्व के कारण श्रम किसी को सौंप दिया गया है एवं विश्राम का किसी अन्य के द्वारा अपहरण कर लिया गया है। आधुनिक समाज में मशीनीकरण एवं स्वचालित यंत्रीकरण में वृद्धि के कारण, बहुसंख्यकों को, जिनसे उत्पादन के साधन छीन लिए गए हैं, काम भी नहीं दिया जाता है। इस प्रकार मानव दुखों का कारण निजी सम्पत्ति नहीं है, बल्कि मनुष्य द्वारा मनुष्य का शोषण है, और यह शोषण तब शुरू होता है जब श्रम-शक्ति का क्रय किया जाता है अर्थात जब श्रम किराये पर लिया जाता है।

समानता एवं उत्पादकता के प्रश्न पर यह तर्क दिया जा सकता है कि विभिन्न उत्पादकों का ज्ञान एवं कौशल भिन्न होता है। इस का उत्तर यह है कि इस प्रकार की भिन्नता संचित असमानताओं एवं अधिशेषों, जिससे अच्छे तकनीकी ज्ञान व कुशलता का निर्माण होता है, पर आधारित होती हैं। यहाँ तक कि विशुद्ध विज्ञान भी समाज के संचित अधिशेष पर आधारित है। जहाँ तक कौशल एवं इसको प्राप्त करने का प्रश्न है, यह स्पष्ट देखा जा सकता है कि यह अधिशेष श्रम का संचय ही है। तकनीक की उच्च कुशलता या तो परिवार के द्वारा या कभी-कभी आधुनिक राज्य के द्वारा अधिशेष श्रम के हस्तान्तरण पर आधारित होती है। परिवार शिक्षा एवं कुशलता की औसत स्तर से अधिक लागत प्रदान केवल तभी कर सकता है जब या तो इसके पास समुचित अधिशेष हो अथवा कृषि उद्योग अथवा अन्य व्यापार में उसके पास किराये पर लिए गए श्रम का अधिशेष हो। इस प्रकार उच्च कुशलता एवं ज्ञान या तो वर्तमान के अधिशेष श्रम अथवा दूसरों के पूर्व-श्रम का अलगाव है जो ऐतिहासिक रूप से इस प्रक्रिया में समाप्त हो चुका है।

महाड़ आंदोलन : पानी के लिए ऐतिहासिक संघर्ष

दलित आंदोलन में महाड़ शहर में 20 मार्च, 1927 को चवदार तालाब के मुक्ति संग्राम का महत्त्वपूर्ण स्थान है। एक तरह से इसे दलितों की स्वतंत्रता, स्वाभिमान, न्याय तथा उन्नति के लिए ऐतिहासिक संघर्ष भी कहा जा सकता है। वरिष्ठ पत्रकार सुभाष गाताड़े ने इसे दलित आंदोलन का एक प्रमुख पड़ाव माना है। महाड़ ही वह स्थान है जहाँ बाबा साहेब के पूर्व गोपाल वलंगकर ने जन-जाग्रति की शुरुआत की थी।

युवा समाज सेवी अशोक भारती ने महाड़ सत्याग्रह को सार्वजनिक स्थलों पर समान हक का आंदोलन बतलाया है। महाड़ में अति विशाल तालाब है। इस तालाब को चवदार यानी स्वादिष्ट पानी वाले तालाब के नाम से जाना जाता है। इस तालाब में पानी मुख्यत: वर्षा और कुछ प्राकृतिक स्रोतों से आता है। यह एक प्राचीन तालाब है। 1761 में जब महाड़ में नगरपालिका की स्थापना की गई तो सरकार ने यह तालाब नगरपालिका को सौंप दिया। तब से चवदार तालाब को नगरपालिका का तालाब या सार्वजनिक तालाब माना जाता है।

महाड़ नगर में खरीदारी या सरकारी काम से आने वाले अछूत लोगों के लिए पीने के पानी का कोई इंतजाम नहीं था। उनके लिए चवदार तालाब ही पानी का एकमात्र स्रोत था। लेकिन दलित इस तालाब से पानी नहीं ले सकते थे। जीवन की मूलभूत आवश्यकता पानी के विषय में अछूतों को काफी कठिनाई का सामना करना पड़ता था। बहुधा उन्हें काफी लंबे समय तक प्यासा रहना पड़ता था।

प्रसिद्ध समाज सेवी एस. के. बोले ने 4 अगस्त 1923 को एक प्रस्ताव रखा कि उन सभी सार्वजनिक जलाशयों, कुओं, धर्मशालाओं का इस्तेमाल अछूत कर सकते हैं जिनका निर्माण और रखरखाव सार्वजनिक निधि से हो या जो सरकार द्वारा नियुक्त या कानूनी तौर पर बनाए गए निकायों की देखरेख में हों। साथ ही यह भी प्रस्तावित किया गया कि वे सरकारी स्कूलों, अदालतों, कार्यालयों और डिस्पेंसरियों का इस्तेमाल भी कर सकते हैं। सरकार ने यह संकल्प मान लिया।

बंबई विधान परिषद् द्वारा पारित प्रस्ताव और बंबई सरकार के उपरोक्त आदेश का अर्थ था कि पानी के तमाम सार्वजनिक स्रोत जैसे नदी, तालाब, कुएँ, स्कूल, अस्पतालों न्यायालयों व अन्य सार्वजनिक स्थानों पर अछूतों को रोकना स्पष्ट रूप से गैर-कानूनी हो गया। यदि किसी अछूत को इन जगहों या सुविधाओं के समान इस्तेमाल से कोई व्यक्ति या संस्था रोके तो वह उसके खिलाफ कानूनी कार्यवाही कर सकता था।

लेकिन भारत की जमीनी हकीकत काफी अलग थी। बावजूद इसके कि हिन्दुओं में प्यासे को पानी पिलाना बहुत पुण्य का काम माना जाता है, पानी के सार्वजनिक स्रोतों जैसे कुएँ, तालाब और बावड़ियों से पानी लेने पर अछूतों के साथ जो व्यवहार किया जाता था, वह रोंगटे खड़े कर देने वाला था।

सन् 1924 के मई में रामचंद्र बाबाजी मोरे ने दासगाँव में जाति-पंथ के लोगों की एक सभा की। इस सभा में डॉ. अम्बेडकर की अध्यक्षता में महाड़ में एक परिषद करने का निर्णय किया गया। उसके बाद मोरे जी डॉ. अम्बेडकर से मिले, उन्होंने अध्यक्ष पद स्वीकार करते हुए, तारीख बाद में तय करने के लिए सूचित किया।

सन् 1924 में परिषद के विषय में चर्चा हुई, किन्तु तीन वर्षों के बाद 19 तथा 20 मार्च 1927 को परिषद लेने का निर्णय किया गया। ''महाड़ के परिसर में चालीस

गाँव हैं, 'हर गाँव से तीन रुपये—इस तरह 120 रुपये जमा होंगे' ऐसा विश्वास मोरे जी ने व्यक्त किया। जिस समय मोरे बाबा साहेब से बात कर रहे थे, उस समय पोलादपुर के अनंत राव चित्रे वहाँ उपस्थित थे, उन्होंने एक धर्मार्थ नाटक कराने का आश्वासन दिया।

श्री कदम के नेतृत्व में स्थापित सहकारी नाटक मंडली ने पहला नाटक 'संत तुकाराम' सन् 1924 के आखिर में 'दामोदार हाल' में किया, किन्तु टिकट बिक्री से केवल साढ़े तेईस रुपये प्राप्त हुए थे।

परिषद की एक निमंत्रण पत्रिका छापी गई। उस पर तीन लोगों के नाम लिखे हुए थे। अध्यक्ष डॉ. भीमराव रामजी अम्बेडकर, प्रमुख वक्ता गांगाधर नीलकंठ सहस्त्र-बुद्धे एवं अनंतराव विनायक चित्रे। श्री सहस्त्रबुद्धे आगरकारी ब्राह्मण समाज से सोशल सर्विस लीग से संबंधित थे और चित्रे जी सामाजिक कार्यकर्ता थे। दोनों ही सवर्ण समाज से थे और डॉ. अम्बेडकर से बहुत प्रभावित थे।

19 मार्च 1927 को दोपहर 2 बजे तक सभा मंडप में पाँच हजार से अधिक लोग उपस्थित हुए। लोग दस-दस मील से पैदल चलकर आए थे। पंडाल के लिए कोई हिन्दू अपनी जमीन देने को तैयार नहीं हुआ। ऐसे समय पर अपनी भूमि एक मुसलमान ने दी।

मंच पर अध्यक्ष डॉ. भीमराव रामजी अम्बेडकर, बापू सहस्त्रबुद्धे, भाई चित्रे, इनके साथ ही महाड़ के पुरुषोत्तम प्रभाकर जोशी एवं तुलजारात मिठा बैठे थे। उस समय बाबा साहेब ने अपने भाषण में कहा—''ऐसे प्रयत्न करो कि जिसके फलस्वरूप तुम्हारे बच्चों को तुम से अच्छा जीवन जीने का अवसर प्राप्त हो सके। अगर तुम ऐसा प्रयत्न नहीं करोगे तो मनुष्य के माता-पिता और पशु के नर-मादा में कुछ भी अंतर नहीं रहेगा।''

चवदार तालाब का सत्याग्रह

20 मार्च 1927 को सुबह 9 बजे आर्य समाज के प्रसिद्ध नेता स्वामी श्रद्धानंद को श्रद्धांजलि अर्पित करने के बाद अध्यक्ष का भाषण हुआ। भाई चित्रे ने आभार प्रदर्शन करते हुए कहा—''यहाँ के तालाब का एक पैसे में एक घड़ा पानी इस हिसाब से 40 रुपये का पानी हम लोगों ने कीमत देकर लिया है। यह तालाब सार्वजनिक है, अब धूप तपने लगी है, अत: आप-हम अध्यक्ष के साथ कंधे-से-कंधा मिलाकर चलेंगे, और तालाब का पानी पिएँगे।'' तालाब के किनारे जाकर सभी लोगों ने पानी पिया, और ये लौटकर भोजन-मंडप में आए। कुछ लोगों ने भोजन कर लिया था। कुछ लोग अभी भोजन कर रहे थे। उसी समय सैकड़ों स्पृश्यों (सवर्णों) ने हाथों में लाठियाँ लेकर हमला कर दिया। भोजन में मिट्टी मिला दी और लोगों को मारा, जिनमें से

भानुदास कांबले और पा. ना. राजभोज को बहुत मार पड़ी थी। भाई चित्रे को जान से मारने के इरादे से स्पृश्यों ने सभी स्थानों पर उन्हें ढूँढ़ा। किन्तु वे मिले नहीं, अगर वे उस समय स्पृश्यों के हाथों लग जाते तो 'महार' परिषद में एक उच्चवर्गीय की बलि चढ़ी होती।

25 दिसंबर 1927 को सुबह परिषद की कार्रवाई शुरू हुई। उसमें भाषण देते हुए डॉ. अम्बेडकर ने कहा, ''भारत में समता के युग की शुरुआत करने के लिए यह परिषद की गई है।'' मूलभूत अधिकारों की घोषणा करने वाला प्रस्ताव पारित करके उस दिन की परिषद का कार्य समाप्त हुआ।

डॉ. अम्बेडकर ने उस रात को प्रमुख कार्यकर्ताओं की एक सभा बुलाकर उन्हें कहा, ''अगर एक हजार लोग जेल में जाने के तैयार हैं, तो कल सत्याग्रह करने में कोई हर्ज नहीं है।'' उसके बाद सत्याग्रहियों के लिए प्रतिज्ञा-पत्र मसौदा तैयार किया गया। उसमें लिखा था—''मैं सत्याग्रह करके जेल में जाने, लड़ने और मरने के लिए तैयार हूँ।'' इस प्रतिज्ञा-पत्र पर हस्ताक्षर व अँगूठे लगाने का काम सुबह 4 बजे तक चलता रहा, उस वक्त 3500 लोगों ने प्रतिज्ञा-पंत्र पर हस्ताक्षर किए व अँगूठे लगाए थे।

दूसरे दिन सुबह 9 बजे होमकुंड के सामने डॉ. अम्बेडकर खड़े रहे, और बापू सहस्त्रबुद्धे मनुस्मृति के आपत्तिजनक श्लोक पढ़कर डॉ. अम्बेडकर के हाथों में देते थे और वे उन्हें अग्निकुंड में डालते थे। मनुस्मृति दहन का कार्यक्रम होने के बाद कलेक्टर हुड आए। उन्होंने मराठी में भाषण देते हुए कहा, ''हम स्पृश्य-अस्पृश्य भेद नहीं मानते। सार्वजनिक तालाब का पानी भरने का अधिकार हमको मान्य है, किन्तु कुछ लोगों ने 'चवदार तालाब व्यक्तिगत संपत्ति है', ऐसा कोर्ट में दावा किया है, इसलिए मैं आपसे कहता हूँ कि इस केस का निर्णय लगने तक आप लोग सत्याग्रह न करें।'' मि. हुड के भाषण पर अनेक लोगों ने अनुकूल-प्रतिकूल मत प्रदर्शित किए। उसके बाद डॉ. अम्बेडकर ने अपने अध्यक्षीय भाषण में कहा, ''आप अपने मूलभूत अधिकारों के लिए लड़ने वाले बहादुर सैनिक हैं, अपने संगठन की ताकत आपने अपने विरोधियों को दिखला दी है, अत: सभी अपनी शक्ति खर्च न करते हुए इसे भविष्य में चलाई जाने वाली लड़ाई के लिए बचाकर रखिए। आज सत्याग्रह न करना अर्थात् इसके आगे लड़ाई न करना ऐसा कोई न समझे।'' इस तरह महाड़ की दूसरी परिषद समाप्त हुई।

हिमांशु राय लिखते हैं, ''इस घटना ने दलितों में एकता की अद्‌भुत चेतना जगाई। उनमें जहाँ धार्मिक अंधविश्वास का विरोध करने की ललक पैदा हुई वहीं बाबा साहेब के नेतृत्व ने उन्हें अपने अधिकारों के लिए सजग किया।''

समता सैनिक दल

बाबा साहेब ने 7 जनवरी 1939 को बंबई में समता सैनिक दल के सम्मेलन में

सैनिकों को सम्बोधित करते हुए कहा था, ''समता सैनिक दल के सैनिक का मतलब समाज सेवा के लिए अपनी जान की बाजी लगाकर लड़ने के लिए तैयार निडर रहना चाहिए। इसलिए उन्हें इंसानियत के लिए समानता के महान सिद्धान्तों को अपने दिल में सँजोए रखते हुए अपने कार्य के लिए समर्पित हो जाना चाहिए। इसलिए सभी लोगों को कसम खाकर इस प्रकार का संकल्प करना चाहिए कि हम किसी भी प्रकार से जाति-पाँति का भेद नहीं मानेंगे, आपस में महार, मातंग, चमार, भंगी आदि ऊँच-नीच का भेदभाव नहीं मानेंगे। हम इंसान हैं और सभी के साथ इंसानियत का बर्ताव करेंगे और जाति-पाँति के जहरीले बीजों को समाज से समूल नष्ट करेंगे, इस प्रकार से सौगंध खाते हुए उस पर अमल करना चाहिए। इस तरह का संकल्प करने वाला आदमी ही सही में समता सैनिक दल का सैनिक होना चाहिए। तुम लोगों की ओर देखने से सैनिक दल का एक बेहतरीन नमूना इस दृष्टि से तुम्हारी कीर्ति सारी दुनिया में फैलनी चाहिए। अपना दल सदाचार, अनुशासन और संगठन की वजह से मजबूत बनाना चाहिए।

''जैसे अपने लोगों में कहावत है कि जब तवे का मैल निकल जाता है तब वह दर्पण की तरह दिखाई देने लगता है। उसी प्रकार साफ-सुथरा बर्ताव और समानता का भाव मन में लाने के बाद उस तरह की स्थिति पैदा होनी चाहिए। कई प्रकार की स्थितियों के कारण तवे पर मैल चढ़ा हुआ है। उसी की वजह से तवा काला और गन्दा दिखाई दे रहा है। लेकिन उसी को सही ढंग से मेहनत करके साफ किया जाए तो निश्चित तौर पर उसमें सफलता मिलेगी और वह अन्त में दर्पण की तरह साफ होगा। उसी प्रकार स्थिति की वजह से अपने समाज में कुछ घिनौनी परंपराएँ स्थापित हो गई हों, शराब का शौक लग गया हो, पान-तम्बाकू खाने के लिए हम समय का, शरीर का गलत इस्तेमाल करते हों तो हम लोगों ने समय से पहले जाग करके हर तरह के नशीले सेवन से मुक्त हो जाना है।''

समता सैनिक दल की आवश्यकता क्यों? इस बारे में एडवोकेट भगवान दास कहते हैं, ''दलितों की अधिकांश सभाएँ बंबई में होती थीं। हिन्दू नहीं चाहते थे कि दलित समाज के लोग बाबा साहेब डॉ. अम्बेडकर के नेतृत्व में इकट्ठे हों और अपने हितों के बारे में सोचें। वे दलितों की बैठकों में गड़बड़ी भी पैदा करते थे। कुछ दिनों तक यह तमाशा देखने के बाद इस स्थिति का मुकाबला करने के लिए कुछ ठोस कदम उठाने के बारे में सोचा गया। नौजवानों की एक संस्था कायम की गई, जो जलसों में अमन कायम रख सके। साथ ही गड़बड़ी पैदा करने वालों को सबक भी सिखा सके। ये नौजवान विशेष वर्दी पहन तथा हाथ में डण्डा लेकर जलसे में मौजूद रहते थे।'' बाबा साहेब डॉ. अम्बेडकर और उनके अधीन काम करने वाले कार्यकर्ताओं की रक्षा के लिए विशेष ध्यान दिया जाता था। बाबा साहेब डॉ. अम्बेडकर ने महार रेजीमेंट खड़ी करने की पूरी कोशिश की और सफल हुए। कई नौजवान जो समता

सैनिक दल में सदस्य थे, महार रेजीमेंट में भर्ती हुए। कई अर्द्ध-सैनिक संस्थाओं में भी शामिल हुए। समता सैनिक दल का इस तरह प्रचार-प्रसार हुआ। उन्होंने दलित समाज के बीच जाकर उन्हें जागरूक भी किया।

स्वतंत्रता प्राप्ति के कुछ महीने बाद महाराष्ट्र के एक ब्राह्मण नौजवान नाथूराम गोडसे ने गांधी जी की हत्या कर दी। कई स्थानों पर हिन्दुओं द्वारा किए अत्याचारों का दल के सैनिकों ने मुकाबला किया। कांग्रेस के नेता दल को अच्छी नजर से नहीं देखते थे। जब राष्ट्रीय स्वयं सेवा संघ पर पाबंदी लगाई गई उसी समय समता सैनिक संघ पर भी महाराष्ट्र में पाबंदी लगा दी गई। हालाँकि कुछ समय के बाद यह पाबंदी हटा ली गई।

भारतीय सेना में मेजर पद से सेवा निवृत्त हुए गिरधर लाल जो दलित समाज के उन गिने-चुने अनुशासनप्रिय लोगों में से थे जो अपनी प्रतिभा के बलबूते पर सेना में चुने गए थे। सेना में आने से पूर्व वे समता सैनिक दल में रहे। आजादी के बाद समता सैनिक दल का कार्य सुचारु रूप से आरंभ हुआ। बाकायदा परेड भी होनी शुरू हुई। बाबा साहेब डॉ. अम्बेडकर के जन्मदिवस आदि के अवसर पर परेड के साथ अन्य कार्यक्रम भी होते थे। यह वह दौर था जब दलित समाज के बीच चेतना आ रही थी। दिल्ली के साथ नजदीकी गाँवों में भी समता सैनिक दल के वालिंटियर दस्तक देने लगे थे।

बाबा साहेब डॉ. अम्बेडकर उन दिनों 22, पृथ्वीराज मार्ग; 1, तिलक मार्ग, नई दिल्ली; 26, अलीपुर रोड, दिल्ली में समय के अंतराल से रहे थे। आरंभ में उनके निवास पर और बाद में डॉ. अम्बेडकर भवन बनने पर वहीं प्रति रविवार समता सैनिक दल के अनुशासित सिपाही वर्दी पहन कर आते थे। समता सैनिक दल के वालंटियर्स की वर्दी में सफेद कमीज, खाकी निक्कर और नीली टोपी होती थी।

सन्दर्भ

1. अभिमूक नायक, हिंदी पक्षिक, नई दिल्ली, मार्च 2003
2. बरुआ, एम. के., पोटरिट आफ ए गांधियन : बायग्राफी ऑफ डॉ. मार्टिन लूथर किंग जूनियर, गोहाटी, 1985, पृ. 33
3. वही, पृ. 36
4. वही, पृ. 40
5. भगवान दास (स.) दस स्पोक अम्बेडकर, जालंधर, 1977, खंड, II., पृ. 162
6. थामस मैथ्यू, अम्बेडकर : रिफार्म और रिवोल्यूशन, सेगमेंट बुक्स, न्यू दिल्ली, 1997, पृ. 2
7. कुबेर, डब्ल्यू. एन., बी. आर. अम्बेडकर, पब्लिकेशंस डिवीजन, न्यू दिल्ली, 1987, पृ. 14

8. बी. जी. कुंटे, सार्स मेटीरियल ऑन डॉ. बाबा साहेब अम्बेडकर एण्ड द मूवमेंट ऑफ अनटचेबल्स, बंबई, 1982, खण्ड 1, पृ. 234
9. बी. आर. अम्बेडकर, पृ. 20
10. वही, पृ. 24
11. डॉ. अम्बेडकर, एनिहिलेशन ऑफ कास्ट, पृ. 25
12. संघ रक्षिता, अम्बेडकर एण्ड बुद्धिज्म, विंडोर्स पब्लिकेशंस, ग्लासगो, 1986, पृ. 37
13. एस. आर. बाली, डॉ. अम्बेडकर जीवन और मिशन, सुगत प्रकाशन, नागपुर, 1987, पृ. 27
14. मधुलिमये, प्राइम मूवर्स : रोल ऑफ द इंडीव्यीज्युअल इन हिस्ट्री, समागम बुक्स, लंदन, 1987
15. क्रान्ति प्रतीक अम्बेडकर, धम्म बुक्स, 1734, कोटला मुबारकपुर, नई दिल्ली, 1994, पृ. 133
16. वही, पृ. 134

4

किंग और अम्बेडकर : मुक्ति के लिए संघर्ष

मार्टिन लूथर किंग और बाबा साहेब डॉ. अम्बेडकर इस बात को बखूबी जानते थे कि जन-आंदोलन ही उन लोगों के जीवन की परिस्थितियों में परिवर्तन ला सकता है और समाज में सुधार के लिए राजनीतिक गतिविधियों को आगे बढ़ाया जा सकता है। अहिंसा के रास्ते पर बढ़ते हुए किंग ने सामाजिक परिवर्तन के आंदोलन को आम आदमी की मदद से मजबूत बनाया था। 1955 में जब मांटगोमरी बस बहिष्कार के आंदोलन की शुरुआत हुई तब पहली बार किंग को अखबारी दुनिया ने महत्त्व दिया और वे मुखर रूप से प्रकाश में आए। इसके बाद मार्च, 1966 में वाशिंगटन में जब सिविल राइट्स के संघर्ष को आगे बढ़ाया गया तो वे उस आंदोलन की अगली पंक्ति के नेता थे। उनके प्रयासों तथा सेवाओं का सम्मान किया गया। उन्हें नोबल पुरस्कार से भी नवाजा गया।

इसी तरह से डॉ. अम्बेडकर ने भी अपने जीवन के आरंभिक चरण में ही संघर्ष की शुरुआत कर दी थी। निश्चित ही दलितों की समस्याओं को दूर करने के लिए उन्होंने प्रतिबद्धता से राजनीतिक तथा सामाजिक आंदोलन आरंभ किए थे। उन्हें जनता की ओर से सहयोग मिला। उनके आंदोलनों में 1927 में शुरू किए गए महाड़ आंदोलन का ऐतिहासिक महत्त्व है। यही नहीं बड़े कारखानेदारों तथा पूँजीवादियों के अन्यायपूर्ण चक्र से मजदूरों को छुटकारा दिलाने के लिए भी उन्होंने संघर्ष किया। भारतीय संविधान बनाने में उनकी विद्वत्ता और अथक प्रयासों को हमेशा याद किया जाएगा।

इन दोनों महापुरुषों के महत्त्वपूर्ण व्यक्तित्व और कृतित्व को समझने के लिए भारत तथा अमेरिकी समाज की तत्कालीन परिस्थितियों को समझना होगा। ये दोनों ही महापुरुष इस तथ्य से भली-भाँति परिचित थे कि जब तक भारत में दलितों और अमेरिका में काली नस्ल के लोगों की आर्थिक स्थिति नहीं सुधरेगी तब तक वे दूसरों पर आधारित रहेंगे। ऐसी स्थिति में किसी-न-किसी रूप में उन पर शोषण होता ही रहेगा। अमेरिका में सिविल वार के पश्चात काले लोग हालाँकि शारीरिक

रूप से मुक्त हो गए थे लेकिन आर्थिक क्षेत्र में वे पिछड़े थे। इसी तरह से भारत में ब्रिटिश साम्राज्य के अंतर्गत शिक्षा का प्रचार-प्रसार तो हुआ लेकिन दलितों को इससे कोई विशेष फायदा नहीं हुआ। काले लोगों की अपनी कोई जमीन नहीं थी। यही बातें दलितों की थी। उनकी जमीन पर दूसरों का कब्जा था। दक्षिण से काले लोगों का बराबर विस्थापन हो रहा था। वे रोजी-रोटी की तलाश में शहरों में आ रहे थे। लेकिन उनके जीवन की परिस्थितियों में कोई विशेष सुधार नहीं हो पा रहा था। भारतीय गाँवों में दलित सामंतों, जमींदारों के शोषण का शिकार थे। ब्राह्मणवाद की गिरफ्त से उन्हें छुटकारा न था। वे सभी गरीब और असहाय दलितों को गाँव छोड़ने के लिए मजबूर कर रहे थे।

मार्टिन लूथर किंग और ब्लैक मूवमेंट

अमेरिका के काले लोगों की मुक्ति के लिए किंग का आंदोलन बहुत सोच-समझ कर शुरू हुआ था। इसलिए कि इस आंदोलन के कार्यक्रम तथा योजनाओं में काले लोगों के आर्थिक पक्ष के बारे में अधिक ध्यान दिया गया था। यह आंदोलन अहिंसक और नस्लीय आधार पर द्वेषरहित था। क्योंकि किंग का उद्देश्य अपने लोगों को सामाजिक न्याय दिलाना था। उनका उद्देश्य था काले लोगों को उत्पीड़न से मुक्त कराना। वे बिना किसी व्यक्तिगत स्वार्थ के इस अभियान को पूरा करना चाहते थे। अमेरिका में काले लोगों द्वारा छेड़ा गया सिविल राइट्स मूवमेंट इसी भावना का प्रतीक था।

एक व्यक्ति के रूप में किंग

समाज में अपने लोगों को न्याय और सम्मान दिलाने के लिए किंग दुनिया की ऐसी शख्सियतों में से थे जो अपने भीतर दृढ़ निश्चय कर बिना थके हुए उस आंदोलन को आगे बढ़ाने में सजग थे। मोरहॉउस कॉलेज के अध्यक्ष बेंजामिन गेय ने कॉलेज की 90वीं वर्षगाँठ के अवसर पर उन्हें सम्मान देते हुए कहा था :

''किंग अपनी उम्र से कहीं अधिक अनुभवी, 28 वर्ष में ही इतने बुद्धिमान कि 60 वर्ष में भी न हों; नागरिक अधिकारों की रक्षा के लिए अति उत्साही तथा हिम्मत वाले थे। उन्होंने नेतृत्व करते हुए लोगों से कभी विश्वासघात नहीं किया और हमेशा उनके सम्मान का ध्यान रखते हुए आंदोलन को आगे बढ़ाते रहे। जब वे अपने साथियों से दूर थे और उनके साथियों को, जो स्वतंत्रता के मैदान में लड़ रहे थे, उन्हें अपराधियों की तरह गिरफ्तार कर जेल में डाला जा रहा था, ऐसे अवसर पर उन्हें कानूनी राय दी गई कि वे दूर ही रहें और गिरफ्तार होने से बचें। तब उन्होंने बड़े स्पष्ट शब्दों में कहा था, 'अपने साथियों को मुसीबत में छोड़ने से बेहतर मैं 10 वर्ष जेल में रहना चाहूँगा।'

''उस समय मैंने तुम्हें सेल्यूट किया था। इसलिए कि मेरे भीतर तुम्हारे प्रति और भी सम्मान बढ़ गया था।''

एम. के. बरुआ लिखते हैं कि एक औसत कद के व्यक्ति से उनकी लम्बाई कम थी। लेकिन उनका शरीर मजबूत और गठा हुआ था। उनके कंधे चौड़े थे। उनके सीने पर आप्रेशन का निशान था, जो हार्लेम डिपार्टमेंट, स्टोर में एक महिला के द्वारा चाकू मारने के कारण था। उनका चेहरा गोल और आँखें ब्राउन थीं। वे एक अच्छे खिलाड़ी थे। अपनी युवावस्था में वे एक अच्छे नर्तक भी थे। वे अच्छा भोजन लेना पसंद करते थे। साथ ही अच्छे कपड़े भी पहनते थे। वे स्वच्छता पर इसलिए भी ध्यान देते थे कि गोरे लोगों की उस टिप्पणी को गलत साबित करना चाहते थे जिसमें काले लोगों के बारे में कहा जाता था कि वे फटे-पुराने कपड़े पहनते हैं। वे शहर के बाहर और विशेष रूप में पहाड़ पर परिवार के साथ जाना पसंद करते थे। किंग अध्ययन-प्रिय थे। उनके प्रिय लेखकों में जेम्स वेल्डन जोहसन, रिचर्ड राइट और लांगस्टन हेज आदि प्रमुख थे। किंग से जो भी मिलने के लिए आते थे, उनके लिए वे एक अच्छे मिलनसार व्यक्ति थे। किंग अपनी बात कहने के साथ उनकी सुनते भी थे।

स्वयं किंग को भी लोगों से मिलना-जुलना अच्छा लगता था। वे अपनी उदारता के लिए जाने जाते थे। जब कभी रिपोर्टर और अखबारों से खोजी पत्रकार उनके इण्टरव्यू के लिए आते थे तब किंग जरा भी तनाव महसूस नहीं करते थे। वे उनसे अच्छी तरह बातें करते थे। वे लोगों के प्रति दोस्ताना थे। जैसा कि उनकी पत्नी कोरेट्टा ने अपनी पुस्तक 'लाइफ विथ मार्टिन लूथर किंग जूनियर' में लिखा है :

''उनके व्यवहार में सहजता थी। उनके बारे में कुछ जानना भी आसान था। स्वयं अपने विचारों को लादने की बजाय वे लोगों को सुनते भी थे।''

किंग नेता के रूप में

अमेरिका में काले लोगों के मानवीय अधिकारों के किंग निर्माता थे। हालाँकि उनसे पूर्व भी कुछ नेता हुए। कुछ ने समझौता किया तो कुछ ने जुझारू आंदोलन चलाया। पर ब्लैक मूवमेंट के इतिहास का जब हम अध्ययन करते हैं तो किंग उस इतिहास की आधारशिला रखने वाले महापुरुष थे, जिन्होंने काली नस्ल के लोगों को अँधेरे से निकाल कर उनके बीच चेतना जमाई, उन्हें उनके अधिकारों के बारे में बलताया। ऐसा माना जाता है कि लाखों काले लोगों के हृदयों में आजादी की आग जिन्होंने जलाई थी; उनमें केवल नीग्रो ही नहीं थे, गोरे भी शामिल थे। कुछ उदारवादी गोरे महापुरुष भी थे, जिन्होंने काले लोगों की सुप्त भावनाओं को झिंझोड़ा था। उनमें थामस जेफ्फर्सन, अब्राहम लिंकन और राष्ट्रपति कैनेडी भी थे। काले नेताओं में, जिन्होंने

समृद्धि और समता के पथ पर उन्हें अग्रसर होना सिखाया, उनमें फ्रेडरिक डगलस, बुकर टी. वाशिंगटन, डब्ल्यू. ई. डू बोइस, जेम्स वेल्डन जोहसन, फिलिप रेन डोल्फ और रोय विलकिंस आदि प्रमुख थे। इनमें से प्रत्येक ने काले लोगों के भीतर आशा की ज्योति जलाई थी। हालाँकि इन सभी के माध्यम एक जैसे नहीं थे, न ही किंग की तरह सभी अहिंसावादी थे। लेकिन किंग ने अपने आंदोलन में राजनीतिक और नैतिकता का सवाल भी शिद्दत के साथ रखा। यह कहना गलत नहीं होगा कि अगर किंग 50 वर्ष पहले जन्म लेते तो वैसी उपलब्धि उन्हें नहीं मिल पाती जैसी उनके अपने समय में कार्य कर मिली। हालाँकि इस विषय पर बहस नहीं है कि आज के समय में ब्लैक आंदोलन में कितना बदलाव हो गया है।

एक नेता अपने समय का नेतृत्व करता है। साथ ही एक ईमानदार नेता जानता है कि उसे क्या करना चाहिए और क्या नहीं करना चाहिए। किंग उस तरह के नेता थे कि वे जानते थे कि काले लोगों को कैसे जागरूक बनाया जाए। ऐसे समय में जब उनके लोग उदास थे, अँधेरे में भटक रहे थे तब उन्होंने उनके बीच जाकर आशा का संचार किया।

अमेरिका में उनके जैसा नेतृत्व कहीं नहीं मिलता। चाहे काला समाज हो या गोरा समाज, किंग जैसे नैतिक नेता थे, वैसा उनके समकक्ष कोई नहीं पहुँच पाया। जितना उत्साह उनमें था, जितना जोश उनमें था, जितने नजदीक वे आम आदमी के थे, जितना प्यार वे उन्हें करते थे, वैसा नेता तत्कालीन परिस्थितियों में ढूँढ़ने पर भी नहीं मिलता।

एम. के. बरुआ ने अन्य ब्लैक नेताओं—फ्रेड्रिक डगलस, बुकर टी. वाशिंगटन और डब्ल्यू. ई. डू बोइस के साथ डॉ. किंग के व्यक्तित्व और कृतित्व का बड़ा ही महत्त्वपूर्ण विश्लेषण किया है। डगलस की तरह किंग भी सभी लोगों की आजादी के लिए सार्वभौमिक संघर्ष में विश्वास करते थे। बुकर टी. वाशिंगटन की तरह उनमें कोई नस्लीय द्वेष नहीं था। डू बोइस के विचारों के अनुरूप ही वे भी मानते थे कि काले लोगों की समस्या राष्ट्रीय समस्या है और प्रत्येक स्थान पर उस समस्या को उठाया जाए।

ब्लैक पावर और किंग का अहिंसा के बारे में व्यावहारिक पक्ष

मार्च, 1966 में ग्रीन वुड, मिसीसिपी में स्टोकले कारमिचल के द्वारा ब्लैक पावर का जो सवाल उठाया गया, वह काले लोगों को एकजुट होने तथा सिविल राइट्स की माँग को मजबूत करने में छानबीन करने वाला विषय था। एम. के. बरुआ इन तमाम ऐतिहासिक घटनाओं का विश्लेषण करते हुए लिखते हैं कि जिस तरह से जुझारू ब्लैक पावर के बारे में शोर मचाया गया और सिविल राइट्स आंदोलन के संदर्भ में वह नारा प्रसिद्ध भी हुआ, लेकिन किंग ने ऐसे समय पर अहिंसा की बात

की। असल में मिसीसिपी के गोरे समुदाय के जुल्म और अत्याचार के खिलाफ यह एक प्रतिक्रिया थी, जो जल्दी ही पूरे अमेरिका में फैल गई थी। धीरे-धीरे यह तर्क भी अमेरिकन समाज में सुनाई देने लगा था कि परंपरागत राजनीतिक प्रक्रिया से कुछ खास होने वाला नहीं है। ब्लैक पावर के प्रतिनिधियों के यह भी विचार थे कि जबकि गोरे लोगों का दबाव संस्थाओं पर था वैसी स्थिति में कालों का वहाँ प्रतिनिधित्व ही नहीं था। उनका मानना था कि जब तक काले लोगों का राजनीतिक संगठन नहीं बनेगा तब तक न उनकी गरीबी दूर होगी और न समस्याएँ।

ब्लैक पावर के प्रतिनिधि गोरे समाज की सभी तरह की विषमता का विरोध करते थे। वे यह भी जानते थे कि गोरों की नीतियों के कारण ही काले लोग घरों में रहने को मजबूर हैं। ब्लैक पावर के लोग सीधे-सीधे क्रांति में विश्वास करते थे। नस्लीय समस्या सुलझाने में वे किंग के अहिंसक आंदोलन का भी विरोध करते थे। वे अपने-आपको अफ्रीका तथा एशिया के स्थानों तथा क्षेत्रों की पहचान से जोड़ते थे, जहाँ विश्व की दो-तिहाई काली जनसंख्या रहती थी। कारमिचेल ने गोरे नस्लवादियों के बारे में कहा था :

''नस्लवादियों का एकमात्र उद्देश्य है काले लोगों को हाशिए पर रखना। काले लोग उन्हीं के प्रतिबंधों के तहत रहें, जैसी तीन सौ वर्षों से गोरे लोग उन पर अपनी हुकूमत चलाते आए हैं। किसी भी तरह की समस्या के बारे में काले लोगों का यह अधिकार होना चाहिए कि उसके उन्मूलन के बारे में वे स्वयं फैसला लें। निर्णय करने में उनकी अधिकतम भागीदारी हो।''

काले लोगों का राजनीतिक तथा आर्थिक सत्ता के प्रतिष्ठानों पर कब्जा हो। वे गोरों से अपनी शर्तों के तहत बात करें। ब्लैक पावर के प्रतिनिधियों के तर्क थे कि अमेरिका में अलगाव की स्थिति ने हमेशा साम्राज्यवादी समस्या को पैदा किया है। जैसा कि गोरे लोगों का उद्देश्य भी रहा है।

काले लोगों के कालोनियल स्टेटस के बारे में बोलते हुए ब्लैक पावर के प्रतिनिधि एल्ड्रीज क्लेवर ने कहा था, ''चोरी किए गए क्षेत्र से काले लोग चुराए गए व्यक्ति हैं। ऐसी स्थिति में उनकी समस्याओं के समाधान की उम्मीद नहीं की जा सकती।

काले लोग यूनाइटेड स्टेट्स में अपनी जमीन से वंचित रहे हैं। अलीजाह मुहम्मद नाम के एक काले राष्ट्रवादी ने सबसे पहले इसे महसूस कर कहा था, ''हमें अपनी जमीन रखनी चाहिए, कुछ भी जमीन जो हमारी हो।'' अलीजाह मुहम्मद ने यूनाइटेड स्टेट्स के कुछ राज्यों पर अपना दावा किया था। लेकिन चूँकि वह ब्लैक मुस्लिम था, इसलिए काले लोगों के बहुमत को वह प्रभावित नहीं कर सका। हालाँकि विद्यार्थियों के बीच उनका प्रभाव रहा जो किंग के अहिंसावादी आंदोलन से सहमत

नहीं थे।

ब्लैक पावर के अनुयायियों ने नस्लीय अलगाव की भी बात की थी जिसका किंग ने विरोध किया था। इस तरह ब्लैक पावर संगठन ने किंग के लिए बहुत-सी समस्याएँ खड़ी कीं। हालाँकि ये जुझारू विद्यार्थी किंग का आदर करते थे, लेकिन उन्होंने किंग के नेतृत्व को अस्वीकार कर दिया था। वे किंग से बेहतर स्टोकली कारमिचेल तथा अन्य जुझारू ब्लैक नेताओं को मानते थे। किंग ऐसे जुझारू ब्लैक विद्यार्थियों से केवल सहानुभूति ही रख सकते थे। वे यह भी महसूस करते थे कि गोरे समाज की अत्याचारी परंपराओं के ढाँचे के खिलाफ काले विद्यार्थियों ने ब्लैक पावर क्यों बनाया? नार्थ में काले लोगों के रहने की परिस्थितियाँ अमानवीय थीं। वे बेरोजगारी का शिकार थे। उन्हें कम मजदूरी मिलती थी। इस तरह की समस्याओं से काले लोग जूझ रहे थे। उनके भीतर कुंठाएँ भी थीं और आंदोलन को तेज करने की भावना भी। कुछ ब्लैक अति उत्साही थे तो कुछ जुझारू। कुछ गोरों की हिंसा का हिंसा से ही जवाब देना चाहते थे।

ऐसे समय में जब स्टोकली कारमिचेल तथा उनके साथी गोरे लोगों के खिलाफ हिंसा के बल पर अपने समुदाय को संगठित करने का प्रयास कर रहे थे तब किंग अहिंसा की बात कर रहे थे। इसलिए अमेरिका में उन्हें ही काले लोगों के नेता के रूप में माना गया। विशेष रूप में गोरे समाज की स्वीकृति उनके साथ थी। इसलिए कि वे उन्हें कोई हानि नहीं पहुँचाना चाहते थे।

किंग भी चाहते थे कि काले लोगों का आर्थिक पक्ष मजबूत बने। पर ब्लैक पावर के लोगों से उनका रास्ता अलग था। वे अपने आंदोलन को प्रेम से चलाना चाहते थे। वे चाहते थे कि उनके अनुयायी गोरों का प्यार से दिल जीतें। उन्हें अपने पक्ष में करें। उनका दिल न दुखाएँ। जबकि ब्लैक पावर के समर्थकों के लिए यह असंभव था।

अन्य जुझारू संगठनों की तरह किंग भी चाहते थे कि काले लोगों के पास ताकत आए, लेकिन कैसी ताकत? उस ताकत के स्रोत क्या हों? किसी को तकलीफ देने वाली ताकत तो नहीं। किंग नैतिकता में विश्वास करते थे। वे घृणा और दूसरों को भला-बुरा कहने के व्यवहार से बचते थे। उनका ध्वंस में विश्वास नहीं था, सृजन में था। उन्हें इस बात से कोई परहेज नहीं था कि काले लोगों के पास भी ताकत हो, लेकिन वे चाहते थे कि वह ताकत प्यार की हो तो अच्छा है। इसलिए बहुत से ब्लैक संगठनों के द्वारा उनका विरोध भी हुआ।

किंग का कहना था कि गोरे नस्लवादियों की तरह का व्यवहार उनके लोगों को नहीं करना चाहिए। उनका यह भी कहना था कि सामाजिक, राजनीतिक और आर्थिक क्षेत्र में बदलाव के लिए ताकत का होना जरूरी है, लेकिन कैसी ताकत, जो प्रेम और

न्याय की तराजू पर तोली जा सके।

उनकी कल्पना में जिस तरह की ताकत थी, उसी की मदद से वे अमेरिका में शान्तिपूर्वक क्रांति करना चाहते थे। और काले अमेरिकन्स को वैसा ही ताकतवर बनाना चाहते थे। इसीलिए उन्होंने जुझारू ब्लैक पावर के समर्थकों और अनुयायियों को चेतावनी देते हुए कहा था कि ऐसी ताकत के द्वारा अगर क्रांति की जाती है तो वह क्रांति अपने आप में सफल नहीं होगी। वह घृणा और ध्वंस की जननी होगी। हालाँकि वे न अपने-आपको और न अपने समुदाय के लोगों को कायर बनने देना चाहते थे। अत्याचार का मुकाबला करते के लिए वे हमेशा तत्पर रहते थे। वे हर स्थिति में आशावादी थे और उसी विश्वास के साथ आंदोलन को आगे बढ़ाना चाहते थे।

बार-बार किंग इसी बात को दोहराते थे कि क्रांति का आधार अहिंसा होना चाहिए। प्यार और आशा ही समाज में सफल परिवर्तन लाने में सक्षम होते है। इसीलिए गांधी की तरह ब्लैक अमेरिकन्स को वे अहिंसा के मार्ग पर चलने के लिए प्रेरित करते थे। क्योंकि उनके अनुसार अहिंसा स्वयं में एक ताकत है। प्रेम और न्याय आधारित समाज की वह जननी है। अहिंसा में एक नैतिक ताकत है। इसके माध्यम से गोरे समाज के लोगों के बीच से नस्लीय भय और काले लोगों के भीतर छिपा हुआ मनोवैज्ञानिक डर दूर किया जा सकता है। वे काले राजनीतिज्ञों से संगठित होने को भी कहते थे जिससे उनकी मजबूती के दबाववश गोरे काले नागरिको की माँग को गंभीरतापूर्वक सुनें। वे काले समुदाय से आर्थिक क्षेत्र में अपने-आपको समृद्ध बनाने को भी कहते थे। वे चाहते थे कि काले लोगों के भीतर स्वाभिमान की भावना आए।

ब्लैक पावर मूवमेंट के कुछ नेता अपने-आपको आक्रामक हिंसा से बचाने वाले कहते थे, लेकिन किंग हिंसा से रक्षा करने या आक्रामण हिंसा दोनों ही लाइन को बहुत संकुचित मानते थे। किंग हर तरह की उस हिंसा का विरोध करते थे जिससे समाज में उत्पात मचे। वे ब्लैक जमात के इस तर्क का भी खण्डन करते थे कि विश्व की जनसंख्या में काले लोगों का बहुमत है। फिर उन्हें विश्व के सभी काले लोगों को संगठित करने से क्यों घबराना चाहिए? किंग ऐसे जुझारू संगठनों को बनाना चाहते थे कि एशिया और अफ्रीका में लोग गरीबी के खिलाफ लड़ रहे हैं। उनके पास उतना समय नहीं है कि वे अपने-आपको ताकतवर बनाएँ। किंग इस तरह के जुझारू ब्लैक संगठनों को सलाह देते हैं कि वे एशिया तथा अफ्रीका में गरीबी को दूर करने के लिए काम करें। इस तरह से विश्व के सभी काले लोगों को अमेरिकन नीग्रो से बहुत आशा होगी।

किंग अलगाववाद के भी खिलाफ थे और उसे ऐसा ही मानते थे जैसा कि नस्लवाद को। उनके विचार में किसी भी नस्ल के लोग स्वयं अपने बलबूते पर अपने जीवन की मूलभूत आवश्यकताओं की पूर्ति नहीं कर सकते। अमेरिका जैसे

देश में जहाँ अनगिनत नस्ल के लोग रहते हैं, उनका परस्पर सम्बन्ध है। जीवन का कारोबार एक-दूसरे की मदद के बिना नहीं चला सकता। किंग ऐसे लोगों के सख्त खिलाफ थे जो यह भाव रखते थे कि गोरों का अमेरिका कालों के हितों का बिल्कुल ध्यान नहीं रखता है। वे ऐसे लोगों का भी समर्थन नहीं करते थे जो अमेरिका की प्रत्येक चीज को अस्वीकार करते थे और केवल अफ्रीका की ओर देखते थे। उनके लिए अमेरिकन ब्लैक अफ्रीका और यूरोप का वर्ण-संकर है। वे एफ्रो-अमेरिकन थे। अमेरिकन ब्लैक अमेरिकन समाज के संपूर्ण भाग रहे हैं, उन्होंने अपनी मेहनत से अमेरिका को बनाया है। इसलिए अगर ब्लैक सोसाइटी को अलग करने की बात उठाई जाती है तो वह गलत होगा। किंग का मानना रहा है कि काले लोग देश के भीतर ही सुरक्षा और न्याय के लिए समाज में सुधार करें। उनके विचार में ब्लैक ही अन्य संगठनों की मदद से पूर्ण आजादी को प्राप्त कर सकते हैं। मुक्ति बिना सद्भाव के संभव नहीं है वैसे ही सद्भाव भी बिना मुक्ति के नहीं आ सकता। वे काले लोगों से उम्मीद करते थे कि राष्ट्र को बनाने में वे अपनी क्रांतिकारी भूमिका निभाएँ। समाज से नस्लवाद के साथ-साथ गरीबी भी दूर करें। तभी उन्हें सम्मान का जीवन मिल सकता है। सही रूप में कहा जाए तो वे सम्मान पाने की लालसा में सम्मान करना सीखें। समाज के निर्माण में विशेष भूमिका अदा करें।

किंग के विचार में ब्लैक पावर के समर्थकों का यह एकांगी पक्ष है कि वे हमेशा अमेरिका की अंधकारमय तस्वीर को ही चित्रित करते हैं। इस तरह का चित्रण समाज के मूल्यों का ध्वंस करने जैसा होता है।

वे यह बात जोर देकर कहते हैं कि ऐसा नहीं हैं कि काले लोगों ने आंदोलन की अगुवाई नहीं की। उन्हीं के बलबूते पर उन्हें सफलता मिली है। 1955 के ऐतिहासिक मांट गोमरी बस बहिष्कार, जो किंग के सिविल राइट्स स्ट्रगल की आधारशिला था। अपनी पुस्तक स्ट्राइड्स टूवार्ड्स फ्रीडम (1958) में वे लिखते हैं कि शान्तिपूर्वक तरीके से ब्लैक आंदोलन ने सफलता प्राप्त की थी। किंग के विचार में बस बहिष्कार के आंदोलन ने उनके लोगों को न सिर्फ सम्मान दिलाया, बल्कि मंजिल के नजदीक भी किया।

1963 का वाशिंगटन मार्च

नस्लीय समता की माँग को लेकर शुरू किए गए वाशिंगटन मार्च को जहाँ ऐतिहासिक महत्त्व दिया जाता है वहीं उस मार्च की गिनती विश्व के तीन मार्चों में भी की जाती है। उन तीनों में से पहले मार्च की शुरुआत चेयरमैन माओ ने की थी। 1963 के वाशिंगटन मार्च के बाद भारत में प्रो. जोगेन्द्र कवाड़े का मार्च शुरू हुआ था जो नामांतरण आंदोलन के रूप में लगभग बीस वर्षों तक चला था।

28 अगस्त, 1963 को आयोजित मार्च को लांग मार्च भी कहा गया है। यह लांग मार्च एक ऐतिहासिक प्रदर्शन था, जिसकी शुरुआत नस्लीय द्वेष के खिलाफ हुई थी। इस प्रदर्शन में बीस मिलियन काले लोग शामिल हुए थे। इस मार्च का उद्देश्य था मकान और रोजगार की विषमतावादी नीतियों के साथ न्याय व्यवस्था के अन्यायपूर्ण व्यवहार के खिलाफ अपने आक्रोश को गोरी सरकार के खाते में दर्ज कराना।

इस मार्च की अंतिम योजना न्यूयार्क में मानवीय अधिकार संगठनों के बीच बनी थी। इस विशेष बैठक में नेशनल एसोसिएशन फॉर द एडवांसमेंट आफ कलर्ड पीपल, (एन. ए. ए. सी. पी.), कांग्रेस आफ रैसियल इक्वलिटी (सी. ओ. आर. ई.), नीग्रो अमेरिकन लेबर कौंसिल, (एस. सी. एल. सी.) और नेशनल कौंसिल आफ नीग्रो वीमेन आदि ने भाग लिया था। इस मार्च के लिए वे पहली बार एक मंच पर आए थे।

24 अगस्त, 1963 को मार्च में शामिल होने वाले सभी कार्यकर्ताओं ने सारे अमेरिका से वाशिंगटन शहर में आना शुरू कर दिया। इस अवसर पर लोक गायकों ने गीत भी सुनाए। फिर कार्यकर्ताओं ने वाशिंगटन स्मारक से लिंकन मेमोरियल तक मार्च आरंभ किया। मार्च करते हुए कुछ रोए भी। यह एक अनुशासित भीड़ थी। उनके बीच उत्साह था तथा उनकी स्पष्ट मंजिल थी।

इस अवसर पर बहुत सारे कार्यकर्ताओं ने मंच से संबोधन किया। प्रसिद्ध ब्लैक सिंगर महालिया जेक्शन ने मंच से एक हृदयविदारक ईसा मसीह का गीत सुनाया जिसका टाइटल था, ''मैं तिरस्कृत किया गया हूँ।'' इस गीत ने वहाँ शामिल हुए सामाजिक कार्यकर्ताओं, बुद्धिजीवियों की आँखों में आँसू ला दिए थे। जब कुमारी जेक्शन ने मंच छोड़ा तो किंग ने अपना प्रभावपूर्ण भाषण शुरू किया।

लेकिन एक सौ वर्ष पश्चात् हमें इस दुखद तथ्य का पता चला कि नीग्रो अभी तक मुक्त नहीं हैं। एक सौ वर्ष बाद भी नीग्रो विषमता की जंजीरों में जकड़ा है। एक सौ वर्ष बाद नीग्रो समृद्धि के महासागर के बीच गरीबी के द्वीप में अकेला रहता है। एक सौ वर्ष बाद नीग्रो अमेरिका में हाशिए पर है और अपने ही देश में अपने-आपको निर्वासित महसूस करता है।

किंग ने यह घोषणा की कि नीग्रो समाज जब तक संतुष्ट नहीं होगा तब तक उन्हें न्याय नहीं मिलेगा। किंग ने जब धारा प्रवाह बोलना शुरू किया तो उनके अनुयायी प्रभावित हुए बिना न रह सके। उन्हें ऐसा लगा जैसे उनके महान नेता ने उनके मर्म को छू दिया हो। किंग के भाषण के दौरान वे अच्छे-खासे उद्वेलित हुए। कुछ लोग भावुक हो गए थे। किंग ने कहा कि उनका यह अमेरिकन सपना है :

मैं ऐसा सपना रखता हूँ। ऐसा सपना जबकि एक दिन जार्जिया की लाल पहाड़ी पर गुलामों की औलादें और मालिकों के बेटे बंधु की मेज पर एक साथ बैठेंगे।

मेरा स्वप्न है कि एक न एक दिन मिसीसिपी राज्य, जिसमें अन्याय और उत्पीड़न

की गर्मी से रेगिस्तानी राज्य में लोग पौधों की तरह मुरझाते हैं, वही राज्य स्वतंत्रता और न्याय के महासागर में परिवर्तित हो जाए।

मेरा स्वप्न है कि मेरे चार छोटे बच्चे ऐसे राष्ट्र में रहें जहाँ उनके रंग से उनका परीक्षण न हो बल्कि उनके चरित्र से हो।

मेरा आज यह स्वप्न है :

मेरा यह स्वप्न है कि एक दिन एलाबामा राज्य, जहाँ के राज्यपाल हमारे लिए केवल निष्फलता की बात करते हैं, वहीं ऐसी स्थिति आ जाए कि काले और गोरे बच्चे भाई-बहनों की तरह परस्पर व्यवहार करने लगें।

मेरा ऐसा स्वप्न है :

मेरा ऐसा स्वप्न है कि एक दिन हर घाटी ऊँची हो, प्रत्येक पहाड़ी और पर्वत झुकें, ऊबड़-खाबड़ जमीन मैदानी बन जाए, टेढ़ी जमीन सीधी बन जाए और ईश्वर की आभा चारों तरफ फैले, सभी एक साथ मिलकर रहें।

ऐसी हमारी आशा है। यह हमारा विश्वास है जिसके साथ मैं साउथ लौटूँ। उसी आस्था के साथ मैं इस योग्य बन जाऊँ कि नैराश्य में डूबी पहाड़ियों को गढ़ सकूँ और सारे राष्ट्र को सुंदरता और बंधुता के रूप में बदल सकूँ। इसी विश्वास के साथ हम परस्पर कार्य करें, एक साथ आंदोलन करें और एक साथ जेल जाएँ, यह जानते हुए कि एक दिन हम सफल होंगे।

यह वह दिन होगा जब हम सब ईश्वर की संतान नए अर्थ के साथ मिलजुल कर गाएँगे, ''मेरा देश वह है जहाँ मुक्ति के मधुर गीत हैं, जहाँ मेरे पिता मरे थे, जहाँ तीर्थस्थान का गौरव है, प्रत्येक पर्वतों से स्वतंत्रता के गीतों की आवाजें आने दो।''

और अमेरिका अगर इतना महान राष्ट्र है तो उसे सच होने दो। इसलिए अद्‌भुत पहाड़ी की ऊँचाइयों से स्वतंत्रता की घंटियाँ बजने दो। न्यूयार्क के पर्वतों से स्वतंत्रता की गूँज आने दो!

जब प्रत्येक गाँव और पुरखे से, प्रत्येक राज्य और शहर से स्वतंत्रता की गूँज उभरेगी तो ईश्वर की सभी संतान काले और गोरे, यहूदी और नास्तिक, प्रोटेस्टेंट्स और कैथोलिक्स, एक साथ मिलकर पुराने नीग्रो के शब्दों में गाएँगे, ''अंततः हम मुक्त हुए, धन्यवाद ईश्वर, अंततः हम मुक्त हुए।''

किंग के इस प्रभावपूर्ण और ओजस्वी भाषण के बाद मार्च में आए लोगों ने शहर छोड़ना शुरू किया। इस तरह के ऐतिहासिक दिन के बाद वाशिंगटन में यह एक अच्छी रात थी जिसे कभी भी भुलाया नहीं जाएगा।

वास्तव में किंग के भाषण का लोगों पर प्रभाव हुआ। जैसा अब्राहम लिंकन का गैटीसबर्ग में प्रसिद्ध भाषण था अथवा राष्ट्रपति कैनैडी का 1961 में दिया गया उद्‌घाटन भाषण। किंग के भाषण को लोग भुला नहीं पाएँगे। सभी पत्र-पत्रिकाओं ने बिना

विवाद के उनके भाषण को छापा था।

1964 के सिविल राइट्स बिल के बाद हालाँकि काले समुदाय के लोगों ने कुछ प्राप्त किया था, लेकिन नस्लवादियों ने अनेक स्थानों पर हिंसा की थी।

1966 का स्वतंत्रता मार्च

एक बार पुनः किंग ने अहिंसात्मक रूप में मार्च का आयोजन किया।

इस मार्च की पृष्ठभूमि में बहुत कुछ था। साउथर्न ब्लैक्स गोरे नस्लवादियों के उत्पीड़न से बेचैन थे। सिविल राइट्स कार्यकर्ता जेम्स मेरेडिच ने अकेले ही मार्च के आयोजन का निश्चय किया था। उनका उद्देश्य था मिसोसिपी में रह रहे काले लोगों के भीतर से भय दूर किया जाए। जून, 1966 में जब मेरेडिच ने मार्च शुरू किया तो हाईवे पर उनको गोली मारी गई। उस समय किंग शिकागो आंदोलन में व्यस्त थे, वे मिसीसिपी की स्थिति का जायजा लेने के लिए गए। वहाँ जाने का उद्देश्य मेरेडिच के प्रति सहानुभूति प्रकट करना भी था। सौभाग्य से मेरेडिच बच गए। उसी समय कोट के तत्कालीन निदेशक फ्लाड मिक किसिक भी मेरेडिच के पास आए हुए थे। उसी समय किंग और मिक किसिक के बीच यह निश्चय हुआ कि वे मेरेडिच के अधूरे मार्च को पूरा करेंगे। बाद में एस. एन. एन. सी. के अध्यक्ष स्टोकली कारमिचेल भी अस्पताल में आए। वे सभी मार्च पर एकमत थे। उन्होंने तय किया कि अन्य सिविल राइट्स संगठनों को भी इस मार्च में शामिल होने के लिए आमंत्रित किया जाए।

इस तरह फ्रीडम मार्च का दूसरा चरण वहीं से आरंभ हुआ जहाँ से (हाईवे-51) गोली लगने के कारण मेरेडिच को छोड़ना पड़ा था। कुछ दिनों तक यह मार्च शान्तिपूर्ण तरीके से चलता रहा। कुछ विद्यार्थियों ने किंग से यह सवाल भी किए कि अगर हाईवे पर गोरे नस्लवादियों के द्वारा हथियाररहित काले आंदोलनकारियों पर हमला हुआ तो वे क्या करेंगे। किंग ने उन्हें यह आशा देते हुए कहा कि ऐसी स्थिति नहीं आएगी। उन्होंने कहा कि नस्लवाद की घृणित प्रवृत्ति को खत्म करने के लिए गोरे और काले दोनों नस्ल के लोगों को साथ आना जरूरी है। इसलिए हमारी यह जिम्मेदारी बन जाती है कि हम अहिंसक रूप में मार्च को आगे बढ़ाएँ। अंततः उनके सुझाव पर सभी सहमत हो गए।

मार्च जारी रहा। दस दिनों तक हाईवे पर चलते हुए वे ग्रीनवुड काउंटी पहुँचे। एस. एन. सी. सी. के सदस्यों ने 1964 की गर्मियों में यहाँ काफी काम किया था और यहाँ के रहने वालों के बीच उन्होंने अच्छी-खासी ख्याति अर्जित कर ली थी। जब आंदोलनकारी ग्रीनवुड की ओर मार्च कर रहे थे तब सिटी पार्क में एक सभा का आयोजन हुआ। किंग के साथ मार्च के अन्य नेताओं ने भाषण दिए। स्टोकली कारमिचेल

ने अपने भाषण में ब्लैक पावर की आवश्यकता बताई। दूसरे एस. एन. सी. सी. नेता बिल्ले रिक्स, जिन्होंने शायद पहले से ही ऐसी योजना बनाई थी। वे मंच पर आए और आंदोलनकारियों से पूछा, ''आप क्या चाहते हैं?'' विद्यार्थियों के बीच से जवाब आया था, ''ब्लैक पावर।'' दूसरी बार रिक्स ने पूछा था, ''आप क्या चाहते हैं?'' भीड़ में से सामूहिक स्वर उभरा था, ''ब्लैक पावर, ब्लैक पावर।'' इस तरह से वह शहर जुझारू काले आंदोलनकारियों के उत्तेजित स्वरों से गूँज उठा था।

किंग की हत्या के प्रयास

एम. के. बरुआ ने किंग की हत्या की घटना और उससे जुड़ी 42 वर्षीय बूढ़ी इजोला करी की प्रतिक्रिया के बारे में सिलसिलेवार वर्णन किया है।

1968 में मेम्फिस, टेनिस्से में जेम्स इर्ल रे ने किंग की हत्या करने का प्रयास किया था जिसने बाद में अपना अपराध स्वीकार भी किया। किंग की उम्र उस समय केवल 39 वर्ष थी, जब वे मृत्यु को प्राप्त हुए। थामस जेफ्फर्सन की जब मृत्यु हुई थी तब वे 33 वर्ष के थे। वे थामस जेफ्फर्सन से 6 वर्ष बड़े थे, और अब्राहम लिंकन से 2 वर्ष छोटे थे। यही नहीं जोह्न एफ. कैनेडी से भी वे कम उम्र के थे। ये इस तरह के व्यक्ति थे जिनका जीवन के लिए अनुराग था। जिनके राजनीतिक कार्य आध्यात्मिक आस्थाओं के साथ जुड़े थे। किंग ऐसे व्यक्ति थे। किंग ने ऐसा क्या किया जिससे उनकी पश्चिमी संसार के महापुरुषों में गिनती होती है। अगर हम उनके जीवन संघर्ष का अध्ययन करें तो हमें पता चलता हैं कि किंग अंतिम समय तक नस्लीय भेदभाव को समाप्त करने और काले समुदाय के लोगों को उनके अधिकार दिलाने की मुहिम में लगे रहे।

किंग के बारे में बेंजामिन कहते हैं :

यह कोई विशेष बात नहीं है कि वे कितनी उम्र तक जिये, लेकिन लोग हमेशा इसकी जाँच करेंगे कि वे कैसे जिये। भविष्य का इतिहास किंग को उनके कार्यों से परखेगा।

उनके जीवन के कार्यों की यह सबसे बड़ी विशेषता थी कि जहाँ उन्होंने ब्लैक अमेरिकन के बारे में जद्दोजहद की वहीं अमेरिका में रहने वाले सभी लोगों के लिए उनके मन में प्यार था। सामाजिक न्याय पर उनका प्रभावपूर्ण दर्शन था। जैसा राष्ट्रपति कैनेडी का एक महत्त्वपूर्ण बयान भी है, ''अगर मुक्त समाज गरीबों के बारे में नहीं सोच सकता, तो जो अमीर हैं, उनके जीवित रहने की गारंटी भी वह (मुक्त समाज) नहीं ले सकता।''

किंग दूसरी अमेरिकन क्रांति की आवाज थे। वे नीग्रो को संगठित करने वाले आयोजक एवं संयोजक थे। साथ ही सार्वजनिक स्थानों पर 'जिम क्रो' कानून को

खत्म कराने वाले भी। उनका अचानक चले जाना विश्व के काले लोगों के लिए भारी क्षति थी। ऐसे लोगों के लिए जिन्होंने उनके नेतृत्व में आशा की किरण देखी थी।

वाशिंगटन में उनके द्वारा जो ज्योति प्रज्वलित हुई वह कल्पना से परे थी। उसका अमेरिकी समाज में गहरा प्रभाव हुआ। जहाँ अमेरिकी शासन और प्रशासन सजग हुआ वहीं काले लोगों को प्रेरणा मिली।

हालाँकि बहुत से विद्यार्थियों ने किंग के अहिंसा के दर्शन को स्वीकार किया था, लेकिन उनकी मृत्यु के बाद अहिंसा का दर्शन अमेरिकी समाज से गायब होता गया। इसका एक कारण यह भी रहा कि किंग जैसा अहिंसा और शान्ति में विश्वास करने वाला कोई अन्य नेता अमेरिका की जमीन पर पैदा नहीं हुआ। इसलिए उनकी मृत्यु के पश्चात् विशेष रूप में कालों की दुनिया में एक तरह के अभाव को महसूस तो किया ही गया।

देखा जाए तो किंग के संघर्षों और काले लोगों के समाज को बेहतर बनाने के प्रयासों का गोरी अमेरिकी सरकार पर असर तो हुआ। लगातार दबावों के कारण राष्ट्रपति लिंडन जोहसन के कार्यकाल में 1964 का सिविल राइट्स एक्ट और 1965 का वोटिंग राइट्स एक्ट आया। किंग की मृत्यु के पश्चात् ही यूनाइटेड स्टेट्स कांग्रेस ने सिविल राइट्स हाउसिंग बिल को स्वीकृत किया। ऐसे समय पर कुछ ने कहा था कि यह किंग का सम्मान था जबकि नस्लवादियों ने इसका विरोध करते हुए विधायिका को कायर बतलाया। इसके बावजूद कि बहुत सारे सिविल राइट्स कानून बने, लेकिन अमेरिका में नस्लीय समस्या सुलझ नहीं सकी। यहाँ तक कि काले और गोरे लोगों के बीच सम्बन्धों में भी बहुत कम ही सुधार आ पाया है।

किंग ने सपना देखा था कि अमेरिका में प्रत्येक नागरिक को बराबर के अधिकार होंगे और जहाँ समृद्धि के बँटवारे में किसी तरह की गैर-बराबरी नहीं होगी। कोई भी व्यक्ति रंग के आधार पर स्वयं न्यायाधीश नहीं बनेगा, लेकिन ईसा मसीह की तरह किंग स्वयं भी हिंसा का शिकार हुए। 1985 में कांग्रेस ने कानून बनाया था कि किंग के जन्मदिन को राष्ट्रीय अवकाश के रूप में मनाया जाए।

भारत में भी किंग की मृत्यु पर शोक मनाया गया था। न सिर्फ इसलिए कि वे गांधी के अहिंसा के सिद्धान्त के समर्थक थे बल्कि इसलिए भी कि डॉ. अम्बेडकर से उनका व्यक्तित्व बहुत कुछ मिलता-जुलता था। भारतीय संसद ने भी किंग को अपनी श्रद्धांजलि अर्पित की थी। उनकी मृत्यु पर भारत की तत्कालीन प्रधानमंत्री श्रीमती इन्दिरा गांधी ने उन्हें शान्ति का देवदूत कहा था।

उनके जीवन की शुरुआत मांट गोमरी से हुई और अंत मेम्फिस में। सामाजिक गतिविधियों के अलावा वे धर्म-विषयक निबन्ध भी लिखते थे। उनके महत्त्वपूर्ण निबन्धों का संग्रह 'स्ट्रेंथ टू लव' (1963), 'ए मार्टिन लूथर किंग ट्रेजरी' (1964) और

'ट्रम्फ आफ कांसेंस' (1967) है। इसी तरह से उनके अन्य विशेष संग्रह 'व्हाई वी कांट वेट' (1964) और वेयर डू वी गो फ्राम हेयर : चाल्स और कम्युनिटी (1967)।

बहुत से लेखकों ने उनके जीवन संघर्ष पर लिखने का भी प्रयास किया है। उनके रहते तीन आत्म-कथाकारों जिनमें लारेंस रेडिड्क (क्रूशएडर विदआउट वायलेंस 1959), एडवर्ड टी. क्लेटन, (मार्टिन लूथर किंग जू. : द पीसफुल वेरियर, 1964) और लेटोने बेनैट, (व्हाट मैनर आफ मेन, 1965) मुख्य रहे हैं। अप्रैल, 1968 में उनकी मृत्यु पर शोक संतृप्त विश्व उनकी यादों में डूब गया था। ऐसे समय पर कुछ लेखकों ने उन पर लिखा था, जिनमें मुख्यतः रोबर्ट एम. ब्लेवेस्स, मार्चिंग टू फ्रीडम (1968); जी गोरासीमोव, फायर बैल इन द नाइट (1968 में रूसी भाषा से अनुवाद); विलियम आर. मिल्लर, मार्टिन लूथर किंग जूनियर : हिज लाइफ, मार्टर्डम, एंड मीटिंग फार द वर्ल्ड (1968); कोरेट्टा स्काट किंग, माई लाइफ विद मार्टिन लूथर किंग (1969); और डेविड एस. लेविस, किंग : ए क्रिटिकल बायग्राफी (1970)।

मजदूर आन्दोलन

हिंदू रूढ़िवादिता के खिलाफ डॉ. अम्बेडकर ने सामाजिक समता के सिद्धांत को आगे बढ़ाया था। इस उद्देश्य की पूर्ति के लिए उन्होंने 'सामाजिक समता लीग' की स्थापना भी की थी। उनका मानना था कि समता जीवन के प्रत्येक क्षेत्र में होनी चाहिए तभी भारतीय समाज आगे बढ़ेगा।

डॉ. अम्बेडकर भारत के मजदूर, दलित और सर्वहारा लोगों में से एक महत्त्वपूर्ण कड़ी के रूप में थे। मजदूरों की पीड़ाएँ, किसानों की बदहाली उनकी अपनी पीड़ा और बदहाली थी। उन्होंने अपने आपको इन लोगों और वर्गों की जद्दोजहद के साथ एकाकार किया। उनके बीच रहते हुए उनके सुख-दुःख में हिस्सा बटाते रहे।

भू सम्बन्धों में खोती और वतन प्रणाली के उन्मूलन में अगाध रुचि के अलावा वे मजदूर वर्ग की स्थिति के विषय में काफी रुचि रखते थे। उन्होंने सामाजिक समता के सिद्धान्त को हिंदू पुरातनपंथ के खिलाफ एक प्रमुख वैचारिक आक्रमण के रूप में सामने रखा। डॉ. अम्बेडकर एवं उनके मित्रों द्वारा संचालित समता संघ ने प्रत्येक क्षेत्र के धार्मिक, सामाजिक, राजनीतिक और आर्थिक क्षेत्र में समानता के सिद्धान्त के लिए संघर्ष किया। मनुष्यों की अनिवार्यतः समानता के प्रति उनकी पूर्ण प्रतिबद्धता थी।

उन्होंने मजदूरों की हड़ताल के लोकतांत्रिक अधिकार की पुरजोर वकालत की। परन्तु उन्होंने अप्रैल 1929 में बम्बई की कपड़ा मिलों में गिरनी कामगार यूनियन द्वारा की गई हड़ताल का विरोध किया। उनका विरोध मुख्यतः कम्युनिस्ट नेताओं की

दिखावटी प्रकृति की वजह से था। उनके अनुसार कम्युनिस्ट नेताओं ने पिछड़े वर्गों के मजदूरों को मिलों की अधिक आमदनी वाले विभागों से दूर रखने वाले निषेध और रुकावटों के खिलाफ कोई आवाज नहीं उठाई। अछूतों को बुनाई विभागों में कार्य करने की अनुमति नहीं थी। क्योंकि इसमें धागे टूटने पर थूक से जोड़े जाते थे और जो इसे छूते थे उनके अपवित्र हो जाने का डर था। इसी तरह का भेदभाव और छुआछूत रेलवे उद्योग में भी मौजूद था।

लेबर पार्टी

1936 में डॉ. अम्बेडकर द्वारा इंडिपेंडेंट लेबर पार्टी की स्थापना 'अर्थवाद' की सीमाओं पर विजय पाने के लिए सुविचारित प्रयत्न था। पार्टी ने मजदूरों, किसानों और उनके साथ ही निम्न-मध्यमवर्ग के हितों के लिए कार्यक्रम रखा। यह जोतदारों को जमींदारों की ज्यादतियां और बेदखली से बचाने के लिए विधान बनाने और औद्योगिक मजदूरों को मिलने वाले कुछ फायदे इन्हें भी देने के पक्ष में था। इसके कार्यक्रम में पुराने उद्योगों के पुनर्वास, नए उद्योग को शुरू करने और जहाँ जरूरी हो वहाँ उद्योगों में राजकीय प्रबन्ध व उद्योगों के राजकीय स्वामित्व के विषय में सोचता था। इसके कार्यक्रम में लोगों की उत्पादकता और दक्षता सुधारने के लिए तकनीकी शिक्षा का विस्तृत कार्यक्रम पेश किया गया। औद्योगिक क्षेत्र में रोजगार, नियंत्रण, सेवा और काल की शर्तें प्रस्तावित थीं। पार्टी के पास भूमि बंदोबस्त सम्बन्धी और बेरोजगारी दूर करने के लिए सार्वजनिक निर्माण कार्यों को शुरू करने का स्पष्ट कार्यक्रम था। इसने निम्न-मध्यम वर्ग के हितों के लिए औद्योगिक केन्द्रों और बड़े शहरों में मकान किराया नियंत्रण करने के लिए अभियान चलाया। इसके पास हर तरह के पुरातनपंथ और प्रतिक्रियावादी के खिलाफ एक निश्चित सामाजिक कार्यक्रम था और इसने धर्मनिरपेक्ष हितों तथा शिक्षा के लिए धर्मार्थ निधि बनाने का सुझाव दिया था। इसने सफाई आवास और सांस्कृतिक सुविधाओं सहित आधुनिकीकरण करने हेतु ग्रामीण नियोजन पर भी जोर दिया।

हमें यह बात भलीभाँति ध्यान में रखनी चाहिए कि मजदूर लोगों की नई पार्टी की स्थापना के आधार का उल्लेख करते हुए डॉ. अम्बेडकर ने कांग्रेस को शोषकों और शोषितों का संयोग (गँठजोड़) बताया जो सामाजिक पुनर्निर्माण के लिए उपयोगी नहीं था। उनकी यह पक्की धारणा थी कि कांग्रेस पूँजीपतियों द्वारा शासित दल था। और जब तक उनका इस पर कब्जा बरकरार था तब तक पिछड़े वर्गों की आर्थिक हालत में बेहतरी का कोई अवसर नहीं था। इसलिए उन्होंने पूँजीपतियों के खिलाफ साझा मोर्चा बनाने और आर्थिक आजादी प्राप्त करने की वकालत की। उन्होंने घोषणा की कि **मजदूर के पास खोने के लिए कुछ नहीं है और पाने को सब कुछ है।**

डॉ. अम्बेडकर मजदूरों को सीधे-सीधे संघर्ष से जोड़ना चाहते थे। उन्होंने बम्बई प्रान्त के विभिन्न हिस्सों में किसानों की बड़ी रैलियाँ आयोजित कीं और 1937 की शुरुआत में बम्बई विधानसभा के सामने किसानों की एक विशाल रैली का नेतृत्व किया। **खोती प्रणाली** का नाश हो, डॉ. अम्बेडकर के बिल का समर्थन करो, इत्यादि नारे लिखे पोस्टरों और तख्तियाँ लिए हुए कृषि मजदूरों के लिए उन्होंने मजदूरी में न्यूनतम मापदंड और किराए के राजस्व ऐरियर के तार पर भुगतान की माँग की थी। खोती प्रणाली और इनाम दान प्रणाली के उन्मूलन के कानून के अलावा उन्होंने छोटे आसामियों द्वारा देय सिंचाई की दर में 50 फीसदी कटौती की माँग भी की। एस्प्लेनेड मैदान बंबई में किसानों और मजदूरों की एक विशाल जनसभा को संबोधित करते हुए डॉ. अम्बेडकर ने बताया, ''दुनिया में दो वर्ग हैं जिनके पास बहुत-कुछ है और जिनके पास कुछ नहीं है। अमीर-गरीब—शोषक और शोषित।'' अत: उन्होंने किसानों और मजदूरों को उनकी गरीबी का कारण शोषक की अमीरी में निहित है ऐसा बताया। उनके लिए इसका हल बिना जाति व प्रजाति का ख्याल किए एक श्रमिक मोर्चा बनाना और उत्पादकों को आवास, कपड़ा और भोजन उपलब्ध कराने का यही एक तरीका है, इस पर भी बल दिया।

डॉ. अम्बेडकर ने रेलवे मजदूरों की समस्या पर विशेष ध्यान दिया। फरवरी 1938 में मनमाड में रेलवे में काम करने वाले अछूत मजदूरों की एक बड़ी सभा आयोजित की गई। उन्होंने कम्युनिस्ट ट्रेड यूनियन नेताओं की इस बात के लिए आलोचना की कि वह छुआछूत और सामाजिक अन्याय के खिलाफ इसलिए आवाज नहीं उठा रहे क्योंकि वह मजदूरों में फूट पड़ने से डरते थे। भारत में मजदूर वर्ग के शत्रुओं के विषय में उनकी समझ एकदम साफ थी। उनके अनुसार यह थे ब्राह्मणवाद और पूँजीवाद। ब्राह्मणवाद के विषय में उनका कहना था :

''ब्राह्मणवाद से मेरा तात्पर्य उन शक्तियों, विशेष सुविधाओं और रुचियों से नहीं है जो ब्राह्मणों को एक समुदाय के रूप में मिली हुई है। मैं इस शब्द का प्रयोग उस आशय से नहीं कर रहा हूँ। ब्राह्मणवाद से मेरा तात्पर्य स्वतंत्रता, समता और बन्धुता की भावना को नकारने से है। इस अर्थ में यह सभी वर्गों में व्याप्त है और केवल ब्राह्मणों तक ही सीमित नहीं है। हालाँकि वे इसके जनक हैं। ब्राह्मणवाद के प्रभाव केवल सामाजिक अधिकारों यथा अंत:खान-पान और अंतर्विवाह तक ही सीमित नहीं थे, यह नागरिक अधिकार देने से भी इंकार करता है। ब्राह्मणवाद इतना सर्वव्यापी है कि यह आर्थिक अवसरों को भी प्रभावित करता है।''

उन्होंने देखा कि अनेक नियुक्तियों में पिछड़े वर्ग के व्यक्तियों को उनके अछूत होने की वजह से दूर रखा जाता था। इस तरह का एक कुख्यात मामला कपड़ा उद्योग में भी था। रेलवे में उनका कार्य गैंगमैन के रूप में काम करना था। यहाँ तक कि उन्हें

कुली के रूप में भी नहीं लगाया जाता था, क्योंकि स्टेशन मास्टरों द्वारा उनसे घर का काम लिया जाता था और उनके अछूत होने की वजह से ही उन्हें इससे बाहर रखा गया था। इसी तरह रेलवे वर्कशापों में भी भेदभाव था। वह इस बात पर आश्चर्यचकित थे कि इस तरह के स्पष्ट अन्याय और पक्षपात के, जो एक जुटता के सिद्धान्त के खिलाफ था, मजदूर-वर्ग को संगठित करना कैसे सम्भव हो सकेगा। अतः मजदूरों में समानता की भावना जागृत करने और उन्हें एक करने के लिए ब्राह्मणवाद को निर्मूल करना जरूरी था। वह एम.एन. राय द्वारा श्रमिकों की अलग पार्टी के गठन का विरोध करते पर अचम्भित थे। उनके अनुसार मजदूरों के अलग राजनीतिक संगठन का कम्युनिस्टों द्वारा विरोध एक विरोधाभास था। श्री एम.एन. राय का कहना था कि साम्राज्यवाद का विनाश भारतीय राजनीति का पहला और सबसे प्रमुख उद्देश्य था। परन्तु बाबा साहेब डॉ. अम्बेडकर ने इस स्थापना को रद्द करते हुए विचार रखा कि जमींदारों, मिल मालिकों और पूँजीपतियों से, जिनका साम्राज्यवादियों से समझौता था, लड़े बिना साम्राज्यवाद से नहीं लड़ा जा सकता।

औद्योगिक विवाद अधिनियम-1938

1938 के उत्तरांश में बम्बई की कांग्रेस सरकार ने औद्योगिक विवाद अधिनियम पेश किया, जिसकी ट्रेड यूनियनों ने कड़ी आलोचना की। डॉ. अम्बेडकर ने विधान सभा में आक्रमण का नेतृत्व किया। बिल का मकसद **बाम्बे औद्योगिक समझौता अधिनियम**-1934 को प्रतिस्थापित कर समझौता वार्ता को अनिवार्य बना कर कुछ कतिपय स्थितियों में हड़ताल को गैर-कानूनी बनाना था। डॉ. अम्बेडकर ने समझौता वार्ता की प्रक्रिया के प्रावधानों की, जो व्यावहारिक तौर पर मजदूरों के संगठित होने के अधिकार को छीनती थी, जमकर आलोचना की। उन्होंने उन प्रावधानों को, जो अवैध हड़ताल के दोषी पाए जाने पर कारावास की सजा की बात करते थे, कानूनन गलत ठहराया। उनकी राय में हड़ताल को एक अपराध नहीं माना जा सकता था। यह केवल एक कानून को तोड़ना और नागरिक त्रुटि थी। उन्होंने इस त्रुटि के शिकार हुए समुदाय को, राहत दिए जाने की वकालत की। उन्होंने सेवा समझौते के उल्लंघन के सम्बन्ध में लोकत्रुटि कानून का हवाला दिया और इस ओर संकेत किया कि नियोजक केवल नुकसान की भरपाई का ही हकदार और न्यायालय किसी व्यक्ति को सेवा के समझौते को, जो व्यक्ति ने किया था, मानने के लिए कभी भी मजबूर नहीं कर सकता।

डॉ. अम्बेडकर ने भारतीय कानून के इतिहास का अध्ययन कर यह देखा कि कैसे समझौते के उल्लंघन को एक अपराध माना गया था। उन्होंने इंगित किया कि ऐसी व्यवस्था सबसे पहले विद्रोह के तुरन्त बाद या इसके दौरान **वर्क मैन्स ब्रीच**

ऑफ कांट्रैक्ट के दौरान की गई थी। इस तरह के प्रावधान का उद्देश्य दस्तकारों व निर्माताओं को, जिन्होंने ब्रिटिश सेना को आवश्यक सामग्री उपलब्ध कराने का समझौता किया था व विद्रोह के दौरान भी उपलब्ध कराना जारी रखना था। यद्यपि यह कानून रहा लेकिन इसका कहीं उपयोग नहीं किया गया और 1920 में इसमें एक संशोधन के जरिए मजिस्ट्रेट को सजा देने के पूर्व यह देखने का अधिकार दिया कि समझौता समानता पर आधारित है या नहीं, फिर चाहे जानबूझकर समझौता तोड़ने वाले कारीगर या कर्मचारी ने अपने नियोजक से अग्रिम राशि ही क्यों न ली हो। 1920 के अधिनियम में गैर-जरूरी व झूठी शिकायत पेश करने पर नियोजक को दंड दिए जाने का प्रावधान भी था। भारतीय दंड संहिता में (आई.पी.सी.) भी साधारण फैक्टरी मजदूर के समझौते के उल्लंघन का मामला शामिल नहीं था। इसमें नाविकों व सीमैन की सेवा, जिसमें संबंधित व्यक्ति को दूर स्थान पर सेवा करनी पड़ती थी और जो मालिक के खर्चे पर भेजा गया तथा विकलांग, असहाय व्यक्ति की सेवा के समझौते के विषय में ही हवाला दिया था। आई.पी.सी. की धारा 491 में शामिल अन्तिम बात को बरकरार रखते हुए बाकी सब को रद्द कर दिया गया था। इस प्रकार डॉ. अम्बेडकर ने प्रमाणित किया कि हड़ताल, जोकि समझौते के उल्लंघन की धमकी है, एक अपराध नहीं है और भारतीय कानून में यह सजा योग्य नहीं था। यह केवल एक नागरिक त्रुटि थी जिसके लिए मुआवजा ही एकमात्र उपाय था। उन्होंने इस बात पर जोर दिया कि भारतीय कानून समझौते के उल्लंघन को अपराध इसलिए नहीं मानता, क्योंकि इसका विचार है कि इसे अपराध मानने का अर्थ है किसी व्यक्ति को उसकी इच्छा के विरुद्ध काम करने के लिए बाध्य करना या उसे गुलाम बनाना। ''अत: हड़ताल को दंडित करना मजदूर को गुलाम बनाने से कुछ कम नहीं है।''

डॉ. अम्बेडकर ने अमेरिका के संविधान का हवाला देते हुए इस बात पर जोर दिया कि गुलामी अनिच्छापूर्वक की जा रही सेवा है और यह न्याय के सिद्धान्त के विपरीत है। हड़ताल के अधिकार के संदर्भ में उनका कहना था कि यह स्वतंत्रता के अधिकार का ही दूसरा नाम था। यह किसी व्यक्ति द्वारा इच्छित शर्तों पर सेवा करने की आजादी के अलावा कुछ नहीं था। यदि एक बार स्वतंत्रता के अधिकार को स्वीकार कर लिया जाए तो हड़ताल के अधिकार को भी अनिवार्यत: स्वीकृति मिल जाती है। उन्होंने पुन: जोर दिया, ''यदि स्वतन्त्रता का अधिकार एक दैवीय अधिकार है तो हड़ताल का अधिकर भी एक दैवीय अधिकार है।''

डॉ. अम्बेडकर ने औद्योगिक विवाद अधिनियम को मजदूरों की नागरिक स्वतन्त्रता का निलंबन करने वाला अधिनियम बताया और कहा कि यह एक सतत गुलामी की स्थापना करेगा। क्योंकि इसमें प्रावधान था, ''अधिनियम के लागू होने पर एक साल तक कोई हड़ताल नहीं की जा सकेगी'' और मजदूरों को 4 माह 25 दिन

के अति जटिल समझौते प्रक्रिया से गुजरना पड़ेगा जिसके दौरान वे कुछ नहीं कर सकते थे। इस तरह की रुकावटें न केवल लोगों को इकट्ठे करने, संगठित करने बल्कि बोलने पर भी लागू थी, कुछ न होकर पूर्ण गुलामी थी। उन्होंने सन् 1929 के अधिनियम में सर जमना दास मेहता और अन्य लोगों द्वारा दिए गए असहमति के प्रस्ताव का हवाला देते हुए संकेत दिया कि--

'पब्लिक यूटिलिटी सर्विस,' जिसे अनिवार्य सेवा नहीं समझा जाता, को हड़ताल पर आपराधिक मामला चलाए जाने के योग्य नहीं माना जाना चाहिए। तथापि इस बात को स्वीकृति दी गई थी कि जल, आपूर्ति, प्रकाश और सफाई जैसी सेवाएँ समाज के वजूद के लिए नितांत जरूरी हैं और उनमें हड़ताल को वैध तरीकों से निरुत्साहित किया जाना चाहिए। इसलिए नहीं कि वह उपयोगी सेवाएँ है बल्कि इसलिए कि यह सामाजिक सुरक्षा सेवाएँ हैं। उन्होंने जन-उपयोगी सेवाओं यथा रेलवे इत्यादि को अनिवार्य सेवाओं की परिभाषा से अलग रखने के पक्ष में तर्क दिए। उनके अनुसार अनिवार्य सेवाएँ वह सेवाएँ थीं जो जन-सुरक्षा और समाज की जिन्दगी के लिए अनिवार्य थीं। उन्होंने श्रमिकों के प्रतिनिधियों के साथ समझौता वार्ता सम्बन्धी प्रावधानों की भी आलोचना की। बिल में यह प्रावधान था कि केवल यह यूनियन ही, जो 50% मजदूरों का प्रतिनिधित्व करती है और यूनियन जिसकी 20% सदस्यता है और नियोजक द्वारा मान्यता प्राप्त है, मजदूरों का प्रतिनिधित्व करने के योग्य थी। उन्होंने इस बात की ओर इशारा किया कि इंग्लैण्ड जैसे औद्योगिक देश में भी यूनियनबद्ध मजदूरों की कुल संख्या 50% से बहुत कम थी और 50% सदस्यता वाली यूनियन को प्रतिनिधि के रूप में मान्यता देना अनुचित और मनमाना था। डॉ. अम्बेडकर ने रजिस्ट्रार को एक ही क्षेत्र में किसी भी उद्योग या धन्धे में एक से ज्यादा यूनियनों का पंजीकरण न करने वाली धारा, का भी विरोध किया। यह राष्ट्रीय स्तर पर यूनियनों के विकास और सामान्य ट्रेड यूनियनों की वृद्धि के मार्ग को सीमित करना था, जैसा कि इंग्लैण्ड और दूसरे पश्चिमी देशों में हो रहा था।

डॉ. अम्बेडकर ने सरकार के इस दावे को कि मिल मजदूर और मालिक को एक समान आधार पर रखना चाहता है, उजागर किया। इस संदर्भ में उन्होंने समता पर आधारित असमानता की विचारधारा को धराशायी करने के लिए शक्तिशाली तर्क दिए। डॉ. अम्बेडकर के निम्नलिखित शब्द बहुत ही प्रासंगिक हैं :

''समानता अनिवार्यतः समता नहीं है। इसलिए कि समाज में समता उत्पन्न हो इसलिए कि समाज में न्याय हो सके, अलग-अलग लोगों से अलग-अलग तरीके से व्यवहार करना पड़ेगा।''

इस तर्क को उचित ठहराने के लिए उन्होंने वृद्धिगत आयकर, जिसमें धनवानों पर लागू आयकर की दर ज्यादा व गरीबों पर लगने वाला आयकर कम होता है, का

हवाला दिया। उन्होंने कहा—क्योंकि दोनों वर्गों की आय क्षमता अलग-अलग होती है अतः उन पर आयकर की दर भी अलग-अलग लागू की जाती है। इस मामले में समानता सबसे बड़ी असमानता पैदा कर सकती है। उन्होंने एक ऐसे परिवार का जिक्र किया जिसमें कई सदस्य हैं और एक सदस्य बीमार है। उस व्यक्ति की बीमारी दूर करने के लिए व जिससे वो ठीक हो जाए, उसे चिकन सूप दिया जा सकता है। जबकि अन्य लोगों को वह सूप नहीं दिया जाता। माँ यदि बीमार सदस्य को चिकन सूप देती है व दूसरों को, जिनकी सेहत बहुत अच्छी है, सूप देने से इंकार करती है तो कोई उस पर दोषारोपण नहीं करता। अतः इस प्रकार यदि शक्तिशाली और कमजोर, अमीर और गरीब व अज्ञानी और बुद्धिमान को एक ही मापदण्ड पर रखने से समता नहीं लाई जा सकती। उन्होंने इस बात पर भी जोर दिया कि मजदूरों की मजदूरी उद्योग के मुनाफे से काटे जाने वाली राशि पर आधारित होनी चाहिए। उन्होंने कहा कि पूँजी और श्रम के बीच समानता को कोई आधार नहीं है, क्योंकि किसी भी झगड़े की देश में सरकार हमेशा नियोजकों के पक्ष में होती है। यह हड़ताल के मामले में सरकार द्वारा पुलिस के उपयोग से साफ हो जाता है। पुलिस बल जनता के पैसे से रखा जाता है और उसे जनता के लाभ के लिए रखा जाता है, अतः कोई भी सरकार इस बात की हकदार नहीं है कि वह पुलिस का इस्तेमाल मात्र इसलिए करे कि वह मजदूरों की हड़ताल शान्ति भंग करती है। हाँ, यदि शान्ति भंग नियोजक की वजह से या उसके अनुचित, असामान्य एवं असमतामूलक रवैए से है तब सरकार को मजदूरों के खिलाफ पुलिस बल के उपयोग को रोकने का कोई अधिकार नहीं है।

मजदूरों के अपने काम की शर्तें तथा काम करने सम्बन्धी आधारभूत अधिकार की रक्षा में इस तरह का शक्तिशाली पक्ष भारतीय मजदूर वर्ग के आन्दोलन में बहुत ही दुर्लभ है। डॉ. अम्बेडकर ने उम्र-भर मजदूरों का शक्तिशाली पक्ष पेश किया।

जब हम अम्बेडकर के श्रमिक और श्रम के साथ सरकार की नीतियों का भी विश्लेषण करते हैं तो हम पाते हैं कि डॉ. अम्बेडकर इस मामले में मार्टिन लूथर किंग से अलग थे। वे मजदूरों को जुझारू बनाना चाहते थे। हालाँकि इसका एक महत्त्वपूर्ण कारण यह भी था कि वे फौजी अधिकारी के बेटे थे। यह वह समय था जब दलित समाज के लोग उत्पीड़न का शिकार थे। इसलिए भी मार्च, 1927 में उन्होंने समता सैनिक दल की स्थापना भी की थी। संक्षेप में कहा जाए तो वे मजदूर को उनके अपने अधिकारों की प्राप्ति हेतु सशक्त और ताकतवर बनाना चाहते थे। फैक्ट्री मालिकों और पूँजीपतियों के सामने मजदूर भीख माँगे या गिड़गिड़ाए, ऐसा वे कदापि नहीं चाहते थे।

संविधान निर्माता डॉ. अम्बेडकर

अम्बेडकर का जन्म तब हुआ जब भारत इतिहास के अजीबोगरीब दौर से गुजर रहा था। उस समय स्वतंत्र आधुनिक राज्य का अस्तित्व उभरने लगा था। भारत के दलितों के लिए अम्बेडकर के द्वारा सामाजिक तथा राजनीतिक सुधारों का आंदोलन आरंभ हो चुका था। ब्रिटिश सामाज्य के अंतर्गत दलित और पिछड़े मुक्ति के स्वप्न देखने लगे थे।

बाबा साहेब डॉ. अम्बेडकर के जीवन की उपलब्धियों को अगर गिनाया जाए तो उनमें संविधान निर्माण का एक महत्त्वपूर्ण स्थान रहा है। प्रजातंत्र को वे सरकार के एक अंग के रूप में नहीं देखते थे बल्कि लोगों की आस्था तथा विश्वास के रूप में महसूस करते थे।

यह ध्यान में रखने वाली बात है कि 1932 में हुए गोलमेज परिषद में भावी संविधान विषयक'श्वेत पत्रिका की पार्श्वभूमि तैयार की गई, जिसमे डॉ. अम्बेडकर का अमूल्य योगदान रहा। यह उक्त परिषद् की रिपोर्ट स्वयं दर्शाती है, उसके बाद इस श्वेत पत्रिका संबंधी भारत मंत्री सॅम्युअर होअर इनकी गवाही **जॉइंट कमेटी ऑन इंडियन कॉन्स्टिट्यूशन** रिफॉर्म के सामने 17 अक्टूबर 1933 को हुई। डॉ. अम्बेडकर इस कमेटी के एक सदस्य होने से उनकी भी गवाही ली गई। इन सब को मद्देनजर रखकर 1935 का कानून तैयार किया गया।

9 दिसम्बर, 1946 को संविधान सभा गठित हुई। पं. नेहरू ने भारतीय संविधान के निर्माण का सुझाव 13 दिसम्बर, 1946 को पेश किया। इस सुझाव पर जयकर ने अपनी ओर से उपसूचना पेश की। जयकर की रखी उपसूचना कितनी उचित है तथा मुस्लिम और अल्पसंख्यक लोगों का हित अखंड भारत में ही सुरक्षित है, इससे संबंधित विचार डॉ अम्बेडकर ने संविधान सभा को संबोधित करते हुए रखे। इसके बाद पं. नेहरू का सुझाव 1947 के जनवरी माह में पारित हुआ।

संविधान तैयार करने हेतु 30 अप्रैल, 1947 को संविधान का मसौदा तैयार करने के आदेश बेनेगल नरसिंघ राव जो संविधान सभा के 'धनात्मक मामले के सलाहकार' के रूप में कार्यरत थे,उन्हें दिया गया। राव ने भारत का कानून 1937 तथा उसके बाद जो कानून बनाए गए उन्हें संकलित कर केवल एक माह के अंदर मसौदे के रूप में 30 मई, 1947 को पेश किया। इसी मसौदे को चौधरी संविधान का मसौदा कहते हैं। जबकि डॉ. अम्बेडकर इसे 'कच्चा मसौदा' (Rough Draft) कहते हैं।

30 अप्रैल, 1947 को ही सरदार पटेल की अध्यक्षता में प्रादेशिक संविधान समिति और पं. नेहरू की अध्यक्षता में 'केंद्रीय समिति' गठित की गई। 30 जून, 1947 को ब्रिटिश शासन द्वारा भारत का विभाजन करने का निर्णय लेने के बाद सरदार पटेल और पं. नेहरू ने अपनी समितियों का वृत्तांत क्रमशः 15 जुलाई, 1947 और 21

जुलाई, 1947 को संविधान सभा को पेश किया। डॉ. अम्बेडकर की योग्यता को कम दिखाने हेतु चौधरी उपर्युक्त दोनों समितियों का संदर्भ देते हुए कहते हैं कि ''डॉ. अम्बेडकर को सरदार पटेल की अध्यक्षता में गठित 25 सदस्यीय प्रादेशिक संविधान सभा में भी शामिल नहीं किया गया। अलबत्ता सरदार की अध्यक्षता में ही गठित एक अन्य समिति मौलिक अधिकार एवं अल्पसंख्यक समिति ने डॉ. अम्बेडकर का नाम 14वाँ था। पं. नेहरू की अध्यक्षता में गठित संघ संविधान समिति में डॉ. अम्बेडकर का नाम सदस्यों की सूची में बिल्कुल अंत में था।'' डॉ. अम्बेडकर हिंदू धर्मीय समाज व्यवस्था में निम्न जाति के होने से उनकी ओर देखने का जो दृष्टिकोण था उसके मुताबिक उनकी योग्यता न देखते हुए उन्हें उक्त स्थानों पर रखा गया, यह उनकी गलती नहीं थी। वास्तव में चौधरी के भी इसी प्रवृत्तिदर्शक विचारों को रखना बिल्कुल उचित नहीं।

29 अगस्त, 1947 को संविधान सभा ने मसौदा समिति की स्थापना की और डॉ. अम्बेडकर को इस समिति के अध्यक्ष पद पर नियुक्त किया। अन्य सदस्यों में सर अलादी कृष्ण स्वामी, सर बी. एन. राव, श्री सैयद, एम. सादुल्लाह, सर एन. गोपाला-स्वामी आयंगर, डॉ. के. एम. मुंशी, सर बी. एल. मित्तर और श्री डी. पी. खेतान आदि चुने गए। बाद में श्री बी.एल. मित्तर के स्थान पर श्री एन. माधव राव और श्री डी.पी. खेतान की मृत्यु के कारण उनके स्थान पर श्री टी.टी. कृष्णम्माचारी को शामिल किया गया।

बाबा साहेब अम्बेडकर को संविधान प्रारूप समिति का अध्यक्ष बनाया जाना भारत के इतिहास की एक अनोखी घटना थी। जिस हिंदू व्यवस्था ने बाबा साहेब और उनके समाज को सदियों से सभी मानवीय और समानता के अधिकारों से वंचित रखा और सदैव जिन्हें उपेक्षा, अवमानना, अपमान और प्रताड़ना का पात्र समझा आज उसी घोर तिरस्कृत पात्र को इस सम्पूर्ण देश की व्यवस्था का दायित्व सौंपना सचमुच एक अत्यंत सम्माननीय और ऐतिहासिक कदम था। पर, एक बात यहाँ स्मरण रखनी होगी। वह यह कि बाबा साहेब अम्बेडकर का संविधान सभा के अध्यक्ष के रूप में चुना जाना उनके प्रति या उनके समाज के प्रति सहानुभूति प्रकट करना न होकर उनका अपने समय का अद्वितीय विद्वान, कानून का व्यापक ज्ञाता होना, संविधान संबंधी साहित्य का गहन अध्ययन होना, अपने दायित्व के प्रति पूर्ण निष्ठा होना, देश-विदेश की सामाजिक, राजनीतिक, धार्मिक और आर्थिक स्थितियों से भली-भाँति परिचित होना, निरन्तर परिश्रमरत रहने की क्षमता और उनके प्रति सुरुचि होना, स्वार्थपूर्ण संकीर्णताओं से पूर्णतया दूर होना, महानतम तर्कशास्त्री तथा अपनी बात से औरों को सन्तुष्ट करने की अपार सामर्थ्य होना तथा गोलमेज सम्मेलनों, पूना समझौते और संविधान सभा की बैठक को स्थगन कराने के संबंध में अपने भाषण व अकाट्य

तर्कों से उपस्थित सम्मानित सदस्यों और जनप्रतिनिधियों तथा अग्रणी नेता गांधी जी को निरुत्तर करना आदि ऐसे गुण कार्य और उपलब्धियाँ थीं जिनके कारण बाबा साहेब डॉ. भीमराव अम्बेडकर को संविधान प्रारूप समिति का अध्यक्ष बनाना भारतीयों की प्रसन्नता उदारता और सहानुभूति से अधिक ऐसी विवशता थी, जिसका कि कोई विकल्प नहीं था। यदि बाबा साहेब को यह दायित्व न सौंपकर किसी और को सौंपा जाता, तो शायद बाबा साहब जैसे गुणी, ज्ञानी और विद्वान पुरुष को सन्तुष्ट करना उसके लिए असंभव न सही अत्यंत दुष्कर कार्य होता। सच तो यह है कि बाबा सहब को यह कठिन दायित्व सौंपकर भारतीय राजनयिकों ने एक बड़ी बला को टाला था, जिसका सम।पन महान विभूति ने बड़ी योग्यतापूर्वक आकर्षक तरीके से किया।

भारतीय संविधान की एक-एक पंक्ति, एक-एक शब्द में बाबा साहेब की गुरु गम्भीरता और विस्तृत ज्ञान के दर्शन होते हैं। जो राव ने संविधान का कच्चा मसौदा तैयार किया था उसकी सभी धाराओं का सूक्ष्म रूप से परीक्षण करके डॉ. अम्बेडकर ने स्वयं अपने शब्दों में धाराओं की रचना की तथा उसमें से कौन-सी धारा को बदलना, घटाना, बढ़ाना आदि निर्णय भी उन्होंने लिए। डॉ. अम्बेडकर को यह नया मसौदा तैयार करने के लिए पाँच माह का समय व्यतीत करना पड़ा। इसी दरम्यान राव ने जो कच्चा मसौदा पेश किया उसकी पूरी जाँच करके नया मसौदा तैयार करने हेतु सात सदस्यीय समिति संविधान सभा ने गठित की। इस तरह राव 7 दिसम्बर, 1946 से 29 अगस्त, 1947 तक 'घटनात्मक मामले' के सलाहकार रहे, बाद में मसौदा समिति के मददगार रहे। डॉ. राजेंद्र प्रसाद का एक पत्र डॉ. अम्बेडकर को प्राप्त हुआ जिसमें निर्देश दिए गए थे कि दिसंबर माह के मध्य संविधान सभा की बैठक होगी जिसके लिए राव द्वारा तैयार किया हुआ मसौदा सभी सदस्यों को वितरित करें। इस पर डॉ. अम्बेडकर के साथ समिति के सभी सदस्यों ने निर्णय लिया कि उक्त कच्चा मसौदा सदस्यों को भेजने की आवश्यकता नहीं चूँकि उपसमितियों की रिपोर्ट को सम्मिलित करके नया मसौदा तैयार करना आवश्यक है। राव प्रथमत: 16 दिसंबर, 1947 को 16वीं मसौदा समिति की बैठक में हाजिर हुए थे। उस समय तक 58 धाराओं में मूलत: बदलाव किया गया था। मसौदा समिति की कुल 44 सभाएँ हुईं, जिसमें तैयार की गई कुल 24 धाराओं में प्राथमिक रूप से बदलाव न करने को उचित ठहराया गया। लेकिन बाद में डॉ. अम्बेडकर की सलाह के अनुसार उनमें भी बदलाव किए गए।

संविधान सभा में संविधान तैयार करने हेतु विभिन्न समितियाँ जैसे यूनियन पॉवर्स कमेटी, यूनियन कॉन्स्टिट्यूशन कमेटी, प्रॉविंशियल कॉन्स्टिट्यूशन कमेटी, अल्पसंख्यक और आदिवासी विभाग समिति, मूलभूत अधिकार सलाहकार समिति आदि गठित की थीं। इन समितियों की रिपोर्ट प्राप्त होने पर उनकी पूरी जाँच-पड़ताल की

गई। समितियों की जिन सूचनाओं का मसौदा दी समिति ने अस्वीकार किया उसके कारण दर्शायी हुई रिपोर्ट डॉ. अम्बेडकर ने संविधान सभा को 21 फरवरी, 1948 को पेश की। इस तरह डॉ. अम्बेडकर ने संविधान का मसौदा स्वयं तैयार करके संविधान सभा के सभी सदस्यों को भेजा, जो 26 फरवरी, 1948 के भारत सरकार के गजट में प्रकाशित हुआ और संविधान सभा को 4 नवम्बर, को पेश किया।

जो संविधान का नया मसौदा तैयार करने के लिए सात सदस्यों की समिति गठित की गई उनमें से कितने सदस्यों ने डॉ. अम्बेडकर को सहयोग दिया और आखिर मसौदा तैयार करने की पूरी जिम्मेदारी डॉ. अम्बेडकर के कंधों पर किस तरह आई, यह दर्शाते हुए संविधान सभा के सदस्य टी.टी. कृष्णम्माचारी कहते हैं, ''सदन संभवत: इस बात से अवगत है कि आपके द्वारा सात मनोनीत सदस्यों में से एक मर गया। उसका स्थान नहीं भरा था। एक सदस्य अमेरिका में ही रहा। उसका स्थान भी रिक्त ही रहा। एक अन्य सदस्य अपने राजप्रबंध की समस्यओं से ही निवृत्त नहीं हुआ। उसकी भी कमी ही रही। एक या दो सदस्य दिल्ली से पर्याप्त दूर रहे और संभवत: स्वस्थ प्रारूप तैयार करने का काम अंत में अकेले डॉ. अम्बेडकर के कंधों पर ही पड़ गया। मैं उनका अतिशय धन्यवादी हूँ कि उन्होंने इस काम को कितने प्रशंसा योग्य ढंग से निभाया है।'' इससे प्रतीत होता है कि ''कृष्णास्वामी अय्यर की अध्यक्षता में गठित सात सदस्यीय समिति ने मसौदा पर अपनी रिपोर्ट संविधान सभा को पेश की।'' यह चौधरी का कहना कितना भ्रामक एवं असत्य है।

उपर्युक्त विश्लेषण से यह अस्पष्ट होता है कि राव के संकलित किए हुए कच्चे मसौदे की जगह डॉ. अम्बेडकर ने विभिन्न समितियों के वृत्तांत ध्यान में रखकर नया मसौदा स्वयं तैयार किया और उसे संविधान सभा के सामने चर्चा हेतु पेश किया।

संविधान को अंतिम स्वरूप प्राप्त होने के बाद घटना समिति के एक सदस्य श्री रामचंद्र गुप्ता कहते हैं, ''मूल संविधान के मसौदे में आमूल बदलाव हुआ है यह सत्य है। यह बदल पूर्णत: बदलाव आए परिस्थिति के अनुसार आवश्यक है।''

डॉ. बाबा साहेब अम्बेडकर ने 1949 में पूरा संविधान तैयार करके दिया। उक्त संविधान सभा में मान्यता प्राप्त करवा ली थी। सभा के सभी सदस्यों को विशिष्ट धारा का अर्थ, उसका संदर्भ, परिणाम, अन्य धाराओं से रखा हुआ संबंध आदि डॉ. अम्बेडकर समझाकर बताते थे, और बाद में उक्त धारा पर उनका मत आजमाया जाता था। इसके पहले सूचना, उपसूचना आने पर पूरी तरह चर्चा होती थी। इस पूरी प्रक्रिया के बाद मतदान के अनुसार उक्त धारा स्वीकृत होती थी। डॉ. अम्बेडकर का प्रत्येक धारा पर इतना प्रभुत्व था कि संविधान सभा में पूरी चर्चा होने के बाद अध्यक्ष राजेंद्र प्रसाद डॉ. अम्बेडकर को पूछते थे कि उक्त धारा मंजूर की जाए या नहीं। डॉ. अम्बेडकर

का अपना मत प्रदर्शित करने के बाद ही धाराओं को मंजूरी या नामंजूरी प्रदान की जाती थी। उदाहरण के तौर पर धारा 14, 25, 115 आदि पर हुई बहस से बहुत ही स्पष्ट होता है।

डॉ. अम्बेडकर ने 17 नवंबर, 1949 को संविधान तृतीय वाचन के लिए संविधान सभा को पेश किया। डॉ. अम्बेडकर ने संविधान निर्माण में जो मेहनत की शेष सदस्यों ने प्रशंसा की। उत्तर देने हेतु जो 25 नवंबर, 1949 को भाषण दिया, उसमें वह कहते हैं, ''दिनांक 9 दिसंबर, 1946 को संविधान सभा की पहली बैठक हुई, इस आधार पर संविधान सभा के कार्य को शुरू हुए 2 वर्ष 11 माह तथा 17 दिन हुए। इस अवधि में संविधान सभा के कुल 11 अधिवेशन हुए। इनमें से 6 अधिवेशनों में उद्देशकों को प्रस्ताव तथा मूल अधिकार, केंद्रीय संविधान, केंद्र के अधिकार. प्रांतीय संविधान, अल्पसंख्यक जनजाति, शिड्यूल विभाग तथा अनुसूचित जनजाति से संबद्ध समितियों पर विचार-विमर्श किया गया। संविधान सभा के 11 अधिवेशनों में कुल 165 दिन होते हैं। इनमें से घटना मसौदे की चर्चा के लिए केवल 124 दिनों का ही उपयोग किया गया। संविधान समिति की बैठक के अनुसार संविधान मसौदा कमेटी की बैठक का अहवाल प्रस्तुत करना उपयुक्त होगा। इसी से संविधान के कार्य तथा उसे पूरा करने के लिए लगाए गए समय का सही अंदाजा लगाया जा सकेगा। 29 अगस्त, 1947 को संविधान समिति ने मसौदा समिति का चयन किया एवं दूसरे ही दिन यानी 30 अगस्त, 1947 को मसौदा कमेटी की पहली सभा ली गई, उस दिन से 141 दिन तक मसौदा कमेटी का कामकाज चला। मूल संविधान मसौदे में कुल 243 धाराएँ तथा 13 परिशिष्ट थे। तदुपरांत मसौदा समिति ने उसमें फेरबदल कर संकलित मसौदा तैयार कर संविधान समिति के समक्ष प्रस्तुत किया। उस समय धाराओं की संख्या 315 से 385 तक बढ़ाई गई। अब अंतिम रूप में संविधान मसौदे में कुल 395 धारा तथा 8 परिशिष्ट हैं। इस सारी उठापटक में लगभग 7625 उपसूचनाएँ प्रस्तुत की थीं, इनमें से 2473 उपसूचनाओं को सभागृह में सीधे चर्चा के लिए रखा गया।

डॉ. अम्बेडकर ने 25 नवंबर, 1949 के भाषण में कहा, ''संविधान की रचना करने का जो गौरव मुझे प्रदान किया गया है उसका मैं अकेला हकदार नहीं हूँ। भारत सरकार के संवैधानिक सलाहकार के रूप में उन्होंने संविधान की स्थूल रूपरेखा मसौदा समिति के सामने रखी थी—यथापित उनसे भी अधिक श्रेय सरकार के प्रमुख 'ड्राफ्टमैन' श्री एस. एन. मुखर्जी को दिया जाना चाहिए। अत्यंत जटिल एवं उलझी हुई संरचनाओं को सरल एवं कानूनी भाषा में लिख लेने की उनकी क्षमता है। उनकी सहायता के बिना संविधान निर्माण करने में और भी कई साल लग सकते थे।'' डॉ. अम्बेडकर के विचारों की ऊँचाई आसमान से भी ज्यादा होने से, यद्यपि उन्होंने संविधान निर्माण में मुख्य भूमिका निभाई, उनकी महानता है। वास्तव में डॉ. अम्बेडकर ने राव

से ज्यादा श्रेय एस. एन. मुखर्जी को दिया, यह ध्यान में लेना आवश्यक है।

अंततः 26 नवंबर, 1949 को संविधान स्वीकृत करने का सुझाव रखा गया। उस वक्त संविधान सभा के अध्यक्ष डॉ. राजेंद्र प्रसाद कहते हैं, ''सभापति के आसन पर बैठकर मैं प्रतिदिन की कार्यवाही को ध्यानपूर्वक देखता रहा और इसलिए प्रारूप समिति के सदस्यों, विशेषकर उसके अध्यक्ष डॉ. अम्बेडकर, ने कितनी निष्ठा और उत्साह से अपना कार्य पूरा किया, इसकी कल्पना औरों की अपेक्षा मुझे अधिक है। डॉ. अम्बेडकर के प्रारूप समिति में शामिल करने और उसका अध्यक्ष नियुक्त करने से बढ़कर कोई और अच्छा हम दूसरा काम कर सके। उन्होंने अपने चुनाव को न केवल न्यायोचित ठहराया है, बल्कि उस काम में क्रांति का योगदान दिया जिसे उन्होंने संपन्न किया।''

संविधान निर्माण में निरन्तर परिश्रमरत रहने के कारण बाबा साहेब बहुत थकान और कमजोरी का अनुभव करने लगे थे। अगस्त 1947 अर्थात् भारत की स्वतंत्रता, संविधान सभा की घोषणा और संविधान निर्माण की प्रक्रिया के शुरू होने के पश्चात् उन्हें एक भी दिन पूरी नींद नसीब नहीं हुई थी। उनकी सेहत दिन-प्रतिदिन गिरती जा रही थी। ऐसे में उन्हें चिकित्सकों व चिकित्सालय की शरण लेनी पड़ी। चिकित्सालय में उनकी भेंट कृष्णराव बी. कबीर की पुत्री डॉ. शारदा कबीर से हुई। इस वक्त उन्हें वास्तव में एक ऐसे विश्वसनीय और अंतरंग साथी व सहयोगी की आवश्यकता भी थी जोकि कष्ट के क्षणों में उनकी देखभाल कर सके। जब भी रात में देर-सबेर 'न्यूरोटिक पेन' से वह तड़फड़ा उठते डॉ. शारदा कबीर बड़ी निष्ठापूर्वक उनकी सेवा-सुश्रूषा करतीं। उनकी इस सेवा में व्यावसायिकता न होकर अंतरंगता और अपनापन छिपा होता था। वह सदैव उनके स्वास्थ्य के बारे में चिन्तित रहती थीं। कभी-कभी तो जानलेवा पीड़ा के कारण कई-कई रात बाबा साहेब सो न पाते। टाँगों का दर्द शीघ्र ही कम नहीं होता और उनकी स्थिति में आशाजनक सुधार नहीं होता तो वह स्थायी रोग के शिकार हो सकते हैं। उनकी देखभाल के लिए किसी का होना बहुत जरूरी है। विशेषज्ञ डॉक्टरों की इस सलाह ने बाबा साहेब को अपने जीवन के उस पहलू पर सोचने के लिए बाध्य किया, जिसके बारे में अपनी प्रथम पत्नी की अकाल और असामयिक मृत्यु के पश्चात् उन्होंने सोचना बिल्कुल छोड़ दिया था। सामाजिक व राजनीतिक व्यस्तताओं ने बाबा साहेब के समय पर इतना आधिपत्य जमा लिया था कि निजी जिन्दगी और आत्मसुख उनके लिए महत्त्वपूर्ण नहीं रह गए थे। आधुनिक होते हुए भी मन से बाबा साहेब किसी भी सर्वोच्च तपस्वी से कम नहीं थे।

14 नवंबर को 11वें सत्र के उद्घाटन के अवसर पर बाबा साहेब अम्बेडकर द्वारा संविधान के लिए किए गए अथक परिश्रम और अद्भुत योग्यतापूर्वक संविधान

संबंधी सेवाओं का स्मरण कर मद्रास के मनुस्वामी पिल्लै ने दक्षिण भारत के विशिष्ट दलितों के भारतीय योगदान का उल्लेख करते हुए कहा कि दलितों में से नंदनार एक महान उपासक, तिरु पासानलवर एक वैष्णवी संत, तिरुवल्लुवर एक महान दार्शनिक और अब डॉ. अम्बेडकर ने अपनी अद्‌भुत योग्यता का परिचय संविधान निर्माण में देकर यह सिद्ध कर दिया है कि दलित भी अवसर मिलने पर किसी भी ऊँचाई तक जा सकते हैं और विश्व की सेवा कर सकते हैं। उपाध्यक्ष ने बाबा साहेब को बधाई दी और उनकी सेवाओं को सराहा। इसी अवसर पर कांग्रेस के पं. ठाकुरदास भार्गव ने बाबा साहेब अम्बेडकर को कांग्रेस में आने का निमंत्रण दिया।

संविधान प्रारूप के संबंध में सदस्यों द्वारा कुछ आपत्तियाँ भी की गईं जिनमें प्रमुख थीं—(1) प्रांतों की अपूर्ण स्वायत्तता और निर्भरता अर्थात् केन्द्र का उन पर अनावश्यक अंकुश होना, (2) गांधीजी के केंद्र के विकेन्द्रीकरण के सूत्र को न मानना तथा उनके सामाजिक व आर्थिक आदर्शों को न मानना, (3) गौ-हत्या के विरोध में प्रावधान न करना, (4) संविधान का बहुत से संविधानों का मिश्रण होना तथा संविधान में वकीली मानसिकता का बाहुल्य होना आदि ऐसे कारण थे, जिनको बढ़ा-चढ़ाकर पेश किया गया। पर ये विरोध महान तर्कशास्त्री के समक्ष पानी के बुलबुले से अधिक टिकाऊ सिद्ध नहीं हुए। अपने प्रारंभिक भाषण में ही बाबा साहेब ने अपने प्रत्युत्तरों से सभी आपत्तिकर्ताओं को निरुत्तर कर दिया।

25 नवंबर को बाबा साहेब ने अपने संविधान प्रारूप समिति के अध्यक्ष चुने जाने पर आश्चर्य व्यक्त करते हुए सभी संबंधित लोगों का आभार प्रकट किया। उन्होंने संविधान सभा के परामर्शदाता श्री बी. एन. राव तथा श्री कामथ, देशमुख, सक्सेना, शाह, पंडित ठाकुरदास, सिद्धवा और कुंजरू व सचिवालय के सभी अधिकारियों व कर्मचारियों के प्रति भी उनके सहयोग के लिए आभार प्रकट किया।

इस अवसर पर बाबा साहेब ने पुन: दोहराया कि किसी संविधान की उपयोगिता उस संविधान से अधिक उसको लागू करने वाले पर निर्भर करती है कि वे उसके प्रति कितनी ईमानदारी और निष्ठा बरतते हैं। उन्होंने भारत की पुरातन दासता के कारणों पर प्रकाश डालते हुए हिंदू शासकों की स्वार्थपरता, राजनीतिक अज्ञानता, राष्ट्रीयता की भावना का अभाव तथा पारस्परिक वैमनस्य और धर्मान्धिता की ओर ध्यान दिलाते हुए वर्तमान संविधान को इन सबका विकल्प सिद्ध किया और देश के पुन: विभाजन की आशाओं को नकारा। उन्होंने कहा, यह तभी संभव होगा कि जब जाति, धर्म, वंश, सम्प्रदाय और क्षेत्रीयता के स्तर से ऊपर उठकर हम केवल राष्ट्र के हित में सोचें और उसके लिए निष्ठापूर्वक समर्पित हों। इसके लिए उन्होंने संवैधानिक प्रावधानों के व तरीकों के आधार पर अपने सामाजिक व आर्थिक ध्येयों की पूर्ति को आवश्यक बताया तथा गांधीजी के नागरिक असहयोग, नागरिक नाफरमानी तथा सत्याग्रह जैसे तरीकों

को अराजकता का स्रोत बताया और लोकतंत्र के लिए पूर्णतया अनुचित माना। वैसे यह भी सब तरीके व्यक्ति को आत्मविनाश की ओर ले जाते हैं, जिनसे शोषित को लाभ न होकर शोषक को ही होता है। वे तरीके ही कारगर सिद्ध होते हैं जिनसे शोषक के पाँव के नीचे की जमीन खिसकती हो। दलितों को अपने अभियानों व आंदोलनों के सन्दर्भ में इन आत्मविनाशक सत्याग्रही प्रवृत्तियों को त्यागना होगा। इस प्रवृत्ति से नेतृत्व संघर्षशील व निष्ठावान व्यक्ति के हाथों से निकलकर पूँजीवादी, समृद्ध वर्ग और सशक्त शोषक के हाथों में आ जाता है। इससे संघर्ष का मूलोद्देश्य तो समाप्त हो ही जाता है आंदोलन भी बीच में दम तोड़कर वर्षों तक के लिए अपने आंदोलनकारियों को निरुत्साहित व हताश कर जाता है।

बाबा साहेब अम्बेडकर व्यक्ति-पूजा की अपेक्षा सिद्धांतों और मुद्दों को महत्त्व देते थे। वह भारत की व्यक्ति-पूजा जोकि भक्तिभाव की देन है, को व्यक्ति के आत्मसंतोष तक तो अनावश्यक नहीं मानते थे, परन्तु राजनीति में वह व्यक्ति-पूजा को पतनोन्मुखी और तानाशाही प्रवृत्ति का द्योतक मानते थे। इसलिए उन्होंने इस अवसर पर सावधान करते हुए भारतवासियों के लिए व्यक्तिपूजा को सर्वाधिक घातक बताया था। इसी सन्दर्भ में उन्होंने उपस्थित सदस्यों को सचेत किया था कि किसी व्यक्ति के मात्र सम्मानित होने के नाते, किसी स्त्री के मात्र चरित्रवान होने के नाते और किसी देश के मात्र स्वतंत्र होने के नाते उनके प्रति कृतज्ञ नहीं हुआ जा सकता। विशेषकर भारत के लिए तो यह प्रवृत्ति और भी विनाशकारी है। उन्होंने भारत को केवल राजनीतिक लोकतंत्र प्राप्त करके संतुष्ट हो जाने की अपेक्षा सामाजिक और आर्थिक लोकतंत्र प्राप्त करने की भी कामना की। क्योंकि उनकी सुविचारित और सुस्पष्ट मान्यता थी कि भारतीय समाज में आर्थिक और सामाजिक रूप से भारी असमानता व्याप्त थी। अन्त में उन्होंने भारत राष्ट्र को एक राष्ट्र के रूप में बनाने के लिए पृथकतावादी जाति-प्रथा को समाप्त करके जातिविहीन समाज की स्थापना की अपील की।

बाबा साहेब अम्बेडकर का यह तथ्यपूर्ण, सारगर्भित व ओजस्वी भाषण 40 मिनट का था और अगले दिन देश के सभी पत्रों में इसे बड़े हर्षोल्लास के साथ प्रकाशित किया गया तथा इसी के साथ संविधान सभा द्वारा 26 नवंबर, 1949 को बाबा साहेब अम्बेडकर द्वारा लिखित संविधान को अपना लिया गया।

भारतीय संविधान की निर्माण प्रक्रिया और उससे जुड़े आवश्यक तथ्यों का उल्लेख करना भी अनुपयुक्त न होगा। ऐसा इसलिए भी आवश्यक हो जाता है कि आम आदमी को, विशेषकर अल्पशिक्षित और दलितों को, इसकी अपर्याप्त जानकारी है। अत: कमधार इस जानकारी को आम आदमी और युवा वर्ग की जानकारी हेतु प्रस्तुत किया जा रहा है।

संविधान सभा ने प्रत्येक दस लाख की जनसंख्या के लिए सदस्य नियुक्त

किया था। इस सूत्र के आधार पर संविधान सभा में विभिन्न प्रांतों के अधिक-से-अधिक 296 सदस्य हो सकते थे और रियासतों के 93 सदस्य। प्रांतों के इन 193 सदस्यों का साम्प्रदायिक दृष्टि से इस प्रकार बँटवारा किया गया—मुसलमानों के 79 प्रतिनिधि, सिखों के 4 प्रतिनिधि तथा 213 सामान्य स्थान (सिखों और मुसलमान को छोड़कर शेष सभी वर्गों को दिए गए स्थान)। चुनाव के तुरन्त पश्चात् संविधान सभा में विभिन्न दलों और वर्गों की स्थिति इस प्रकार थी :

कांग्रेस पार्टी	—	204
मुस्लिम लीग	—	73
आजाद सदस्य	—	6
सिक्ख	—	4
पंजाब की यूनियनिस्ट पार्टी	—	3
दक्षिण की जस्टिस पार्टी	—	1
बंगाल की कृषक प्रजा पार्टी	—	1
अनुसूचित जाति संघ (शै. का. फे.)	—	1
हिन्दू महासभा	—	1
ऐंग्लो इंडियन	—	1
कम्युनिस्ट	—	1
कुल =		296

ऊपर दी गई संख्याएँ देश के विभाजन से पूर्व की हैं। विभाजन के बाद प्रांतों के केवल 235 और देशी रियासतों के 73 प्रतिनिधि रह गए। संविधान के अन्तिम वाचन पर इन्हीं 308 सदस्यों (235+73) ने हस्ताक्षर किए थे।

संविधान सभा के प्रतिनिधियों को प्रत्यक्ष रूप से भारत के सामान्य नागरिकों द्वारा नहीं चुना गया था। इसमें चुनाव आनुपातिक प्रतिनिधित्व के आधार पर एक हस्तांतरणीय प्रणाली को अपनाया गया था। जहाँ तक रियासतों का प्रश्न है, आधे प्रतिनिधि राजाओं द्वारा मनोनीत किए गए और आधे जनता द्वारा चुने गए।

संविधान सभा अधिवेशन की प्रथम बैठक की अध्यक्षता सच्चिदानन्द सिन्हा ने की। यह आदर उन्हें संविधान सभा के सबसे वयोवृद्ध सदस्य होने के नाते दिया गया। इस सभा में 210 सदस्य उपस्थित थे। 11 दिसंबर 1946 को संविधान सभा की बैठक में डॉ. राजेन्द्र प्रसाद को संविधान सभा का स्थायी अध्यक्ष नियुक्त किया गया। इसके दो दिन बाद नेहरू जी ने संविधान का उद्देश्य प्रस्ताव सभा में प्रस्तुत किया, जो 22 जनवरी 1947 को पारित किया गया। इस उद्देश्य प्रस्ताव में मुख्य बातें इस प्रकार थीं :

1. भारत एक पूर्ण संप्रभुतासम्पन्न गणराज्य होगा, जो स्वयं अपने संविधान का

निर्माण करेगा।

2. भारत संघ में ऐसे सभी क्षेत्र शामिल होंगे, जो इस समय ब्रिटिश भारत में हैं, या देशी रियासतों में हैं या इन दोनों से बाहर ऐसे क्षेत्र हैं जो प्रभुतासम्पन्न भारत संघ में शामिल होना चाहते हैं।

3. भारतीय संघ तथा उसकी इकाइयों में समस्त राजशक्ति का मूल स्रोत स्वयं जनता होगी।

4. भारत के नागरिकों को सामाजिक, आर्थिक और राजनीतिक न्याय, व्यवसाय, संघ निर्माण और कार्य की स्वतंत्रता, कानून तथा सार्वजनिक नैतिकता के अधीन प्राप्त होगी।

5. अल्पसंख्यकों, पिछड़ी जातियों और आदिम जातियों के हितों की रक्षा की समुचित व्यवस्था की जाएगी।

6. शेष शक्तियाँ इकाइयों के पास रहेंगी।

7. शासन व्यवस्था 'आधुनिक' हो अर्थात् एक ऐसी व्यवस्था, जिसमें किसी अंधविश्वास को स्थान न हो, जिसमें ऊँच-नीच व छुआछूत के लिए कोई स्थान न हो तथा जो देश की वैज्ञानिक उन्नति व औद्योगिक विकास के मार्ग प्रशस्त कर सके।

8. शासन व्यवस्था 'सक्षम' अथवा 'कुशल' हो। अर्थात् एक ऐसी व्यवस्था जो देश की राजनीतिक एकता को पुष्ट करे तथा प्रशासन में कुशलता व सुधार लाए। अंग्रेजों ने सिविल सर्विस तथा अखिल भारतीय सेवाओं का जो ढाँचा इस देश में निर्मित किया था, उसके प्रति संविधान निर्माताओं के हृदय में भी आदर का भाव था।

बाबा साहेब अम्बेडकर का संबंध निर्धन व दलित वर्ग से था, इसलिए पूँजीवाद के प्रति उनका मोह कतई नहीं था। परन्तु साम्यवाद भी उनको व कुछ लोगों को छोड़कर शेष सदस्यों को बिल्कुल पसंद नहीं था। अत: आर्थिक क्षेत्रों में देश को आधुनिक व प्रगतिवादी बनाने की इच्छा सभी की थी। नेहरूजी की भी यही मंशा थी। इसलिए मिश्रित अर्थव्यवस्था को उन्होंने अपना आधार माना। मिश्रित अर्थव्यवस्था से तात्पर्य यह है कि राज्य कुछ महत्त्वपूर्ण वस्तुओं व सेवाओं के उत्पादन को अपना दायित्व समझकर सँभाले और शेष को निजी हाथों में बना रहने दे। साम्यवादी देशों के ठीक विपरीत संविधान ने संपत्ति के अधिकार को नागरिकों का मूलभूत अधिकार माना। उसने यह भी स्वीकार किया है कि नागरिकों को कोई भी व्यापार, धन्धा, नौकरी आदि देश के किसी भी क्षेत्र में करने की स्वतंत्रता है, हाँ, इतना अवश्य है कि संपत्ति का अधिकार व कारोबार की स्वतंत्रता असीमित नहीं है।

फिर भी इस संविधान में पूर्ण समाजवाद की अपेक्षा की गई है। पहली तो यह है कि भारत के नागरिकों को 'जीविका का अधिकार' (Right of work) प्राप्त नहीं है। रूस व चीन में प्रत्येक नागरिक अपने गुण व योग्यता के अनुसार काम पाने

का अधिकारी है, पर भारत का संविधान इस विषय में मौन है। हाँ, अब अवश्य इस बारे में विचार-विमर्श किया जा रहा है। यदि ऐसा होता है तो निश्चय ही यह एक शुभ संकेत होगा और देश की समृद्धि इससे बढ़ेगी। दूसरे, 'व्यक्तिगत संपत्ति' का अधिकार भी इसको पूर्ण समाजवादी के दायरे में नहीं रहने देता, क्योंकि साम्यवादी देशों में व्यक्तिगत संपत्ति अर्जित करने का किसी को अधिकार नहीं होता। लगता है राजा-रजवाड़ों, समृद्ध व धनी लोगों के संविधान सभा में अधिक संख्या में होने के कारण व्यक्तिगत संपत्ति के अधिकार का खंडन और इसके विकल्प का अभाव संविधान निर्माताओं के लिए एक कठोर विवशता बन गई हो।

संविधान के उद्देश्य पूँजीवाद की परिधि में भी नहीं आते। कुल मिलाकर संविधान निर्माताओं का उद्देश्य एक लोक-कल्याणकारी राज्य की ओर था, जिसे बाबा साहेब अम्बेडकर जैसे विधि विशेषज्ञ के नेतृत्व में कुशलतापूर्वक सम्पन्न किया गया था। आर्थिक व राजनीतिक अन्तरों को समाप्त करके राजा और रंक को बराबर की इकाई ही मानना इस संविधान का परम ध्येय था।

26 नवंबर, 1947 को संविधान को ध्वनिमत से पारित कर दिया गया। इसी दिन यह भी निश्चित किया गया कि 26 जनवरी को संविधान को लागू किया जाए। इसके पीछे मूल धारणा यह थी कि इसी दिन भारतवासियों ने भारत की पूर्ण स्वतंत्रता की शपथ ली थी।

5

निष्कर्ष

भारत में जाति सम्बन्धों और यूरोप, विशेषरूप में अमेरिका, में नस्ल सम्बन्धों के इतिहास के तुलनात्मक अध्ययन से इन भूभागों के समाज में जाति तथा नस्ल के उद्‌भव और परस्पर तनाव के बारे में अच्छी-खासी जानकारी मिलती है। यही नहीं बल्कि इन दोनों देशों में, उदाहरण के लिए अमेरिका में, काले-गोरों और भारत में सवर्ण तथा दलितों के बीच अस्मिता के संघर्ष के बारे में भी मालूम चलता है।

इतिहासकारों और चिंतकों से अलग क्या हम यह मान लें कि इन दोनों मानवीय समुदाय के बीच घृणा तथा द्वेष ही तनाव पैदा करने के लिए जिम्मेदार है। आरंभिक आर्य समाज ने भारत में वर्ण (रंग) के आधार पर विषमता की स्थिति को पैदा किया था। उस चरण में आर्य और द्रविड़ों के बीच शारीरिक सम्बन्ध रहे थे। हालाँकि इस तरह के सम्बन्धों को वरीयता नहीं दी जाती थी। बाद में जातीय आधार पर रूढ़ता आर्यों की विशेषता बन गई। इस तरह जातीय सवालों तथा जातीय स्वच्छता के सिद्धान्तों को कुछ कट्टर धार्मिक लोगों ने और भी अधिक संकुचित बना दिया।

यह भी देखा गया कि जैसे-जैसे शहरीकरण हुआ, उद्योग-धंधों का विकास हुआ। इन सबके चलते हुए विकसित हो रहे समाज के बीच नस्ल तथा जाति के सवाल पीछे छूट जाने चाहिए थे, लेकिन ऐसा हुआ नहीं। जातीय व्यवस्था और भी अधिक मजबूत होती गई। भारत में ब्राह्मण जाति ने कभी नहीं चाहा कि शूद्र भी जीवन के प्रत्येक क्षेत्र में प्रगति करें। ब्राह्मण अभी भी अपने-आप को सर्वश्रेष्ठ समझता था। मध्यकाल में यही स्थिति अमेरिका में रही। जहाँ तक देखा गया कि चर्च और मन्दिरों ने भी वैसी सजग और सुधारात्मक भूमिका नहीं निभाई जैसी कि उन्हें निभानी चाहिए थी। हालाँकि दोनों देशों में महापुरुषों ने नस्लीय और जातीय आधार पर घृणा और द्वेष के वातावरण को दूर कर सद्‌भावना लाने के प्रयास किए थे।

यूँ दक्षिण अफ्रीका के साथ भारतीय जनता का काफी पुराना सम्बन्ध रहा है। अब से लगभग 140 वर्ष पूर्व नटाल की सरकार और भारत की अंग्रेज सरकार के बीच एक समझौते के फलस्वरूप यहाँ से भारतीय मजदूरों का पहला दल 16 नवंबर, 1860 को नटाल पहुँचा था। यद्यपि कानूनी तौर पर ब्रिटेन में गुलामी प्रथा समाप्त हो

चुकी थी और दोनों सरकारों के बीच समझौते में कहा गया था कि इन मजदूरों के साथ नस्ल या रंग के आधार पर कोई भेदभाव नहीं होना चाहिए, पर वास्तविकता यह थी कि इन मजदूरों को गुलामों जैसी जिंदगी बसर करनी पड़ती थी। चूँकि ये मजदूर एक समझौते के तहत गए थे, इसलिए यह इसी नाम से प्रचलित हो गए, यही शब्द बिगड़ कर 'गिरमिट' हो गया और इन मजदूरों को 'गिरमिटिया' मजदूर कहा जाने लगा। इन मजदूरों ने अपनी मेहनत से वहाँ की जमीन को उपजाऊ बनाया और देश के आर्थिक विकास में काफी योगदान दिया।

समझौते की अवधि समाप्त होने पर गिरमिटिया मजदूर स्वतंत्र हो जाने के बाद वहाँ बसते चले गए और देखते-देखते देश के प्रमुख हिस्सों (नटाल, ट्रांसवाल, ऑरेंज फ्री स्टेट और केप कालोनी) में भारतीया स्वतंत्र मजदूर तथा व्यापारी जमते चले गए।

यह भी देखा गया कि गोरों के व्यवहार के कारण अपमानजनक जिंदगी गुजारने के बावजूद भारतीयों के अंदर आर्थिक सम्पन्नता आ गई।

भारत तथा अमेरिका में गुलामगीरी के सम्बन्ध में ज्योतिबा फुले के विश्लेषण से एक बात सामने आती है, जैसा कि वे कहते भी हैं कि पश्चिमी देशों के अंग्रेज, फ्रेन्च आदि दयालु, सभ्य राज्यकर्ताओं ने इकट्ठा होकर गुलामी प्रथा पर कानूनन रोक लगा दी है। इसका मतलब यह हुआ कि उनके यहाँ मनु जैसा विधान नहीं था। जैसा हमारे देश में मनुसंहिता में लिखा गया है कि ब्राह्मण ने अपने मुँह से ब्राह्मण वर्ण को पैदा किया और इन ब्राह्मणों की सेवा करने के लिए शूद्रों की उत्पत्ति पाँव से हुई।

मूलत: 1872 में प्रकाशित ज्योतिबा फुले की पुस्तक 'गुलामगीरी' तत्कालीन सामाजिक व्यवस्था के खिलाफ शूद्रों और अछूतों का घोषणा पत्र था।[1] जिस तरह कार्लमार्क्स ने 1848 में पश्चिमी यूरोप के औद्योगिक समाज के सबसे ज्यादा शोषित और उत्पीड़ित समाज के अधिकारों को रेखांकित करते हुए 'कम्युनिस्ट घोषणापत्र' जारी किया था।

पर असल में अमेरिका में काले लोगों की उन दिनों वैसी स्थिति न थी जैसा ज्योतिबा फुले की इन पंक्तियों से आभास होता है। अमेरिका की स्वतंत्रता की हवा को जरूर ही बाहर के देशों, विशेषतौर से भारत में रहने वालों ने अनुभव किया होगा लेकिन स्वयं काले गोरों के बीच कितनी विषमता थी, इसका अहसास आसानी से नहीं होता। अगर वास्तव में ही वहाँ स्वतंत्रता थी तो फिर 1854 में लिंकन द्वारा बनाई गई रिपब्लिकन पार्टी के घोषणापत्र में दास-प्रथा समाप्त करने की बात दर्ज क्यों की जाती?

वी. एम. तारकुंडे लिखते हैं कि मनुष्य के अधिकारों एवं कर्तव्यों का जन्म इस तथ्य से होता है कि लोग साथ-साथ समाज में रहते हैं। समाज में सहयोग से रहना

मानव अस्तित्व के लिए आवश्यक है। सामाजिक जीवन के अभाव में व्यक्तियों का कल्याण एवं विकास असंभव हो जाएगा।[2]

स्वतंत्रता नकारात्मक अवधारणा नहीं है। इसका मतलब सिर्फ प्रतिबंधों से स्वतंत्रता नहीं है। स्वतंत्रता का मतलब प्रतिबंधों से स्वतंत्रता के साथ-साथ अभाव और असुरक्षा से स्वतंत्रता भी है। अगर इस रूप में समझा जाए तो स्वतंत्रता मानव जीवन की वैसी ही शर्त है जैसी शर्तें बुद्धि, भावना एवं कल्पनाशीलता है।

मानव अधिकारों के बारे में व्यवस्थित रूप से सोचने और उन्हें संगठित रूप देने का पहला अंतर्राष्ट्रीय प्रयास 25 सितंबर, 1926 को दासता के विरुद्ध हुए विश्व सम्मेलन के रूप में सामने आया। लगभग चार वर्ष बाद 28 जून, 1930 को बलात श्रम पर सम्मेलन हुआ। इस तरह 18 साल के लंबे अंतराल के बाद मानव अधिकारों की पहली सुव्यवस्थित घोषणा 10 दिसंबर, 1948 को सामने आई।[3]

संयुक्त राष्ट्रसंघ द्वारा की गई यह घोषणा 'मानव अधिकारों की विश्व घोषणा' कहलाती है।

देखा जाए तो मानवाधिकारों की अवधारणा इतिहास की लंबी अवधि में विकसित हुई। यह अवधारणा सत्ता के स्वेच्छाचारी इस्तेमाल को रोकने के लिए थी। आरंभ में यह राज्यों के भीतर ही लागू होती थी, अंतर्राष्ट्रीय स्तर पर इसे लागू करने की व्यवस्था नहीं थी।

लिंकन ने कहा था, ''मैं दास-प्रथा समाप्ति हेतु आन्दोलनकारी हूँ। यह कैसे संभव हो सकता है कि कोई आदमी जो काले लोगों के प्रति किए जाने वाले अत्याचारों से घृणा करता हो, वह गोरे लोगों के पतित वर्ग के पक्ष में हो जाए? मुझे प्रतीत होता है कि पतन की ओर बढ़ने की हमारी गति तेज हो गई है। एक राष्ट्र के तौर पर हमने घोषणा की थी कि सभी व्यक्तियों को भगवान ने समान बनाया है। आजकल हम व्यवहार में यह पढ़ते हैं कि सभी समान हैं, केवल नीग्रो को छोड़कर।''

लिंकन के इन विचारों से, रिपब्लिकन पार्टी के जन्म के पीछे तथ्यों की जानकारी भी मिलती है। लिंकन का दास-प्रथा के प्रतिरोध और इस प्रथा को समाप्त करने के लिए, उत्सुकता का पता चलता है।

नवंबर, 1860 में लिंकन अमेरिका के राष्ट्रपति बन गए। राष्ट्रपति के रूप में उन्होंने अपने भाषण में कहा था, ''मैं किसी भी व्यक्ति को पतित नहीं देखना चाहता। 31 जनवरी, 1865 को प्रतिनिधि सभा ने सीनेट द्वारा पहले पास किया हुआ दास-प्रथा रोकने के लिए, वैधानिक संशोधन का प्रस्ताव स्वीकार कर लिया।

गांधीजी ने एक बार कहा था—''अगर मेरा पुनर्जन्म हुआ तो मैं किसी भंगी के घर जन्म लेना चाहूँगा'', वहीं हम दूसरी तरफ देखते हैं कि लिंकन ने राष्ट्रपति के रूप में हस्ताक्षर करते समय लिखा था—''मैं कभी दास बनना पसंद नहीं करता और मैं

किसी का स्वामी भी बनना नहीं चाहता हूँ। जनतंत्र के बारे में मेरे यही विचार हैं।''

आज विश्व में मानवीय अधिकारों का संकट कितना गंभीर है, इसका अनुमान विकसित गोरी दुनिया की स्थितियों को देखने से आसानी से किया जा सकता है। दुनिया के सबसे महान प्रजातांत्रिक देश अमेरिका में वहाँ के नागरिकों के मानवीय अधिकारों पर लगातार हमले बढ़े हैं। सारी दुनिया को बंधुता, समानता और स्वतंत्रता का पाठ पढ़ाने वाले नस्लवाद कट्टरता की एक अलग ही तस्वीर दिखाई देती है। उस तस्वीर में हमें आज भी काले लोग रक्त-रंजित दिखाई देते हैं।

एमनेस्टी इंटरनेशनल के एक अध्ययन में यह बात स्पष्ट रूप से उभरकर सामने आई कि अगर किसी गोरे की हत्या हो तो हत्यारे को फाँसी की सजा लगभग निश्चित है, जबकि किसी काले व्यक्ति के हत्यारे को प्राणदंड मिलना जरूरी नहीं है। (अमेरिका के 38 राज्यों में और संघीय क्षेत्र अधिकार वाले इलाकों में प्राणदंड दिया जाता है।) अमेरिकी कांग्रेस ने अक्तूबर 1993 में अपनी एक रिपोर्ट में इस बात को माना कि हत्या के ज्यादातर गोरे अभियुक्त छूट जाते हैं, जबकि काले आमतौर पर फाँसी चढ़ जाते हैं। अमेरिका के बड़े शहरों जैसे न्यूयार्क, डैटॉरेएट, मयामी, लॉस एंजलिस आदि में काले नस्ल के अल्पसंख्यक समुदायों पर पुलिस अत्याचार लगातार बढ़े हैं। यह जानकर आश्चर्य हो सकता है कि न्यूयार्क शहर में 1993 के बाद से 30 प्रतिशत सालाना की दर से अत्याचारों में वृद्धि होती रही है न्यूजर्सी में 1990 और 1992 के दौरान पुलिस ने पंद्रह काले नौजवानों की गोली मार कर हत्या की। इसके बावजूद पुलिस अफसरों पर कोई मुकदमा नहीं चलाया गया।

शम्सुल इस्लाम लिखते है कि अमेरिकी प्रशासन सारी दुनिया में प्रजातंत्र की सुरक्षा के लिए सैनिक हस्तक्षेप करता है, पर इसे अपने देश में अपने सैनिक मंसूबों का विरोध कतई पसंद नहीं है। अमेरिका में एक जंग-विरोधी संगठन है 'बम नहीं भोजन चाहिए'। इसके सदस्य जब सैन फ्रांसिस्को शहर में बेघर लोगों के बीच खाना बाँट रहे थे, तो उन्हें गिरफ्तार किया गया था कि उनके पास निःशुल्क खाना बाँटने का परमिट नहीं था।[4]

वैसे वर्ष 1994 के दौरान दुनिया भर में मानवाधिकारों की दशा पर अमेरिका प्रशासन में एक रिपोर्ट तैयार की गई थी, जिसे अमेरिका संसद के समक्ष रखा गया था। इस रिपोर्ट में अमेरिका ने अपने अलावा दुनिया के किसी बड़े देश को नहीं बख्शा था।

प्रभा पारमिता[5] लिखती हैं कि ''कुछ दिनों पहले दक्षिण अमेरिका के एक पी-एच. डी. महोदय ने मताधिकार प्राप्त करने का आवेदन किया था। वहाँ के कुछ राज्यों का नियम है कि अपने मताधिकार का प्रयोग केवल वही व्यक्ति कर सकता है जो मात्र वयस्क ही नहीं, साक्षर भी हो, लेकिन पी-एच. डी. महोदय ने रजिस्ट्रार

के सम्मुख अपनी साक्षरता की जो परीक्षा दी तो वह बुरी तरह असफल रहे। साक्षरता का प्रमाणपत्र पी-एच. डी. होने के बावजूद उन्हें इसलिए नहीं मिल सका क्योंकि एक बड़े आलेख की प्रतिलिपि तैयार करते समय बीच के कुछ विराम और अर्धविरामों को उन्होंने उदरस्थ कर लिया था। बस, उनकी यह भूल उनके निरक्षर होने का प्रमाण बन गया। और हुआ ऐसा इसलिए कि वे वहाँ के गोरे समाज में अस्पृश्य थे—यानी नीग्रो। फिर भी नीग्रो अमेरिका है। अगर वह चाहें तो अमेरिका के कुछ राज्यों में जाकर मताधिकार का सर्टिफिकेट महज दो डालर में खरीद सकते हैं—बशर्ते वह डालर खोटे न हों।

लेकिन गवाह है हमारी नई सभ्यता का नया इतिहास—अमेरिकी डालर आज तक कभी खोटा नहीं साबित हुआ। और इन डालरों की झंकार और खनखनाहट होती बड़ी सुरीली है। तभी तो हमें अमेरिका के इन अस्पृश्यों की चीख-पुकार साफ सुनाई नहीं दे पाती कभी। वरना साक्षरता और निरक्षरता के झगड़ों के बावजूद दोनों के बीच यहाँ गोलियाँ भी चली हैं, अनशन भी हुए हैं और सत्याग्रह भी। लेकिन यह विवाद भारत के अवर्ण और सवर्ण का नहीं, कालों और गोरों का था। काले और गोरों का प्रश्न—एक ऐसा प्रश्न जहाँ व्यापक पैमाने पर भारत का ब्राह्मण भी अस्पृश्य करार दिया जाए। पण्डितजी अपना चौका-चूल्हा लाख पवित्र रखें, लेकिन यदि किसी कट्टर गोरे से पाला पड़ जाए तो वह उनके घर में तो क्या उनकी मेज पर भी खाने से साफ इंकार कर देगा।

यों काले-गोरे की भेद भावना का बहुत सुंदर विश्लेषण किया था एक अमेरिकी पत्रिका ने। अमेरिका वर्णभेद समानता का भेद है—एक ऐसी समानता जो दो प्रजातियों को एक जैसा अधिकार देकर उनको पृथक-पृथक धरातल पर छोड़ देती है और उस धरातल से दोनों ही जातियाँ अपनी सामाजिक असमानता के कारण न इधर आ सकती हैं, न उधर जा सकती हैं। उस अमेरिकी पत्रिका ने लिखा था—दोनों जातियों के बीच **'जिम क्रो'** का विभेद है। जिस क्रो यानी रेल की दो समानान्तर पटरियों के बीच की वह सलाखें जो दोनों को अपनी जगह पर कायम रखती हैं। एक ओर गोरी जाति अगर अपनी अहम्मन्यता के कारण डिगना नहीं चाहती, तो दूसरी ओर काली जाति भी अपनी हीन भावना को दबाने के प्रयास में उग्र हो जाया करती है।

उग्रता और आक्रोश की इस भावना ने प्रजातिवाद को सुलझाने का कभी कोई मौका ही नहीं दिया वहाँ। प्रजातिवाद के खोखलेपन पर प्रकाश डालने वाले विद्वानों में सबसे अधिक और महत्त्वपूर्ण विद्वान संभवतः अमेरिका में ही पैदा हुए। समाजशास्त्र के अध्ययन का केन्द्र भी बना हुआ है वह आज। लेकिन अपने शिक्षकों, विचारकों और शिक्षण संस्थाओं की ऊर्जा के शतांश का भी उपयोग करने की दिशा में अमेरिकी राज्य हमेशा असमर्थ रहे। उलटे वहाँ क्लू-क्लूक्स-क्लान जैसी संस्थाओं ने जन्म

लिया, जिनके गोरे सदस्य नीग्रो-मुण्डों का शिकार तक खेला करते थे। अमेरिका में एक और लोमहर्षक प्रथा है जिसका नाम है **मॉब लिचिंग**। सैकड़ों गोरे एक काले को घेर लेते हैं और पत्थरों की मार से उसे बेहोश कर डालते हैं। और अमेरिका की जनतांत्रिक सरकार है कि लिंकन और कैनेडी की कुरबानियों के नाम पर भी इस घृणित प्रथा का अंत करने में असमर्थ रही हैं। गोरी और काली जातियों के बीच अमेरिका में यह क्षण ऐसे ही गुजरे हैं जो विश्व इतिहास के सबसे नए अध्याय में सबसे अधिक लोमहर्षक क्षण माने जाएँगे। और इतना सब कुछ हो जाने के बाद भी अमेरिका के नीग्रो समानता की दृष्टि से भारत के अस्पृश्यों के मुकाबले कहीं ऊँचे माने जाते हैं।

वैसे आज का औसत नीग्रो इस नजरिए से गोरों की दुनिया से बहुत दूर नहीं कि गोरों के मिल, कारखानों और घरों में वह काम करता है, और फिर अपनी दुनिया में वापस लौट आता है। उसकी स्वतंत्र आर्थिक सत्ता कभी रही ही नहीं। उसकी जाति का विकास ही आर्थिक और राजनीतिक गुलाम के रूप में प्रारंभ हुआ और मजदूर होने पर आकर जैसे स्थित हो गया हो। उसके लिए अपने हाट-बाजार हैं, अपनी दूकानें भी हैं, लेकिन उन दूकानों के स्वामी गोरे हैं। हर तरह की चीजों के विज्ञापनों पर उसके अपने मॉडल दिखाई देते हैं, लेकिन उन चीजों का उत्पादन करने वाला कोई गोरा ही होता है। गोरों ने अपनी हर वस्तु के लिए एक ऐसी व्यवस्था स्थापित कर रखी है उसके सामने कि इस अपनेपन से दूर भाग कर यदि वह कभी गोरों की दुनिया में हाजिर भी हुआ तो उसे अपनी ही सूरत अजनबी-सी दिखाई दे जाती है।

1948 में नेशनलिस्ट पार्टी की सरकार के सत्तारूढ़ होते ही रंगभेद को सरकारी नीति घोषित किया और तब से ही इस घृणित नीति का पालन हो रहा है।

गोरों की पूरी-की-पूरी पीढ़ी को घर से लेकर स्कूल तक एक ही बात सिखाई जाती है—'कालों से नफरत करो।' 1984 में प्रकाशित अफ्रीकन भाषा में शब्द-कोष में आप यह मुहावरा देख सकते हैं : **'इतना नशेबाज जैसे कोई अश्वेत अध्यापक।'** कक्षा में पाँच की पुस्तक में आप पढ़ सकते हैं—'तुम्हें धूप में काम करना चाहिए। तुम्हारी चमड़ी काली है, तुम मेरे मुकाबले धूप अच्छी तरह बर्दाश्त कर सकते हो—काला आदमी बाहर से ईंट ढोकर लाता है और गोरा आदमी दीवाल चिनता है। गोरा आदमी काले को काफिर कह कर बुलाता है और काला आदमी 'येस बॉस' कह कर जवाब देता है।' इसी तरह दूसरी इतिहास की पुस्तक में मिलेगा, 'अफ्रीका के मूल निवासी पूरी तरह असभ्य और जंगली होते हैं।'

जब हम भारत में स्थिति धार्मिक स्थानों, विशेषतौर पर मंदिरों, के संदर्भ में दलितों की स्थिति देखते हैं तो अमेरिकन गोरे समाज की वनिस्बत भारतीय समाज में दलितों की स्थिति में हम दो सकारात्मक तत्त्व पाते हैं। यहाँ भी दलितों के मंदिर प्रवेश की गंभीर समस्या थी, पर उस रूप में नहीं थी, जिस तरह से अमेरिका में काले

लोगों के चर्च में प्रवेश को लेकर थी। अमेरिका में तो काले लोगों के चर्च ही अलग थे। गोरे लोगों के चर्च में प्रवेश का कोई सवाल ही नहीं उठता था। चर्च के साथ काले लोगों के पादरी भी अलग होते थे जो ब्लैक सोसाइटी को सभी धार्मिक उत्सव और क्रियाएँ सम्पन्न कराते थे। उनके अपने रीति-रिवाज अलग थे। वे अपने तरीके से अपने अलग चर्च से उन्हें कोई मतलब नहीं था। उसका अर्थ यह हुआ कि यीशु को दो भागों में बाँट दिया गया था। वह गोरे लोगों के चर्च में भी रहता था और काले समाज के चर्च में भी। उसकी स्थिति अजीब थी। पहले उसे अनास्थावादियों ने सूली पर टाँगा और बाद में आस्थावादियों और विषमतावादियों ने। वास्तव में ही यह अजीब स्थिति रही जो धर्म के पाखण्ड को रेखांकित करती है।

अकेले अमेरिकी समाज में ही यह विषमता नहीं थी बल्कि दुनिया में जहाँ-जहाँ भी गोरे लोग थे वहाँ-वहाँ यही छुआछूत जैसी हालत थी। भारत में इसे और भी स्पष्टत: देखा जा सकता है। वह स्वयं दलितों के सम्बन्ध में। सभी चर्चों में नहीं, पर अधिकांश चर्चों में दलित ईसाई का प्रवेश निषेध था। इसीलिए बाद में उन्हें अपने अलग चर्च बनाने पड़े थे। इस तरह भारत के ईसाई समाज में भी इस अमानवीय और गैर-समतावादी परंपरा का तेजी के साथ विकास हुआ जिससे ईसाई समाज मुख्यत: दो भागों में बँटता चला गया। एक दलित ईसाई समाज और दूसरा गैर-दलित ईसाई समाज। वही समाज जो अपनी चेरिटी के लिए प्रसिद्ध रहा है।

जहाँ तक भारत में हम मंदिरों की स्थिति देखते हैं, आरम्भ में दलितों के मंदिर नहीं रहे। हालाँकि उनके धार्मिक रीति-रिवाज तथा परंपराएँ हिंदू धर्म से अलग अवश्य थे। वैसे बौद्ध विहार अवश्य थे, लेकिन सभी दलित (पूर्व में शूद्र) बौद्ध विहारों में नहीं जाते थे। हालाँकि उनमें प्रवेश के लिए कोई प्रतिबंध नहीं था। अलबत्ता मंदिरों में दलितों का प्रवेश निषेध था लेकिन पूर्णत: निषेध हो, ऐसा भी नहीं था। कहीं-कहीं किसी-न-किसी मंदिर में उन्हें प्रवेश करने दिया जाता था।

पर एक बात हमें अमेरिकन समाज की बनिस्बत सकारात्मक मिलती है, वह यह कि भारत में सवर्ण समाज से भी बहुत-से समाज-सुधारकों ने दलितों के मंदिर प्रवेश आंदोलन में हिस्सेदारी ली थी जबकि अमेरिका में हमें ऐसा नहीं मिलता कि किसी गोरे व्यक्ति ने काले लोगों को अपने चर्च में प्रवेश कराने के लिए आंदोलन चलाया हो या उनकी वकालत की हो। इस मामले में लगभग सभी गोरे हमें तटस्थ दिखाई देते हैं। इसका सीधा-सा अर्थ यही निकलता है कि काले लोग गोरों के चर्च में प्रवेश करें, इसमें उनकी बिल्कुल भी रुचि नहीं थी। इसे गोरे की उदासीनता का ही दूसरा रूप कहना चाहिए।

जहाँ तक भारत में दलितों के मंदिर प्रवेश आंदोलन की बात है, उसका विवरण हमें मध्यकाल की भक्ति-धारा में मिलता है जिसमें सभी धर्म एवं जातियों के सूफी,

संतों तथा आराधकों ने भाग लिया था। निश्चित ही भारत का यह महत्त्वपूर्ण काल था। इसलिए कि रूढ़ियों और प्रथाओं के टूटने की प्रक्रिया यहीं से आरंभ हुई थी। इसे जागरण काल भी कहा जाता है। यह विभिन्न सिंहासनों के बदलने का भी युग था। परिवर्तन की धारा इसलिए भी थोड़ी तेज थी। जातियों का परस्पर मिश्रण हो रहा था। उनके खानपान में बदलाव आ रहा था। आवागमन के सपनों का विकास हो रहा था जिससे जीविका उपार्जन का स्वरूप प्रभावित हो रहा था।

अस्पृश्यता—उसका स्रोत

डॉ. अम्बेडकर लिखते हैं कि ऐसे लोगों की कमी नहीं है जो अस्पृश्यों की दयनीय स्थिति से दुखी हों। यह चिल्लाकर अपना जी हल्का करते फिरते हैं कि 'हमें अस्पृश्यों के लिए कुछ करना चाहिए।' लेकिन इस समस्या को जो लोग हल करना चाहते हैं, उनमें से शायद ही कोई ऐसा व्यक्ति हो जो यह कह सकता हो कि 'हमें स्पृश्य हिंदुओं को बदलने के लिए भी कुछ करना चाहिए।' यह धारणा बनी हुई है कि अगर किसी का सुधार होना हैं तो वह अस्पृश्यों का ही होना है। अगर कुछ किया जाना है तो वह अस्पृश्यों के प्रति किया जाना है और अगर अस्पृश्यों को सुधार दिया जाए, तब अस्पृश्यता की भावना मिट जाएगी।' सवर्णों के बारे में कुछ भी नहीं किया जाना है। उनकी भावनाएँ, आचार-विचार और आदर्श उच्च हैं। वे पूर्ण है, उनमें कहीं भी कोई खोट नहीं है। क्या यह धारणा उचित है? यह धारणा उचित हो या अनुचित, लेकिन हिंदू इसमें कोई परिवर्तन नहीं चाहते। उन्हें इस धारणा का सबसे बड़ा लाभ यह है कि वे इस बात से आश्वस्त हैं कि वे अस्पृश्यों की समस्या के लिए बिल्कुल भी उत्तरदायी नहीं हैं।[6]

यह जानने से पहले कि अस्पृश्य होने का क्या अर्थ होता है, यह जानना आवश्यक हैं कि भारत में अस्पृश्यों की संख्या कितनी है? इसके लिए जनसंख्या रिपोर्ट देखनी होगी।

भारत में पहली बार आम जनगणना 1881 में हुई थी। 1881 की जनसंख्या रिपोर्ट में भारत की कुल जनगणना करने के लिए यहाँ की विभिन्न जातियों और प्रजातियों की सूची बनाने और उनका कुल योग करने के अतिरिक्त कुछ नहीं किया गया था। इस रिपोर्ट में विभिन्न हिंदू जातियों का उच्च या निम्न अथवा स्पृश्य या अस्पृश्य जातियों के रूप में कोई वर्गीकरण नहीं किया गया था। दूसरी बार आम जनगणना 1891 में हुई। इस बार जनगणना आयुक्त ने देश की जनसंख्या को जाति, प्रजाति और उच्च या निम्न जाति के रूप में वर्गीकरण करने की कोशिश की। किंतु यह एक प्रयास मात्र था।[7]

तीसरी बार आम जनगणना 1901 में हुई। इस बार जनगणना के लिए एक नया

सिद्धान्त अर्थात् स्थानीय जनमत द्वारा स्वीकृत सामाजिक वरीयता के आधार पर वर्गीकरण का सिद्धांत अपनाया गया। इस पर उच्च जाति के हिंदुओं ने जाति के अनुसार उल्लेख किए जाने का तीव्र विरोध किया। उन्होंने जाति के बारे में पूछे गए प्रश्न को निकाल देने पर बल दिया।

किंतु जनगणना आयुक्त पर इस आपत्ति का कोई प्रभाव नहीं पड़ा। जनगणना आयुक्त की दृष्टि में जाति के आधार पर उल्लेख किया जाना महत्त्वपूर्ण और आवश्यक था। जनगणना आयुक्त ने यह तर्क दिया कि सामाजिक संस्था के रूप में जाति के गुण-दोष के बारे में चाहे कुछ भी कहा जाए परंतु यह स्वीकार करना असंभव है कि भारत में जनसंख्या संबंधी समस्या पर कोई भी विचार-विमर्श, जिसमें जाति एक महत्त्वपूर्ण मुद्दा न हो, लाभप्रद हो सकता है। भारतीय समाज का ताना-बाना अभी जाति-व्यवस्था पर आधारित है और भारतीय समाज के विभिन्न स्तरों में परिवर्तन का निर्धारण अभी भी जाति के आधार पर होता है। प्रत्येक हिंदू (यहाँ इसका प्रयोग व्यापक अर्थ में किया जा रहा है।) जाति में जन्म लेता है, उसकी वह जाति ही उसके धार्मिक, सामाजिक, आर्थिक और पारिवारिक जीवन का निर्धारण करती है। यह स्थिति माँ की गोद से लेकर मृत्यु की गोद तक रहती है।[8]

पश्चिमी देशों में समाज के विभिन्न स्तरों का निर्धारण, चाहे वह आर्थिक हो, शैक्षिक हो या व्यावसायिक हो, जिन प्रधान तत्त्वों के द्वारा होता है, वे अदलते-बदलते रहते हैं। वे उदार होते हैं और उनमें जन्म और वंश की कसौटी को बदलने की प्रवृत्ति होती है। भारत में आध्यात्मिक, सामाजिक, सामुदायिक तथा पैतृक व्यवसाय सबसे बड़े तत्त्व हैं जो अन्य तत्त्वों की अपेक्षा प्रधान तत्त्व होते हैं। इसलिए पश्चिमी देशों में जहाँ जनगणना के समय आर्थिक अथवा व्यावसायिक वर्ग के आधार पर आँकड़े एकत्र किए जाते हैं, वहाँ भारत में जनगणना के समय धर्म और जाति का ध्यान रखा जाता है। राष्ट्रव्यापी और सामाजिक संस्था के रूप में जाति के बारे में कुछ भी क्यों न कहा जाए, इसकी उपेक्षा करने से कोई लाभ नहीं होगा और जब तक समाज में किसी व्यक्ति के अधिकार और उसके पद की पहचान जाति के आधार पर की जाती रहेगी तब तक यह नहीं कहा जा सकता कि हर दस साल बाद होने वाली जनगणना से इस अवांछनीय संस्था के स्थायी होते जाने में सहायता मिलती है।

सन् 1901 की जनगणना के परिणामस्वरूप अस्पृश्यों की कुल जनसंख्या के बारे में कोई सटीक आँकड़े नहीं निकल सके। इसके दो कारण थे। पहला तो यह कि इस जनगणना में कौन अस्पृश्य है और कौन नहीं, इसे निश्चित करने के लिए कोई सटीक कसौटी नहीं अपनाई गई थी। दूसरे यह कि जो जातियाँ आर्थिक और सामाजिक रूप से पिछड़ी हुई थीं और अस्पृश्य नहीं थीं, उन्हें भी अस्पृश्यों की जनसंख्या के साथ मिला दिया गया।

सन् 1911 की जनगणना में कुछ आगे काम हुआ और अस्पृश्यों की गणना बाकी लोगों से अलग करने के लिए दस मानदंड अपनाए गए। इन मानदंडों के अनुसार जनसंख्या अधीक्षकों ने उन जातियों और कबीलों की अलग-अलग गणना की जो—

1. ब्राह्मणों की श्रेष्ठता को नहीं मानते,
2. किसी ब्राह्मण या अन्य मान्यता प्राप्त हिंदू से गुरु-दीक्षा नहीं लेते,
3. वेदों की सत्ता को नहीं मानते,
4. बड़े-बड़े हिंदू-देवताओं की पूजा नहीं करते,
5. ब्राह्मण जिनकी यजमानी नहीं करते,
6. जो किसी ब्राह्मण को पुरोहित बिल्कुल भी नहीं बनाते,
7. जो साधारण हिंदू मंदिरों के गर्भ-गृह में भी प्रवेश नहीं कर सकते,
8. जिनसे छूत लगती है,
9. जो अपने मुर्दों को दफनाते हैं, और
10. जो गोमांस खाते हैं और गाय की पूजा नहीं करते।

हिंदुओं से अस्पृश्यों को अलग मनाने पर मुसलमानों द्वारा सरकार को 27 जनवरी 1910 को प्रस्तुत किए अपने एक ज्ञापन में इस माँग पर बल दिया गया कि उन्हें भारत की राजनीतिक संस्थाओं में प्रतिनिधित्व हिंदुओं की कुल जनसंख्या के अनुपात में न देकर उन हिन्दुओं की जनसंख्या के अनुपात में दिया जाए जो स्पृश्य होते हैं, क्योंकि उनका यह तर्क था कि जो अस्पृश्य हैं, वे हिंदू नहीं है।[9]

इस तरह यह कहा जा सकता है कि 1911 की जनगणना से अस्पृश्यों की संख्या के निर्धारण की शुरुआत हुई। 1921 और 1931 की जनगणना में भी इन हिदायतों के अनुपालन की कोशिश जारी रखी गई।

साइमन कमीशन जो 1930 में भारत आया था, इन्हीं कोशिशों के परिणमस्वरूप कुछ-कुछ निश्चयपूर्वक यह बता सका कि ब्रिटिश भारत में अस्पृश्यों की जनसंख्या चार करोड़ 45 लाख है। किंतु 1932 में जब लोथियन समिति पुनर्गठित विधान सभा के लिए मताधिकार के प्रश्न पर विचार करने के लिए भारत आई और उसने जाँच करनी शुरू की तब हिंदुओं ने अचानक अपने तेवर बदल दिए और भारत में अस्पृश्यों की संख्या के बारे में जो आँकड़े साइमन कमीशन ने दिए थे उनको भारत में अस्पृश्यों की जनसंख्या के बारे में सही आँकड़ों के रूप में मानने से इंकार कर दिया। कुछ प्रांतों में तो हिंदुओं ने यहाँ तक कहा कि उनके प्रांत में कोई अस्पृश्य है ही नहीं। इसका कारण यह था कि तब तक हिंदुओं को अस्पृश्यों की स्थिति को खुलेआम स्वीकार करने के खतरे का अहसास हो चुका था, क्योंकि इसका मतलब यह था कि हिंदुओं को जनसंख्या के आधार पर विधान सभा में जितना प्रतिनिधित्व मिला हुआ था, उसका

अंश कुछ उनसे छिनकर अस्पृश्यों को मिल जाएगा।

सन् 1941 की जनगणना पर विचार करना व्यर्थ है, क्योंकि यह जनगणना युद्ध-काल में की गई और एक प्रकार से यह अनुमानित ही थी।

अंतिम जनगणना 1951 में हुई। निम्नलिखित आँकड़े जनगणना आयुक्त द्वारा जारी विवरण से लिए गए हैं। जनगणना आयुक्त ने भारत में अनुसूचित जातियों की जनसंख्या पाँच करोड़ 13 लाख बताई है।[10]

सन् 1951 की जनगणना में, जिसमें भारत की कुल जनसंख्या 35 करोड़ 67 लाख बताई गई है, 1 लाख 35 हजार लोगों की गणना नहीं की जा सकी, जिनसे संबंधित रिकार्ड जालंधर के जनगणना अधिकारी के कार्यालय में आग लग जाने के कारण नष्ट हो गया था।

35 करोड़ 67 लाख की कुल आबादी में से 29 करोड़ 49 लाख लोग ग्रामीण क्षेत्रों में हैं और 6 करोड़ 18 लाख लोग शहरों में रहते हैं। ग्रामीण क्षेत्रों में अनुसूचित जातियों की जनसंख्या 4 करोड़ 62 लाख है, जबकि शहरों में उनकी जनसंख्या 51 लाख है।

कुल आबादी में गैर-कृषि कार्यों में लगे 10 करोड़ 76 लाख लोगों में से 1 करोड़ 32 लाख लोग अनुसूचित जातियों के हैं।

कुल आबादी में जिन लोगों या उनके आश्रितों के पास पूरी तरह या आंशिक रूप से अपनी-अपनी जमीनें हैं और जो खेती करते हैं उनकी जनसंख्या 16 करोड़ 74 लाख है। इनमें से 1 करोड़ 74 लाख लोग अनुसूचित जातियों के हैं। जिन लोगों के पास बिल्कुल भी या मुख्य रूप से अपनी-अपनी जमीनें नहीं हैं और जो खेती करते हैं, उनकी जनसंख्या पूरे भारत में 3 करोड़ 16 लाख है, इनमें से 56 लाख लोग अनुसूचित जातियों के हैं।

खेतिहर मजदूरों और उनके आश्रितों की कुल जनसंख्या पूरे भारत में 4 करोड़ 48 लाख हैं। इनमें से 1 करोड़ 48 लाख अनुसूचित जातियों के हैं।

गैर-कृषि वर्गों के आँकड़े इस प्रकार हैं—

कृषि को छोड़कर अन्य उत्पादन कार्य : कुल 3 करोड़ 77 लाख। अनुसूचित जातियों के लोग 53 लाख।

वाणिज्य व्यवसाय : कुल 2 करोड़ 13 लाख। अनुसूचित जातियों के लोग नौ लाख।

परिवहन : कुल 56 लाख। अनुसूचति जातियों के लोग 6 लाख।

अन्य सेवाएँ और विविध साधन : कुल 4 करोड़ 30 लाख। अनुसूचित जातियों के लोग 64 लाख।

अनुसूचित जाति के लोगों की कुल 5 करोड़ 13 लाख की जनसंख्या में से उत्तरी

भारत (उत्तर प्रदेश) में 1 करोड़ 14 लाख लोग; पूर्वी भारत (बिहार, उड़ीसा, पश्चिमी बंगाल, असम, मणिपुर, त्रिपुरा) में 1 करोड़ 28 लाख लोग; दक्षिणी भारत (मद्रास, मैसूर ट्रावनकोर—कोचीन और कुर्ग) में 1 करोड़ 10 लाख लोग; पश्चिमी भारत (बंबई, सौराष्ट्र और कच्छ) में 31 लाख लोग; मध्य भारत (मध्य प्रदेश, मध्य भारत, हैदराबाद, भोपाल और विंध्य प्रदेश) में 76 लाख लोग; और उत्तरी-पश्चिमी भारत (राजस्थान, पंजाब, पटियाला और पूर्वी पंजाब के राज्यों, अजमेर, दिल्ली, बिलासपुर और हिमाचल प्रदेश) में 52 लाख लोग अनुसूचित जाति के हैं।[11]

विदेश के तदनुरूप उदाहरण

सामाजिक असमानता केवल हिंदू समाज में ही नहीं है। यह अन्य देशों में भी रही और समाज के उच्च और निम्न, मुक्त और अमुक्त, पूजनीय और निंदनीय वर्गों में बँटने का कारण यही रही है। अन्य प्राचीन और आधुनिक देशों में अमुक्त और निंदनीय वर्गों की स्थिति और उनकी हैसियत के साथ भारत के अस्पृश्यों की स्थिति और उनकी हैसियत की तुलना करने पर बहुत-सी बातों का पता चलेगा। इनके अंतर और समानताओं को भली-भाँति समझने के लिए इन एक जैसे उदाहरणों के इतिहास की संक्षिप्त जानकारी प्राप्त कर लेना, उनकी तुलना करने से पहले अत्यंत आवश्यक है। विश्व के सभी भागों में इन सभी वर्गों की स्थिति का सर्वेक्षण प्रस्तुत करना संभव नहीं। न यह आवश्यक है। केवल कुछ थोड़े से उदाहरण व्याख्या के रूप में लिए जा सकते हैं।

हिंदुओं और अस्पृश्यों के बीच परस्पर संबंध का अध्ययन करते समय हमारे मन में तीन प्रश्न एकदम उभरकर सामने आते हैं। अस्पृश्यता क्योंकर समाप्त नहीं हुई? अस्पृश्यों पर अन्याय को हिंदू वैध और न्यायपूर्ण क्यों मानते हैं। अस्पृश्यों के साथ अपने व्यवहार में हिंदू अपने विवेक के संकेत का अनुभव क्यों नहीं करते?

अस्पृश्यों जैसे निम्न और निर्दलीय वर्ग कभी अन्य समाजों में भी रहे हैं। उदाहरणार्थ, ये कभी प्राचीन रोम में होते थे। प्राचीन रोम में पाँच प्रकार के निवासी थे—1. पैट्रीशियन (कुलीन), 2. प्लेबियन (अकुलीन), 3. क्लायंट (पराधीन), 4. गुलाम, और 5. फ्रीमेन (मुक्त गुलाम)।[12]

पैट्रीशियन लोग शासक वर्ग के होते थे। वे प्रत्येक अर्थ में नागरिक होते थे, शेष सभी हैसियत में नीचे होते थे। प्लेब और क्लायंट वर्ग-युद्ध में नष्ट हो गए। नए लोगों में से जिन लोगों ने पैट्रीशियनों के प्रतिष्ठित परिवारों के प्रमुखों की शरण में रहने की याचना की व उनकी अधीनता स्वीकार कर ली, वे क्लायंट कहलाए। जिन लोगो ने इस प्रकार के व्यक्तिगत संरक्षण अधीन रहना स्वीकार नहीं किया और सीधे राज्य का संरक्षण के स्वीकार किया, वे शाह गुदस्तादार बन गए। इन लोगों को प्लेबियन कहा

जाने लगा। प्लेबियनों को चल और अचल, दोनों प्रकार की संपत्ति रखने का अधिकार था। वे अपनी संपत्ति को रोम के कानून के अधीन हस्तांतरित कर सकते थे और इसके लिए न्यायाधिकरणों की सहायता प्राप्त कर सकते थे। लेकिन उन्हें नगर के प्रशासन में कोई प्रतिनिधित्व प्राप्त नहीं था। वह अर्ध-नागरिक होते थे। उन्हें नगर में धार्मिक कार्यकलापों में भाग लेने की अनुमति नहीं थी। पैट्रीशियन और प्लेबियन के बीच विवाह-संबंध होने का तो प्रश्न ही नहीं था। क्लायंट को सहायता और सुरक्षा के लिए अपने पैट्रीशियन संरक्षक पर निर्भर रहना पड़ता था। क्लायंट और उसके बाल-बच्चों के जीवन-निर्वाह के लिए सभी आवश्यकताओं की पूर्ति उसके पैट्रीशियन संरक्षक को करनी पड़ती थी।

यह संबंध पीढ़ी-दर-पीढ़ी का होता था, जो पिता के बाद उसके पुत्र से होता था। क्लायंट को न केवल अपने भरण-पोषण के लिए अपने पैट्रीशियन संरक्षक पर निर्भर रहना होता था बल्कि उसे अपनी कानूनी सुरक्षा के लिए भी उसी पर निर्भर रहना पड़ता था। चूँकि वह नागरिक नहीं होता था, इसलिए उसे कानूनी कार्रवाई करने का अधिकार प्राप्त नहीं था और उसके कष्ट-निवारण के लिए उसके पैट्रीशियन संरक्षक को उसकी सहायता करनी पड़ती थी और उसके मुकदमेबाजी में फँस जाने पर उसके बदले न्यायाधिकरण के सामने उपस्थित होना पड़ता था।[13]

जहाँ तक गुलामों का प्रश्न है, उनकी संख्या लाखों में थी। हर अमीर जमींदार के पास सैकड़ों या हजारों की संख्या में गुलाम होते थे। जिस किसी के पास थोड़े-बहुत गुलाम न हों वह निर्धन कहलाता था। गुलाम निजी संपत्ति होते थे। वे कानून की दृष्टि से मनुष्य नहीं थे और इसलिए उन्हें कोई अधिकार प्राप्त नहीं था। कुछेक स्वामी ही उन पर दयालु होते थे। आमतौर से उनके साथ अत्यंत निर्दयतापूर्ण व्यवहार होता था। सेनेका का कथन है—'यदि भोजन के समय कोई दास खाँस देता या छींक देता या उसके हाथ से चाबी गिर जाती और उसकी आज सुनाई पड़ जाती, तो हमें बहुत गुस्सा आ जाता था।...हम अक्सर उसकी खूब पिटाई करते थे। उसके हाथ-पैर या दाँत तोड़ देते थे।' एक अमीर रोमवासी अपने गुलाम को उसकी लापरवाही पर मछलियों के पोखर में धकेल देता था, जिससे लेम्प्रे मछलियाँ उसे नोच-नोचकर खा लें। जो गुलाम अपने स्वामी को अप्रसन्न कर देता था तो उसे सजा के तौर पर तहखाने में बंद कर दिया जाता था। सारा दिन उसे भारी-भारी जंजीरों में बँधे-बँधे काम करना पड़ता था। कई गुलामों को गर्म सलाखों से दाग दिया गया था। रोम के एक लेखक ने एक मिल का वर्णन, जहाँ इन दासों को काम करना पड़ता था, इन शब्दों में किया है :

हे भगवान! ये ठठरियाँ भी क्या कोई इंसान हैं? इनकी चमड़ी कोड़ों की मार से उधड़ी पड़ी है। शरीर चिथड़ों में लिपटा हुआ है, सारा शरीर मुड़ गया है, सिर मुँड़ा

हुआ है, पैरों में साँकले पड़ी हुई हैं, आग की गर्मी से शरीर टेढ़ा-मेढ़ा हो गया है, पलकें आग की लपटों में झुलसी हुई हैं और पूरे शरीर पर भूसी लिपटी हुई है।[14]

किसी समय में अंग्रेजों के समाज में भी सेवक वर्ग हुआ करता था। यह जानने के लिए कि नारमनों की विजय के समय अंग्रेजों के समाज की क्या दशा थी। हमें 'डूम्सडे' पुस्तक के पृष्ठ उलटने होंगे। इस पुस्तक में इंग्लैंड की भूमि-व्यवस्था और विभिन्न प्रकार के किसानों का सामाजिक सर्वेक्षण किया गया है, जैसी कि विजेता विलियम ने 1086 में अपनी विजय के तुरंत बाद यहाँ स्थापित की थी। इस पुस्तक में उस समय की आबादी के निम्नलिखित वर्ग बताए गए हैं :

1.	सामंतों के नीचे	सर्वोच्च पट्टेदार	1,400
	भद्र लोगों का वर्ग		93,000
	और पादरी	अधीनस्थ पट्टेदार	7,900
2.	भूमिधर	मुक्त गुलाम	12,000
			44,000
	छोटा भूमिधर	खिदमती काश्तकार	32,000
3.	अर्ध-मुक्त	अर्ध-गुलाम	1,69,000
	या		2,59,000
	अमुक्त	झोंपड़ी में रहने के बदले काम करने वाले किसान	90,000
4.	गुलाम		25,000

कुल 3,37,000 की जनसंख्या में 2,84,000 लोग या तो अमुक्त थे या फिर गुलाम थे।

कुछ ऐसा सेवक वर्ग भी था जो नस्ल या धर्म पर आधारित नहीं था। लेकिन इतिहास में धर्म और नस्ल के आधार पर बने सेवक वर्ग के कई उदाहरण मिलते हैं। इनमें यहूदी मुख्य थे। ईसाइयों के इस विश्वास के आधार पर कि ईसा की मृत्यु यहूदियों के कारण हुई, यहूदियों को सताया जाता रहा था। मध्य काल में यूरोप के सभी शहरों में यहूदियों को सीमित क्षेत्र में रहने के लिए मजबूर किया जाता था और यहूदियों के ये निवास क्षेत्र 'घेट्टो' कहलाते थे। 1050 में आस्ट्रेलिया में कोएंजा में हुई ईसाइयों की एक महासभा में अधिनियमित किया गया कि 'कोई भी ईसाई किसी मकान में यहूदी और मूर (हब्शी) लोगों के साथ नहीं रहेगा और न उसके साथ भोजन करेगा, और जो इस नियम को तोड़ेगा वह सात दिन तक प्रायश्चित करेगा।। यदि कोई व्यक्ति उच्च पदाधिकारी होकर ऐसा करने से इंकार कर दे तो उसका एक साल तक सामाजिक बहिष्कार कर दिया जाए। यदि कोई साधारण व्यक्ति यह अपराध

करे तो उसे सौ कोड़े लगाए जाएँ।'

1388 में फैलेनशिया में हुई महासभा में एक नियम बनाया गया कि 'ईसाई उन घरों में न रहें जो यहूदियों के लिए निर्धारित हैं, और जो वहाँ रह रहे हों वे प्रमुख चर्च के द्वारा इस आदेश के जारी होने के दो महीने के भीतर वहाँ से हट जाएँ, और यदि वे ऐसा नहीं करेंगे तो उन्हें पादरियों द्वारा प्रताड़ित किया जाए।' मध्यकाल में यहूदी इकट्ठे होकर एक जगह स्नान करते थे। स्नान करने के लिए और कोई दूसरा उपाय भी नहीं था। इसका कारण यह था कि ईसाई जिन नदियों में नहाते थे, वहाँ राज्य की ओर से यहूदियों का नहाना वर्जित था।

14वीं शताब्दी में औगर्स के यहूदियों[15] को बहुत कठोर शर्तों पर नगर में फिर से रहने की इजाजत दी गई थी। इन शर्तों में एक शर्त यह थी कि वे माईन नदी में स्नान नहीं कर सकते। राज्य द्वारा यहूदियो पर कुछ कर भी लगाए गए। ये कर तीन प्रकार के थे—'व्यक्ति कर', व्यक्तिगत लेन-देन और विशेषाधिकारों पर विशेष प्रकार का जुर्माना और शुल्क। किस उम्र में यहूदी स्त्री या पुरुष 'व्यक्ति कर' का भुगतान शुरू कर देगा, उसमें बहुत अंतर था, किंतु यह उम्र कम होती थी।

1273 में इंग्लैंड की तरह स्पेन में भी दस साल की उम्र के यहूदियों को यह कर देना पड़ता था। शांति काल में यहूदियों के घरों में सिपाहियों को जबरदस्ती रख उनसे धन वसूलना तो आम बात थी। मध्य काल में जगह-जगह यहूदियों से इस प्रकार धन वसूल करने के असंख्य उदाहरण मिलते हैं।

1215 में पोप इनोसेंट तृतीय ने एक फरमान जारी किया कि ईसाइयों से अलग अपनी पहचान के लिए यहूदी बाहर अपने कपड़ों के ऊपर एक बिल्ला लगाया करेंगे। लेटरनन परिषद् ने स्पष्ट रूप से इस बात पर बल दिया कि यहूदी बिल्ला लगाएँगे, किंतु उसका विवरण नहीं बताया गया। उसने यह बात स्थानीय गवर्नरों और सरकारों पर छोड़ दी कि वे निश्चित करें कि उस अपमानजनक बिल्ले की छाप, रंग और आकार क्या होगा। प्रत्येक गवर्नर और सरकार ने अपनी मर्जी से बिल्लों का रंग और आकार निश्चित कर दिया। उन बिल्लों कै रंग और आकार इतने बदले कि वे निरर्थक हो गए और यहूदियों ने ये बिल्ले लगाने छोड़ दिए। चूँकि बिल्ले अक्सर छिप जाया करते थे, इसलिए 1525 में पोप क्लीमेंट सप्तम ने यह व्यवस्था कर दी कि यहूदी अब पीला हैट या बोनेट पहना करेंगे।

अस्पृश्यों की मौजूदा स्थिति के दौरान किसी जमाने में इंग्लैंड के कैथोलिक ईसाइयों की स्थिति की याद आने लगती है। कैथोलिक ईसाइयों पर अनेक प्रकार की पाबंदियाँ थीं और उन्हें अनेक कष्ट भुगतने पड़ते थे। इनकी सूची निम्नलिखित है[16] :

1. मौजूदा कानून के अनुसार कैथोलिक ईसाइयों के विवाह या ऐसे सभी विवाह गैर-कानूनी हैं जो कैथोलिक पादरियों के द्वारा संपन्न कराए जाते हैं। इसके

फलस्वरूप उस पक्ष को जिसका त्याग किया जाता है, चाहे उसका कारण कुछ भी क्यों न हो, स्थानीय चर्च से या अपने देश के राज्य की सरकार से कुछ भी हरजाना नहीं मिलेगा। यह विधान भी है कि इस अपराध के लिए उस पादरी को देश निकाला दे दिया जाए या उसे जेल में डाल दिया जाए या उसे निर्जन स्थान में भेज दिया जाए।

2. मौजूदा कानून के अनुसार चूँकि कैथोलिक पादरियों के भरण-पोषण या कैथोलिक पूजा-पद्धति पर दिया गया खर्च अंधविश्वास के प्रयोजनों पर किया गया खर्च समझा जाता है, इसलिए यह धनराशि जब्त की जा सकती है, अगर कोई व्यक्ति उसे हड़प लेता है, तब वह धनराशि काननू के तहत उसे वसूल नहीं की जा सकती। इस प्रकार की घटनाओं का उल्लेख किया जा सकता है।

3. महामहिम की थल और जल सेना में काम करने वाले कैथोलिक अपने धर्म की रीति के अनुसार रविवार और अन्य त्यौहारों पर पूजा के लिए गिरजाघरों में नहीं जा सकते और उन्हें अपनी इच्छा के विरुद्ध इन्हीं दिनों प्रोटेस्टेंट गिरजाघरों में जाने के लिए मजबूर किया जाता था। यह ऐसा दोष था जिसके कारण बहादुर और वफादार सैनिकों में असंतोष व्याप्त था और यह असंतोष तब व्यक्त होता था जब हर व्यक्ति से संगठित हो शत्रु का सामना करने के लिए यह अपेक्षा की जाती थी कि ऐसे क्षणों में यूनाइटेड किंगडम एकजुट रहेगा।

4. चार्ल्स द्वितीय के 13वें आदेश के द्वारा जिसे प्रायः कारपोरेशन एक्ट कहा जाता है, सभी कैथोलिक ईसाइयों को नगरों और कारपोरेशन के प्रशासन कार्य से वंचित कर दिया गया था।

5. चार्ल्स द्वितीय के 25वें आदेश के द्वारा, जिसे प्रायः टेस्ट एक्ट कहा जाता है, सभी कैथोलिक ईसाइयों को सिविल और सेना की नौकरियों से वंचित कर दिया गया था।

6. विलियम तृतीय के 5वें और 8वें आदेश के द्वारा लगभग 27वीं शताब्दी में रोम के कैथोलिक ईसाइयो को चुनाव में मत डालने से वंचित किया जा सकता था।[17]

7. चार्ल्स द्वितीय के 30वें आदेश, खंड 2 के द्वारा लगभग पहली शताब्दी में रोम के कैथोलिक पियरों को संसद में पैतृक आधार पर मिलने वाली सदस्यता से वंचित कर दिया गया था।

8. इसी कानून के द्वारा रोम के कैथोलिक को हाउस आफ कामन्स में सदस्यता से वंचित कर दिया गया था।

9. रोम के कैथोलिक ईसाइयों को अनेक कानूनों के द्वारा चर्च के अधिकारियों को अपनी संपत्ति का अधिकार हस्तांतरित करने से वंचित कर दिया गया था, जो कानून के तहत यहूदियों तक को मिला हुआ था।

10. यद्यपि महामहिम की जल सेना और थल सेना में अधिकांश लोग कैथोलिक

थे, तब भी किसी भी व्यवस्था में उन्हें धार्मिक सुविधाएँ आदि नहीं दी गई थीं, लेकिन यदि वे उन धार्मिक रीतियों का पालन करने से अस्वीकार कर देते जो राज्य द्वारा मान्यता प्राप्त गिरिजाघरों द्वारा निश्चित की गई थी, तब उन्हें भारी से भारी दंड और यातना दी जा सकती थी। सेना के नियम के खंड 1 में यह व्यवस्था थी कि यदि कोई सैनिक डिवाइन सर्विस और सर्मन के समय अनुपस्थित रहता है तब पहली बार के अपराधस्वरूप उसके वेतन में से एक शिलिंग जब्त कर लिया जाएगा। अगर वह दूसरी बार या बार-बार अपराध करता है तब हर बार एक शिलिंग जब्त करने के अतिरिक्त उसे जेल की सजा भी भुगतनी पड़ेगी। इस कानून की धारा 2 और धारा 5 के तहत यह भी विधान किया गया कि अगर वह अपने से ज्येष्ठ अधिकारी को किसी विधि-सम्मत आदेश की अवमानना करता है (और निश्चय ही अगर वह डिवाइन सर्विस और सर्मन के समय उपस्थित रहने के बारे में अपने ज्येष्ठ अधिकारी के आदेश की अवमानना करता है) तब उसे मृत्यु-दंड या और कोई दंड, जैसा भी जनरल कोर्ट मार्शल द्वारा दिया जाए, भुगतना पड़ेगा।[18]

11. महामहिम के अन्य प्रजाजनों की भाँति रोम के कैथोलिक ईसाइयों को राज्य द्वारा मान्यता प्राप्त धर्म का समर्थन करना पड़ेगा। इस प्रकार उन्हें दो धर्मों की विधियों का पालन करना पड़ेगा। निश्चय ही वे इस संबंध में कोई उज्र नहीं करते थे, लेकिन वे यह अनुभव करते थे कि उनकी यह शिकायत उचित ही है कि उनके धर्म को वैसी मान्यता प्राप्त नहीं है जैसी कि प्रोटेस्टेंट धर्मावलंबियों को प्राप्त हैं।

12. अस्पतालों व फैक्टरियों में और अन्य सार्वजनिक स्थानों पर जब कैथोलिक पादरी रोटी और कुछ पेय बाँटने आते हैं, तब गरीब कैथोलिक बच्चों को घुसने नहीं दिया जाता और रोम के गरीब कैथोलिक ईसाइयों के बच्चों को उनके माता-पिता के सामने कभी-कभी प्रोटेस्टेंट स्कूलों में जबरदस्ती डाल दिया जाता है। कैथोलिक ईसाइयों की तरह अस्पृश्यों को भी बहिष्कृत किए जाने की यंत्रणा भुगतनी पड़ती है।

II

[निम्नलिखित निबंध की मूल अंग्रेजी पाठ की प्रति श्री एस.एस. रेगे से प्राप्त हुई थी। चूँकि यह 'नीग्रो और गुलाम-प्रथा' (इस अध्याय की योजना के विषयों में से एक विषय) के बारे में है जिस पर उक्त विवेचन में कोई चर्चा नहीं हुई है, अतः इसे यहाँ सम्मिलित किया गया है—संपादक]

ऐसा लगता है कि विधाता ने अफ्रीका महाद्वीप के साथ स्थायी रूप से संधि कर उसके भाग्य में लिख दिया है कि वह एशिया और यूरोप के स्वतंत्र और सभ्य निवासियों के लिए गुलामों की एकमात्र जन्मस्थली रहेगा।[19] अमेरिका में यूरोपियनों द्वारा गुलाम के रूप में नीग्रो का आयात शुरू करने के पूर्व अरब निवासियों द्वारा

एशिया में नीग्रो लोगों का आयात किया जाता था। हालाँकि स्थिति यही थी लेकिन अमेरिका में और अंग्रेजों की नई बस्तियों में नीग्रो लोगों को किस तरह गुलाम बनाकर रखा जाता था, इसका बड़ा ही कारुणिक इतिहास है, जिसे सुनकर लोग एशिया में गुलाम के रूप में नीग्रो लोगों की आयात की कथा को भूल जाते हैं, और यह स्वाभाविक भी है क्योंकि अमेरिका में नीग्रो लोगों का यूरोप के निवासी किस प्रकार आयात करते थे, यह सब एक बहुत ही वीभत्स कार्य होता था। यह आयात 16वीं शताब्दी के पहले दशक में शुरू हुआ और 19वीं शताब्दी के मध्य तक चला।

हिंदू और सार्वजनिक विवेक का अभाव

जिन परिस्थितियों में हिंदुओं ने अस्पृश्यों के विरुद्ध हिंसा तक का सहारा लिया है वे परिस्थितियाँ सभी को समान स्वतंत्रता की चाहत की रही हैं। अगर अस्पृश्य अपना जुलूस निकालना चाहते हैं तब उन्हें हिंदुओं के द्वारा जुलूस निकालने पर कोई एतराज नहीं होता। अगर अस्पृश्य सोने और चाँदी के जेवर पहनना चाहते हैं तब हिंदुओं को भी वैसा ही अधिकार रहे, इस पर वे कोई एतराज नहीं करते। अगर अस्पृश्य अपने बच्चों को स्कूलों में दाखिला दिलाना चाहते हैं, तब वे हिंदुओं के बच्चों को शिक्षा की पूरी आजादी होने का विरोध नहीं करते। अगर अस्पृश्य कुएँ से पानी भरना चाहते हैं तब हिंदुओं के द्वारा पानी भरने के अपने अधिकार का उपयोग किए जाने पर उन्हें कोई आपत्ति नहीं होती। इन सबका कोई अंत नहीं।

यहाँ इन्हें गिनाने की जरूरत नहीं है। सीधी-सी बात यह है कि अस्पृश्य जो स्वतंत्रता चाहते हैं, वह सिर्फ अपने लिए नहीं है, और वह हिंदुओं के सामने स्वतंत्रता के अधिकार से भिन्न नहीं हैं। तब हिंदू ऐसी इच्छाओं को जो किसी को हानि नहीं पहुँचातीं और जो पूर्णतः न्यायसंगत हैं, अमल में न आने देने के लिए हिंसा पर क्यों उतर आते हैं? हिंदू अपने अन्याय को न्यायसंगत क्यों मानते हैं? कौन यह इंकार कर सकता है कि अस्पृश्यों के साथ हिंदुओं के व्यवहार में जो कुछ अपकर्म होता है, उसे सामाजिक अपराध के अतिरिक्त और कोई संज्ञा नहीं दी जा सकती। यह केवल अन्याय नही है, यह केवल तिरस्कार नहीं है। यह मनुष्य की मनुष्य के प्रति घोर अमानवीयता है। अगर किसी डॉक्टर के द्वारा मरीज का इसलिए इलाज न करना कि मरीज अस्पृश्य है, अगर हिंदुओं के एक गिरोह द्वारा अस्पृश्यों के घरों को जला डालना, अगर अस्पृश्यों के कुओं में मैला डलवा देना अमानवीय कार्य नहीं है, तब मैं सोचता हूँ कि यह और क्या है? प्रश्न यह है कि हिंदुओं में विवेक क्यों नहीं है?[20]

इन प्रश्नों का एक ही उत्तर है। अन्य देशों में वर्ग आर्थिक और सामाजिक दृष्टि के आधार पर बने। गुलामों और खेतिहर गुलामों की धर्म में कोई व्यवस्था नहीं थी। इसकी अपेक्षा अस्पृश्यता मुख्यतः धर्म पर आधारित हैं, हालाँकि इससे हिंदुओं को

आर्थिक लाभ होता है। जब कभी आर्थिक या सामाजिक हित की बात होती है, तब कुछ भी पवित्र या अपवित्र नहीं होता।

ये हित समय और परिस्थिति के अनुसार बदलते रहते हैं। गुलाम-प्रथा और खेतिहर गुलाम-प्रथा क्योंकर मिट गई और अस्पृश्यता क्योंकर नहीं मिटी, इसका यही स्पष्ट कारण है। दो अन्य प्रश्नों का भी यही उत्तर है। अगर हिंदू अस्पृश्यता का पालन करता है, तो यह इसलिए कि उसका धर्म उसे ऐसा करने का आदेश देता है। अगर उसकी इस स्थापित व्यवस्थ: के विरुद्ध उठने वाले अस्पृश्यों का वह नृशंसतापूर्वक और अन्यायपूर्वक दमन करता है, तब उसका कारण उसका अपना धर्म है, जो उसे केवल इस बात की ही शिक्षा नहीं देता कि यह स्थापित व्यवस्था दैवी विधान है और इसलिए पावन है, बल्कि उस पर यह सुनिश्चित करते का कर्तव्य भी आरोपित करता है कि उसे इस स्थापित व्यवस्था को हर संभव उपाय से कायम रखना है। अगर वह मानवता की पुकार को नहीं सुनता, तब उसका कारण यह है कि उसका धर्म अस्पृश्यों को मानव समझने के लिए उसे बाध्य नहीं करता। अगर अस्पृश्यों को मारने-पीटने, उनके घरों को लूटने तथा जलाने और उन पर अन्य अत्याचार करते समय उसे अपने विवेक का कुछ भी ध्यान नहीं रहता, तब उसका कारण यह है कि उसका धर्म उसे इस बात की शिक्षा देता है कि इस सामाजिक व्यवस्था की सुरक्षा करने के लिए किया गया कोई भी कर्म पाप-कर्म नहीं है।[21]

गुलाम-प्रथा के संबंध में ईसाई धर्म के विषय में विस्तार से लिखने के लिए यहाँ स्थान नहीं है परंतु वह गैर-ईसाई धर्म से भिन्न था। बहुत से लोगों को इस बात का पता नहीं है कि अमेरिका में गुलाम-प्रथा के दिनों में ईसाई पादरी किसी गुलाम को ईसाई धर्म में दीक्षित करने के लिए तैयार नहीं होते थे, क्योंकि उनका विचार था कि यदि गुलामों को दीक्षित किया गया और वे गुलाम ही बने रहे, तो इससे ईसाई धर्म का स्तर गिर जाएगा। उनका विचार था कि कोई ईसाई दूसरे ईसाई को गुलाम बनाकर नहीं रख सकता। उसे दूसरे ईसाई को बराबरी का दर्जा देना पड़ जाएगा।

संक्षेप में यह कहा जा सकता है कि कानून और धर्म, दो ऐसे तत्त्व हैं जो व्यक्ति के व्यवहार को नियंत्रित करते हैं। कभी-कभी तो उनका चोली-दामन का साथ होता है और कभी-कभी वे एक-दूसरे की खामियों को सुधारने का काम भी करते हैं। इन दोनों तत्त्वों में कानून का संबंध व्यक्ति से है, जबकि धर्म निर्वैयक्तिक होता है। कानून क्योंकि व्यक्ति पर आधारित है, इसलिए वह अन्याय और असमानता का कारण हो सकता है। परन्तु धर्म के साथ यह बात नहीं है, इसलिए वह निष्पक्ष रह सकता है। यदि धर्म निष्पक्ष होगा तो वह कानूनी असमानता को दूर करने की क्षमता रखता है। रोम में गुलामों के संबंध में ऐसा ही हुआ। इसी कारण धर्म के विषय में यह कहा जाता है कि वह मनुष्य को उदात्त बनाने के लिए है न कि उसे अवनत करने

के लिए। हिंदू धर्म एक अपवाद है। इसने अस्पृश्यों को अध:प्राणी बना दिया। इसने हिंदू को अमानषिक बना दिया। इस अध:प्राणी की स्थापित व्यवस्था से और न अमानुषिकता से ही त्राण पाने का कोई उपाय दीखता है।[22]

हिंदू और जाति-प्रथा में उसका अटूट विश्वास

हिंदू समाज-सुधारकों में कुछ उदारवादी भी हैं। इस वर्ग का कहना है कि अस्पृश्यता हिंदुओं की जाति-प्रथा से भिन्न है। इस सिद्धांत के आधार पर वे कहते हैं कि जाति-प्रथा नष्ट किए बिना भी अस्पृश्यता दूर हो सकती है। धर्मनिष्ठ हिंदू अस्पृश्यता दूर करने का उतना ही विरोधी है जितना कि वह जाति-प्रथा को दूर करने के विरुद्ध है। वह दो चरणों में समाज-सुधार का उतना ही विरोधी है जितना कि वह एक चरण में समाज के सुधार का विरोधी है। परंतु राजनीति के खिलाड़ी हिंदुओं को यह विचार बहुत पसंद है। साफ तौर पर इसका कारण है। इस प्रकार उसे संसार को यह दिखाने का अवसर मिलता हैं कि वह लोकतंत्र का सबसे बड़ा समर्थक है।[23]

जो लोग जाति-प्रथा को दूर किए बिना अस्पृश्यता-निवारण की बात करते हैं, वे अपने तर्क की पुष्टि में 'मनुस्मृति' के दसवें अध्याय के चौथे श्लोक को उद्धत करते हैं। इस श्लोक में मनु केवल चार वर्ण बताते हैं। कोई पंचम वर्ण है ही नहीं। इस श्लोक का अर्थ इस प्रकार किया जाता है कि अस्पृश्य लोग शूद्रों की ही श्रेणी में हैं और जब शूद्रों को न छूने का कोई विधान नहीं है, तब अस्पृश्यों को छूने में भी कोई आपत्ति नहीं होनी चाहिए।

यह व्याख्या राजनीतिक हिंदुओं को चाहे जितनी अच्छी लगे, लेकिन मनु के अभिप्राय से यह भी व्याख्या मेल नहीं खाती। इस श्लोक की व्याख्या अन्य प्रकार भी हो सकती है और इसका अर्थ यह भी हो सकती है कि मनु चातुर्वर्ण्य का विस्तार नहीं चाहते थे और इन समुदायों को मिलाकर पंचम वर्ण की व्यवस्था के पक्ष में नहीं थे, जो चारों वर्णों से बाहर थे। यह कहकर कि पंचम वर्ण नहीं है, वह यह बताना चाहते हैं कि जो चातुर्वर्ण्य से बाहर हैं, उन्हें पाँचवाँ वर्ण बनाकर हिंदू समाज में शामिल नहीं करना चाहते थे। इस बात को उन्होंने स्पष्ट रूप से कहा है, जब वह वर्ण-बाह्य लोगों का जिक्र करते हैं, जिसका अर्थ है वे लोग जो वर्ण व्यवस्था से बाहर हैं। यदि मनु सभी लोगों को चार वर्णों में रखना चाहते, तो वर्ण-बाह्य कहने की जरूरत ही क्या थी? वर्ण-बाह्य में भी वह दो श्रेणियाँ रखना चाहते थे। उन्होंने इन्हें हीन और अन्त्येवासी कहा है। इन तथ्यों से यह स्पष्ट होता है कि उक्त श्लोक का जैसा भाष्य प्रस्तुत करने का प्रयत्न किया जाता है, उससे कट्टरपंथी हिंदुओं को भ्रम में नहीं डाला जा सकता कि अस्पृश्यता 'मनस्मृति' से मेल नहीं खाती और इसका उन्मूलन हिंदू विधान के प्रतिकूल नहीं है।

मनु के श्लोक की उक्त व्याख्या पर आश्रित तर्क सामान्य और अशिक्षित हिंदू की समझ से परे है। वह तो केवल दो बातें जानता है। एक तो यह कि सामाजिक व्यवहार में तीन प्रकार के बंधन हैं जिनका पालन किया जाना चाहिए। वे हैं—(1) जातियों के बीच आपस में खान-पान निषिद्ध, (2) जाति के बाहर बेटी व्यवहार वर्जित, और (3) कुछ जातियों के लोगों के छू जाने पर भी परहेज। पहले दो प्रतिबंधों से जाति बनती है और तीसरे प्रतिबंध से अस्पृश्यता का जन्म होता है। सवर्ण हिंदू को प्रतिबंधों की संख्या से कोई गुरेज नहीं। वह प्रतिबंध के आचरण पर विशेष ध्यान रखता है। जब उससे इन प्रतिबंधों का अनुपालन नहीं करने के लिए कहा जाता है तब वह पलटकर पूछ बैठता है, क्यों? वह कहता है, 'जब मैं पहले दो प्रतिबंधों को मानता हूँ तो तीसरे का अनुपालन करने में क्या हर्ज है।' मनोवैज्ञानिक रूप में जाति-प्रथा और अस्पृश्यता आपस में गुँथी हुई हैं और एक ही सिद्धांत पर आधारित हैं। यदि कोई सवर्ण हिंदू छूतछात बरतता है, तो इसका अर्थ है कि वह जाति में यकीन रखता है।

यदि इस दृष्टि से विचार किया जाए तब यह स्पष्ट हो जाएगा कि जाति-प्रथा को समाप्त किए बिना अस्पृश्यता के विनाश की आशा करना बालू की भीत बनाना है। यह विचार कि जाति-प्रथा और अस्पृश्यता, दोनों अलग-अलग हैं, एक दिवा-स्वप्न है। दोनों एक ही हैं और इन्हें अलग नहीं किया जा सकता। अस्पृश्यना, जाति-प्रथा का ही परिणाम है। दोनों को एक-दूसरे से अलग नहीं किया जा सकता। दोनों का चोली-दामन का साथ है।

एक अन्य कारण भी है, जिससे किसी भी कानूनी या बौद्धिक तरीके से अस्पृश्यता को मिटाया नहीं जा सकता। जैसा कि पहले भी कहा जा चुका है कि हिंदू समाज-व्यवस्था सीढ़ी-दर-सीढ़ी असमानता के सिद्धान्त पर आधारित है। यदि यह कहा जाए कि कुछ लोग ही इस सिद्धांत की इस विशिष्टता को समझते हैं, तो यह अतिशयोक्ति नहीं होगी। यदि कोई समाज सामाजिक असमानता पर आधारित है तो वह उस समाज से बिल्कुल भिन्न है, जो सीढ़ी-दर-सीढ़ी असमानता पर आधारित है। पहले प्रकार का समाज एक ढुलमुल व्यवस्था है, जो आत्म-सुरक्षा में सक्षम नहीं है, जबकि दूसरे प्रकार का समाज अपने अस्तित्व को बनाए रखने में पूर्णत: सक्षम है। जो सामाजिक व्यवस्था असमानता पर आधारित होती है उसमें निचले वर्ण के लोग इस व्यवस्था का उल्लंघन करने के लिए एक-दूसरे के साथ एकजुट हो सकते हैं। उस व्यवस्था को बनाए रखने में किसी को भी रुचि नहीं होती। उस सामाजिक व्यवस्था पर सामूहिक प्रहार की संभावना नहीं होती जो सीढ़ी-दर-सीढ़ी असमानता पर आधारित होती है, क्योंकि सभी पक्षों का दु:ख-दर्द समान नहीं होता है। यह तो तभी हो सकता है जब केवल ऊँचे और नीचे का भेदभाव हो। इस सीढ़ीनुमा व्यवस्था

में शीर्ष पर ब्राह्मण हैं। सर्वोच्च से नीचे उच्चतर क्षत्रिय हैं। उच्चतर से नीचे उच्च वैश्य हैं। उच्च से नीचे निम्न अर्थात् शूद्र हैं और निम्न से नीचे अर्थात् जो निम्नतर हैं, वे अस्पृश्य हैं। उच्चतम से सभी को गिला है और सभी उसका पतन चाहेंगे। पर नीचे वाले एकजुट नहीं हो सकते। उच्चतर वर्ग उच्चतम वर्ग से पिंड छुड़ाना चाहता है, परंतु वह उच्च और निम्न और निम्नतर वर्ग के कंधे से कंधा नहीं मिला सकता कि कहीं वे उसके बराबर न हो जाएँ। उच्च वर्ग उच्चतर वर्ग को गिरा देना चाहता है जो उसके ऊपर है, परंतु वह निम्न और निम्नतर से नहीं मिलेगा कि कहीं वे उसके बराबर का दर्जा न पा जाएँ। निम्न वर्ग उच्चतम, उच्चतर और उच्च वर्ग से छुटकारा पाना चाहेगा परंतु निम्नतर से उसकी पटरी नहीं बैठेगी कि कहीं निम्नतर निम्न का दर्जा न पा ले। सीढ़ीनुमा समाज में सिवा इसके कि जो सामाजिक पिरामिड में सबसे नीचे है, कोई भी पूरी तरह विशेषाधिकारों से वंचित नहीं हैं। दूसरों को श्रेणीगत विशेषाधिकार प्राप्त हैं। यहाँ तक कि निम्न को भी निम्नतर की तुलना में विशेषाधिकार प्राप्त हैं। चूँकि हर वर्ग को विशेषाधिकार प्राप्त हैं अतः हर वर्ग उस व्यवस्था को बनाए रखना चाहता है।

अस्पृश्यता अस्पृश्यों के लिए दुर्भाग्यपूर्ण हो सकती है। लेकिन इसमें कोई संदेह नहीं कि वह हिंदुओं के लिए एक वरदान है। इससे उन्हें एक ऐसा वर्ग मिलता है, जिसकी अपेक्षा वह अपने को श्रेष्ठ समझ सकते हैं। हिंदू ऐसा समाज नहीं चाहते, जिसमें कोई भी 'कुछ' न हो। वे ऐसा समाज भी नहीं चाहते जिससे हर 'कोई' कुछ भी बन सके। वे तो ऐसा समाज चाहते हैं जिससे वे ही कुछ हों और बाकी लोग कुछ भी न हों। अस्पृश्य 'कुछ' भी नहीं है, लोगों का वर्ग हैं। इससे हिंदू 'कुछ' हो जाते हैं। अस्पृश्यता हिंदुओं के सहज गर्व को बनाए रखती है और उन्हें ऐसा अनुभव करने का अवसर प्रदान करती है कि वे अपने को बड़ा अनुभव करने के साथ बड़े दिखें भी। यह एक अन्य कारण है, जिससे हिंदू उन लोगों के प्रति अस्पृश्यता को नहीं त्यागना चाहते हैं, तो बहुतांश तो हैं, लेकिन वे छोटे लोग हैं।

अस्पृश्यता तभी दूर हो सकेगी जब संपूर्ण हिंदू सामाजिक व्यवस्था, विशेष रूप से जाति-प्रथा विलीन हो जाए। क्या यह संभव है? प्रत्येक संस्था का कोई-न-कोई आधार होता है। ये आधार तीन प्रकार के होते हैं, जो किसी संस्था को जीवन प्रदान किए रहते हैं। ये आधार हैं—कानूनी, सामाजिक और धार्मिक। संस्था का स्थायित्व उसके अपने आधार की शक्ति पर निर्भर करता है। जाति-प्रथा के आधार की प्रकृति कैसी है? दुर्भाग्य से जाति-प्रथा का आधार धार्मिक है। जाति-प्रथा, वर्ग-व्यवस्था का नया संस्करण है, जिसे वेदों से आधार मिलता है। वेद हिंदू धर्म के पवित्र ग्रंथ हैं और अकाट्य हैं। मैं इसे दुर्भाग्यपूर्ण इसलिए कहता हूँ कि जिस किसी का आधार धर्म होता हैं, वह इस कारण ही पवित्र और सनातन बन जाता हैं। हिंदुओं के लिए जाति-

प्रथा पवित्र है और सनातन है। यदि जाति-प्रथा विलीन नहीं हो सकती, तब यह आशा किस प्रकार की जाए कि अस्पृश्यता विलीन हो जाएगी ?

भेदभाव की समस्या

अस्पृश्यों को जिन गंभीर समस्याओं का सामना करना पड़ता है उनमें क्रम से इंसानों का दर्जा पाने की समस्या के बाद दूसरी समस्या भेदभावपूर्ण व्यवहार की आती है। अस्पृश्यों के साथ हिंदुओं द्वारा कितना भेदभाव किया जाता है, इसके परिणाम की कल्पना करना किसी विदेशी व्यक्ति के लिए असंभव है। जीवन में कोई ऐसा क्षेत्र नहीं है जहाँ अस्पृश्य और हिंदुओं की एक-दूसरे के साथ प्रतिस्पर्धा न होती हो और जिसमें अस्पृश्यों के साथ भेदभाव न किया जाता हो। यह भेदभाव बहुत ही मर्मांतक तरीके का होता है।

सामाजिक संबंध, जैसे आमोद-प्रमोद, खान-पान, खेलकूद और पूजा-पाठ के मामले में यह प्रतिबंध का रूप ले लेता है। इस कारण साधारण-से-साधारण क्षेत्र में भी भाग लेने पर रोक लग जाती है।

सार्वजनिक सुविधाओं के क्षेत्र में यह भेदभाव अस्पृश्यों को स्कूलों, कुओं, मंदिरों और यातायात से वंचित कर देता है। सार्वजनिक प्रशासन अस्पृश्यों के प्रति भेदभाव से सबसे अधिक प्रभावित है। इसने कचहरियों, सरकारी विभागों, सहकारी बैंकों, विशेषकर पुलिस को प्रभावित किया है। भूमि, ऋण और नौकरियाँ प्राप्त करने के मामले में तो यह खुल्लमखुल्ला देखने को मिलता है। यह सबसे ज्यादा नौकरियों के क्षेत्र में है। हालाँकि कोई विनियम नहीं है, लेकिन कुछ ऐसे सर्वमान्य नियम जरूर हैं, जो नौकरियों में अस्पृश्यों के प्रवेश और उनकी प्रोन्नति को नियंत्रित करते हैं। अस्पृश्यों को अक्सर प्रवेश नहीं मिलता। इनके लिए सारे विभाग बंद हैं।

कपड़ा मिलों में बुनाई विभाग, सेना के सभी अंग अस्पृश्यों के लिए बंद हैं। अगर उन्हें प्रवेश मिल भी जाए, तब वहाँ पूर्व निर्धारित एक स्तर होता है जिसके बाद अस्पृश्य आगे उठ नहीं सकता, चाहे वह कितना ही कुशल या पुराना क्यों न हो। जिस सिद्धांत का आमतौर पर पालन किया जा रहा है, वह यह है कि अस्पृश्य को हिंदुओं के ऊपर कोई प्रशासनिक अधिकार वाला पद नहीं दिया जाएगा। इसका परिणाम यह होता है जब तक किसी पूरी शाखा को अस्पृश्यों के हवाले न कर दिया जाए तब तक परिणामस्वरूप बहुत थोड़े पद ऐसे होंगे जो अस्पृश्यों द्वारा भरे जा सकें। ठोस उदाहरण के रूप में कहा जाए तो नौकरी में सिर्फ एक क्षेत्र ही ऐसा है, जहाँ अस्पृश्यों के साथ कोई भेदभाव नहीं है और वह है सफाई का काम। इस क्षेत्र में प्रतिस्पर्धा की कोई जरूरत भी नहीं है, क्योंकि सारे के सारे पद अस्पृश्यों के लिए होते हैं और इस क्षेत्र में हिंदुओं की उनके साथ कोई प्रतिस्पर्धा नहीं होती। लेकिन यहाँ भी ऊँचे पदों

के भरे जाने के मामले में भेदभाव बरता जाता है। सभी गंदा काम अस्पृश्यों द्वारा किया जाता है। लेकिन सभी पर्यवेक्षी पद, जिनके वेतन अधिक होते हैं और जिनका गंदगी से कोई वास्ता नहीं होता, हिंदुओं के द्वारा भरे जाते हैं।

इस परिस्थिति में नागरिकता के अधिकार का आशय अस्पृश्यों के अधिकार से नहीं होता। जनता की सरकार और जनता के लिए सरकार का आशय अस्पृश्यों के लिए सरकार से नहीं होता, सभी के लिए समान अवसर का आशय अस्पृश्यों के लिए समान अवसर नहीं होता, समान अधिकार का आशय अस्पृश्यों के लिए समान अधिकार नहीं होता। देश के कोने-कोने में अस्पृश्यों को अड़चनों का सामना करना पड़ता है, भेदभाव सहन करना पड़ता है, उनके साथ अन्याय होता है, वे भारत के सबसे अधिक दीन-हीन लोग हैं। यह कितना सच है, यह केवल अस्पृश्य जानते हैं, जिन्हें मुसीबतें उठानी पड़ती हैं। यह भेदभाव अस्पृश्यों के रास्ते में सबसे कठिन बाधा है। और यह बाधा उनको इससे उबरने नहीं देती। इसके कारण उन्हें प्रतिक्षण किसी-न-किसी का, बेरोजगारी का, दुर्व्यवहार का उत्पीड़न आदि डर बना रहता है। यह असुरक्षा की जिंदगी होती है।

भेदभाव का एक और रूप भी है जो हालाँकि बहुत ही अप्रत्यक्ष होता है, तथापि यह बहुत ही ठोस होता है। इसके अधीन सुयोग्य अस्पृश्यों की प्रतिष्ठा और उनकी मर्यादा को कम करने के सुनियोजित प्रयत्न किए जाते हैं। एक हिंदू नेता को एक महान भारतीय नेता बताया जाता है। कोई उसे कश्मीरी ब्राह्मणों का नेता नहीं कहता, हालाँकि वह कश्मीरी ब्राह्मण होता है। अगर कोई नेता अस्पृश्य जाति का होता है, तब उसके बारे में यह कहा जाता है कि अमुक व्यक्ति अस्पृश्यों का नेता है। हिंदू डाक्टर को एक महान भारतीय डाक्टर बताया जाता है। कोई उसे अयंगार नहीं कहता, भले ही वह अयंगार क्यों न हो। अगर कोई डाक्टर अस्पृश्य जाति का होता है तब यह कहा जाता है कि अमुक डाक्टर अस्पृश्य जाति का है। हिंदू गायक के बारे में कुछ भी कहते समय यह कहा जाता है कि वह एक महान भारतीय गायक है। अगर वही व्यक्ति अस्पृश्य जाति का हो तब उसे अस्पृश्य जाति वाला गायक कहा जाता है। किसी हिंदू कुश्तीबाज का वर्णन करते समय उसे भारत का एक महान कुश्तीबाज कहा जाता है। अगर वह अस्पृश्य जाति का हो तब उसे अस्पृश्य जाति का कुश्तीबाज बताया जाता है।

इस प्रकार के भेदभाव का मूल हिंदुओं की इस विचारधारा में है कि अस्पृश्य लोग हीन होते हैं और वे चाहे जितने योग्य हों, उनके महान व्यक्ति केवल अस्पृश्यों के लिए महान हैं। वे उन व्यक्तियों से महान नहीं हो सकते और न उनके बराबर हो सकते हैं, जो हिंदुओं में महान हैं। इस प्रकार भेदभाव यद्यपि सामाजिक होता है, परंतु यह आर्थिक भेदभाव से कम कष्टदायक नहीं होता है।

स्वतंत्रता के अभाव का ही दूसरा नाम भेदभाव है। जैसा कि श्री टोनी का कथन है :

स्वतंत्रता जैसी कोई चीज दुनिया में नहीं है जो विशिष्ट काल और स्थान से अप्रभावित रहती हो। इसका चाहे जो आशय हो या न भी हो, इसमें कई विकल्पों में से चयन करने की शक्ति निहित रहती है, विकल्पों में से यह चयन यथार्थ होता है, केवल सांकेतिक नहीं होता, इसकी सत्ता वास्तविक होती है, सिर्फ कागजों पर ही नहीं रहती। संक्षेप में, इसका आशय कुछ करने की योग्यता से या किन्हीं निश्चित परिस्थितियों में, निश्चित क्षण में निश्चित कार्य करने से विरत रहने से या इसका आशय कुछ भी नहीं होता है क्योंकि कोई व्यक्ति जब कुछ सोचता है, इच्छा करता है और कुछ करता है, तब वह प्राय: कोई व्यक्ति होता है, इस स्वतंत्रता में वह सब-कुछ होता है, जिसके बारे में कवियों ने यह लिखा है, लेकिन प्रतिदिन के जीवन के गद्य में यह बिल्कुल व्यावहारिक और वास्तविक होता है। प्रत्येक व्यक्ति की अपनी अपेक्षाएँ होती हैं—इनमें भौतिक जीवन के लिए जरूरी चीजों के साथ वाणी और लिपि के द्वारा स्वयं को अभिव्यक्त करने की भी अपेक्षा शामिल है, समान हित के कार्यों में भाग लेने और अपने-अपने ढंग से ईश्वर की आराधना करने या उसकी आराधना से विरत रहने की अपेक्षा भी शामिल है, अर्थात् जो कुछ उसके कल्याण के लिए आवश्यक है, उसे प्राप्त करने का संतोष इन सारी अपेक्षाओं में से अगर मूल अपेक्षा को ही ग्रहण किया जाए, तब उसकी स्वतंत्रता प्रकृति द्वारा नियत सीमाओं में उसके द्वारा प्राप्त किए गए अवसर और उसके संगी-साथियों द्वारा समान अवसरों का उपयोग करने और यह सुनिश्चित करने के लिए आवश्यक कार्रवाई करने में निहित है कि ये अपेक्षाएँ पूरी हों।

मेरा इरादा इन स्वतंत्रताओं के लिए आवश्यक अधिकारों की एक और सूची जोड़ने का नहीं है, क्योंकि इनकी सूची तो पहले से ही विद्यमान हैं। लेकिन दो बातें ऐसी हैं जो इन सभी पर लागू होती हैं। पहली बात तो यह कि यदि स्वतंत्रता के लिए अधिकारों को प्रभावी होना है, तब वे इस प्रकार न बनाए जाएँ, जैसे जिन लोगों में आर्थिक सामर्थ्य है, वे सभी रिट्ज होटल में खा-पी सकते हैं। वे ऐसे होने चाहिए कि जब कभी उन्हें प्रयोग करने का अवसर आए तब उनका वास्तविक रूप में प्रयोग किया जा सके। मत देने और एकजुट होने के अधिकार हालाँकि पूरी तरह मूल्यहीन नहीं होते, तो भी वे स्पष्ट रूप से तब निष्प्रभावी हो जाते हैं जब पहले का परिणाम निष्कासन और दूसरे का परिणाम सर्वनाश होता है। अगर किसी व्यवसाय में प्रवेश का खर्च अपनी शक्ति से ज्यादा हो तो ये किसी व्यवसाय को चुनने का बेरोक अधिकार, अगर कोई गरीब आदमी न्याय की कीमत न चुका सके तब न्याय पाने का अधिकार, अगर वातावरण ऐसा हो कि जिसमें यह सुनिश्चित कर दिया गया हो कि जितने बच्चे

पैदा हुए हैं, उनमें से अधिकांश जन्म के बाद बारह महीने में मर जाएँगे, तब कोई आशा करना मानो अपनी सारी पूँजी को जुए में दाँव पर लगा बैठना है।

दूसरी बात यह है कि जो अधिकार स्वतंत्रता के लिए आवश्यक हैं वे ऐसे होने चाहिए जो न केवल अल्पसंख्यकों को, बल्कि सभी के लिए प्रत्येक स्वतंत्रता सुनिश्चित कर सकें। किसी मनीषी ने कहा है कि अगर पाँच प्रतिशत जनसंख्या पत्नीत्व अपनाए हुए है और अधिकांश का जीवन समस्याओं से ग्रस्त है, पति-पत्नी अपने दायित्व को नहीं समझते है, तब विवाह को राष्ट्रीय संस्था नहीं कहा जा सकता। यही बात स्वतंत्रता के लिए सच है। जिस समाज में कुछ वर्गों के लोग जो कुछ चाहें वह सब-कुछ कर सकें और बाकी वह सब भी न कर सकें जो उन्हें करना चाहिए, उस समाज के अपने गुण होते होंगे, लेकिन इनमें स्वतंत्रता शामिल नहीं होगी। यह समाज सिर्फ वहीं तक स्वतंत्र है।

जहाँ तक इसे संगठित करने वाले सभी तत्त्व वास्तव में, केवल सिद्धांत में ही नहीं, अपनी शक्ति का अधिकाधिक प्रयोग कर सकते हैं, अपना पूर्ण विकास कर सकते हैं, वह सब-कुछ कर सकते हैं जिसे वे अपना कर्तव्य समझते हैं, और चूँकि स्वतंत्रता को कठोर नहीं होना चाहिए—जब वे अपने डैनों को फैलाना चाहें तब वे उन्हें फैला सकें। अगर इंसनों के अनुरूप जीने की सुविधा कुछ लोगों तक ही सीमित है, तब जिस सुविधा को आमतौर पर स्वतंत्रता कहा जाता है, उसे विशेषाधिकार कहना अधिक उचित होगा।

इटली में मुसोलिनी और जर्मनी में हिटलर ने आम यहूदियों को 'समान शत्रु' घोषित करके किस तरह अपने राष्ट्रों के मजदूरों, किसानों, नौजवानों, महिलाओं और बुद्धिजीवी समूहों के बुनियादी मानवीय कानूनों का हनन किया, यह किसी से छिपा हुआ नहीं है। हमारे दो पड़ोसी देश, जिनमें एक इस्लामी राष्ट्र पाकिस्तान और दूसरा हिंदू राष्ट्र नेपाल है, इस भयावह सचाई के प्रतीक है कि दोनों जगह इन धार्मिक राष्ट्रों के अनुयायियों ने ही अपने धर्म के ठेकेदारों की काली करतूतों की कीमत चुकाई है। पाकिस्तान के आम मुसलमान और नेपाल के आम हिंदू किस तरह से अपने शासकों की हिंसा और दमन का शिकार हुए हैं, ये जगजाहिर है।

इसकी ताजातरीन मिसाल मध्य प्रदेश में देखी जा सकती है जहाँ साध्वी उमा भारती की सरकार ने 23 जनवरी को गौ-हत्या पर प्रतिबंध लगाने वाला एक अध्यादेश जारी किया है। इस अध्यादेश की आवश्यकता थी या नहीं और क्या प्राचीन भारत में गौ-मांस का सेवन होता था या नहीं, इस पर एक लंबा और पुराना विवाद है। पर इस बहस में नहीं जाते हुए, इस अध्यादेश से जुड़े तर्क देखें। इस अध्यादेश को लागू करने के पक्ष में जो तर्क दिए गए हैं उनमें से एक यह है कि 'मनुस्मृति' में भी गौ-हत्या करने वाले को कठोर दंड का आदेश दिया गया है।

भारतीय प्रजातंत्र के इतिहास में पहली बार किसी राज्य सरकार ने अपने द्वारा उठाए गए किसी कदम के लिए 'मनुस्मृति' को उद्घाटित किया है। भारतीय गणतंत्र में पहली बार 'मनुस्मृति' के कानूनों को देश के किसी भाग में लागू किया गया है। इस बात की जानकारी बहुत से लोगों को नहीं है कि भारतीय संविधान के निर्माण में महत्त्वपूर्ण भूमिका निभाने वाले डॉ. भीमराव अम्बेडकर ने 'मनुस्मृति' को मानवता, समानता और न्याय का गंभीरतम तिरस्कार बताते हुए उसकी एक प्रति जलाई थी। 'मनुस्मृति' में दी गई सजाओं को लागू करने का मन अगर संघ टोली ने बना लिया है तो यह बात गाय से बहुत आगे जाएगी। उल्लेखनीय है कि मनु ने दलितों और महिलाओं के साथ कैसा व्यवहार किया जाना चाहिए, उनको क्या-क्या सजाएँ दी जानी चाहिए, इस बारे में विस्तारपूर्वक दिशा-निर्देश दिए हैं।

मनु के अनुसार, दलितों की क्या हैसियत होनी चाहिए, इस बारे में उनके शूद्रों पर विचार जानकर उनकी मंशा का अंदाजा लगाया जा सकता है। जाहिर है, संघ टोली ने 'मनुस्मृति' को लागू करना आरंभ कर दिया है तो दलितों के बारे में इस सोच को कानूनी मान्यता मिलने में ज्यादा समय नहीं लगेगा। सच तो यह है कि उनका 'मनुस्मृति' के लिए मोह बहुत पुराना हैं। जिस दिन भारत की संविधान सभा ने (नवम्बर 29, 1949) भारत के संविधान को हरी झंडी दिखाई, उस मौके पर संघ टोली के अंग्रेजी मुखपत्र ने समानता और न्याय के प्रतीक स्वतंत्र भारत के संविधान के स्थान पर 'मनुस्मृति' लागू करने की माँग की। हिंदुत्व के समर्थक विनायक दामोदर सावरकर ने 'मनुस्मृति' को एक ऐसा धर्मग्रंथ बताया 'जो हमारे हिंदू राष्ट्र के लिए वेदों के बाद सर्वाधिक पूजनीय है और जो प्राचीन काल से ही हमारी संस्कृति, रीति-रिवाज, विचार तथा आचरण का आधार हो गया है। सदियों से इस पुस्तक ने हमारे राष्ट्र की आध्यात्मिक एवं दैविक अभियान को संहिताबद्ध किया है...आज 'मनुस्मृति' हिंदू विधि है।'

राष्ट्रीय स्वयंसेवक संघ और भारतीय जनता पार्टी के भारतीय गणतंत्र के बारे में इन कदमों को लेकर जिस प्रकार की चिंता की जानी चाहिए थी उसके अभाव में संवैधानिक ढाँचे का भविष्य अंधकारमय लगता है। आगे चलकर इस प्रयोजन का असली निशाना इस देश के आम हिंदू, उनके मानवाधिकार और उनकी प्रजातांत्रिक मान्यताएँ होंगी, इस बारे में दोराय नहीं हो सकती। यह वास्तविकता किसी से छिपी नहीं है कि संघ और उसके सहयोगियों द्वारा भारत पर चलाए जा रहे पिछले कई सालों के शासन के दौरान दलितों के खिलाफ, जो मुख्यतः हिंदू हैं, अत्याचार की घटनाएँ चरम सीमा पर जा पहुँची हैं। इसका सबसे दुखद पहलू है कि शासक वर्ग इन बढ़ते अत्याचारों की सबसे अधिक घटनाएँ हो रही हैं, वहाँ या तो संघ का पर्याप्त सामाजिक आधार है अथवा उसके सहयोगी वहाँ का शासन सँभाले हुए हैं।

जंग के समय दुश्मन की खलनायक की छवि बनाना कोई नई बात नहीं है। इसके लिए उसकी संस्कृति और धर्म पर भी चोट की जाती है, जिसे मनोवैज्ञानिक युद्ध का एक हिस्सा कह सकते हैं। युद्ध समाप्त होने तक इस तरह का दुष्प्रचार जारी रहता है। लेकिन यह ऐसा युद्ध है जो आजादी से पहले शुरू हुआ और निकट भविष्य में इसके खत्म होने के आसार नहीं दिखाई दे रहे हैं। इसमें अपने लोगों के बीच से ख्याली दुश्मन चुन लिए गए हैं और उनके खिलाफ गाली-गालौज से लेकर उनका चरित्रहनन तक किया जा रहा है। इसे 'धर्मयुद्ध' कह सकते हैं, और यह जंग सूचना के 'सुपर हाइवे' इंटरनेट पर लड़ा जा रहा है। सूचना प्रौद्योगिकी में विकास के साथ ही दुष्प्रचार के माध्यम भी बढ़ गए हैं और 'विश्वीकरण' के चलते विभिन्न देशों के बीच दूरियाँ सिमटने के कारण हमख्याल लोग पहले के मुकाबले ज्यादा संगठित हो गए हैं।

मैं यहाँ स्पष्ट कर देना चाहता हूँ कि जाति की समस्या के अंतर्राष्ट्रीयकरण का किसी भी नजरिए से विरोध नहीं किया जाना चाहिए। जाति को भारत का अंदरूनी मामला बताने का तो किसी कीमत पर समर्थन नहीं किया जा सकता। इसका पहला कारण तो यह है कि जातिगत भेदभाव केवल भारतीय समाज की परिघटना भी नहीं है। मात्रा और रूप भले ही भिन्न हों लेकिन यह भेदभाव दक्षिण एशिया और पूर्वी एशिया के कई देशों में प्रचलित है। यहाँ तक कि वहाँ छुआछूत जैसी प्रथा भी मिलती है। जापान में एटा उर्फ बुराकुमों की किसी युग में चमड़े का काम करने के कारण आज भी लगभग यही स्थिति है जिसकी भारत में चमारों की स्थिति से तुलना की जा सकती हैं। इस सिलसिले में कोरिया के पीकचोंगों और तिब्बत के राग्यप्पाओं के उदाहरण गिनाए जा सकते हैं। दूसरी बात यह है कि अगर छुआछूत मानवता के खिलाफ अपराध है तो समग्र मानवता भारतीय राष्ट्र-राज्य की सीमाओं में कैद कैसे रह सकती है? छुआछूत का उन्मूलन राष्ट्रवाद के दायरे का सवाल नहीं है बल्कि यह तो मानव होने के अधिकार का सवाल है। इसलिए इस मसले को सभी उपयुक्त और उपलब्ध मंचों पर उठाना जरूरी हो जाता है ताकि छुआछूत की विचारधारा और प्रथा का विरोध करने वाली राजनीति खड़ी की जा सके। इस प्रश्न पर एक सार्वभौम नैतिक विमर्श की रचना करने के लिए भी यह आवश्यक है।[24]

मेरे ख्याल से जाति को नस्ल मानने या न मानने की बहस में पड़ना एक व्यर्थ की बौद्धिक कारत ही होगी। सैद्धान्तिक, समाजशास्त्रीय और वैज्ञानिक नजरिए से इस निष्कर्ष पर पहुँचना आसान है कि जाति की एशियाई परिघटना को नस्ल की पश्चिमी परिघटना के समकक्ष नहीं ठहराया जा सकता। नस्ल एक जैविक संरचना है और जाति एक सामाजिक-सांस्कृतिक संरचना है। इस संबंध में हुए सभी अध्ययन बताते हैं कि भारत के हर क्षेत्र में रहने वाले दलितों की नस्ल अगर कोई है तो उसे वह क्षेत्र ही

निर्धारित करता है। हर क्षेत्र के दलित भिन्न-भिन्न नस्लों के हो सकते हैं और उन्हें किसी एक नस्ल के रूप में नहीं देखा जा सकता। यद्यपि जाति और नस्ल दोनों ही जन्मना होती है लेकिन जाति की पहचान नस्ल की भाँति सीधे-सीधे रंग के आधार पर न होकर क्षेत्र, कर्मकांडीय दर्जे, पारंपरिक पेशे और सजातीय विवाह की मिली-जुली जटिल संरचना के आधार पर बनती है। इसलिए नस्लभेद जातिभेद से अलग लेकिन रंगभेद का पर्यायवाची माना जाता है। वैसे भी किसी एक शुद्ध नस्ल और उसकी श्रेष्ठता या उसकी निकृष्टता के यूरोपियन दावे आज गलत साबित हो चुके हैं। लेकिन दलितों के नस्ल न होने का यह निर्विवाद तर्क इस तथ्य को नहीं छिपा सकता कि यूरोप, अमेरिका और अफ्रीका में प्रचलित रंगभेद के गर्भ से निकलने वाले अपमान और अन्याय के कई पहलू भारत में होने वाले जातिभेद जैसे ही दिखाई देते हैं। संभवतः इसीलिए दलित नेताओं की पिछली पीढ़ी ने ब्लैक पेंथर आंदोलन से प्रेरणा लेकर दलित पैंथर आंदोलन की नींव डाली। कई प्रतिष्ठित दलित साहित्यकार दलित-चेतना की व्याख्या करने के सिलसिले में रंगभेद-विरोधी विद्रोही-चेतना के प्रत्ययों का सहारा लेते रहे हैं।[25]

दरअसल जाति बनाम नस्लभेद का यह मुद्दा अकादमीय न होकर राजनीतिक है और इसे इसी नजरिए से समझने की कोशिश करनी चाहिए। किसी भी राष्ट्रीय समाज को तथ्यगत रूप से अलग-अलग नस्ली समूहों में विभाजित नहीं किया जा सकता क्योंकि विशुद्ध नस्ल का वजूद ही नहीं है, फिर भी नस्ल के आधार पर होने वाला भेदभाव एक सचाई है जिससे इंकार नहीं किया जा सकता। नस्ल का विचार विज्ञानसम्मत न रहकर सामाजिक, सांस्कृतिक और राजनीतिक प्रथा में बदल गया है जिसके आधार पर आबादी के एक हिस्से को कमतर के रूप में परिभाषित कर दिया जाता है। इस तरह नस्ल-आधारित 'हम' और 'वे' की धारणाएँ प्रचलित हो जाती हैं। इसके पीछे आमतौर पर वह सांस्कृतिक मान्यता होती है जिसके मुताबिक चमड़ी के खास रंग, नाक के खास आकार और खास तरह के बालों के कारण किसी समुदाय को कुछ विशेष जैव-शारीरिक गुणों के मामले में अक्षम करार दे दिया जाता है। जाहिर है कि यह सांस्कृतिक मान्यता कथित वैज्ञानिक तथ्यों की बिना पर खड़ा करने की कोशिश की जाती है जो वास्तव में विचारधारात्मक विश्वास के अलावा कुछ नहीं होती। इन मान्यताओं की आधारभूत वैधता नकार दिए जाने के बावजूद उनसे जुड़े विचारों और पूर्वाग्रहों की संरचनाएँ समुदायों के आपसी संबंधों को प्रभावित करती रहती हैं। कुछ खास तबकों को अलगाव में डालने और सामान्य अधिकारों से वंचित करने का विमर्श पनपता रहता है। यही कारण है कि वैज्ञानिक रूप से गलत साबित कर दिए जाने के बाद भी नस्लवाद न केवल बचा रह जाता है वरन् विकसित भी होता है। इसकी अभिव्यक्ति किसी राष्ट्रीय समाज में समुदायों के आपसी संबंधों

में तो होती ही है, साथ ही राष्ट्रों के बीच संबंधों में भी राजनीतिक रूप ले लेती है।

वैज्ञानिक रूप से आधारहीन हो जाने के बाद नस्ल की विचारधारा जाति के समान ही सांस्कृतिक-सामाजिक प्रत्यय रह गई है। इस प्रत्यक्ष समानता के बावजूद अपने बुनियादी गठन में दलित-समस्या अश्वेतों की समस्या से कतई अलग है और इसीलिए जाति को नस्ल की तरह परिभाषित नहीं किया जा सकता। अगर कुछ गैर-सरकारी संगठनों और विदेशों में रहने वाले कुछ प्रमुख दलितों के द्वारा किए जाने वाले ऐसे प्रयासों को संयुक्त राष्ट्र की मान्यता मिल गई और जातिभेद की पुनर्व्याख्या नस्लगत विमर्श के दायरे में होने लगी तो विचार, संगठन और सरकार के स्तर पर जाति-उन्मूलन के सामाजिक और लोकतांत्रिक आंदोलनों की शक्ल में कुछ ऐसे परिवर्तन आ सकते हैं जो न मुहिम लाने वालों को स्वीकार्य होंगे और न ही उन्होंने इनके बारे में सोचा होगा।[26]

यह सच है कि 'अंतर्राष्ट्रीय समुदाय' जाति के बजाय नस्ली भेदभाव को आसानी से समझ लेता है। जाति को उसकी समझ के दायरे में लाने के लिए अगर नस्ल की पदावली प्रचलित हो गई तो हो सकता है कि भारत की सौ साल से जारी जाति-विरोधी और छुआछूत-विरोधी आंदोलनों की उपलब्धियाँ हाथ से निकल जाएँ। डरबन सम्मेलन से उपजे विमर्श का एक लिहाज से अवश्य स्वागत किया जाना चाहिए कि उसके कारण दलितों के ऊपर किए जाने वाले अमानुषिक अत्याचारों और उनके मानवाधिकार उल्लंघनों की तरफ दुनिया का ध्यान आकर्षित हुआ है। लेकिन सवाल यह है कि जाति को नस्ल की भाँति देखने के विचारधारात्मक और अवधारणात्मक नतीजों का दलित आंदोलन के ऊपर क्या असर पड़ेगा? मोटे तौर पर एक प्रभाव तो यह पड़ सकता है कि दलित आंदोलन के लंबे तजुर्बे से विकसित हुए विचारों और धारणाओं की जगह नस्लवाद-विरोधी आंदोलन में विकसित विचार और बनी-बनाई धारणाएँ ले लें। उदाहरणार्थ, अभी तक होता यह है कि जातिवाद और छुआछूत की विचारधारा समुदायों के ऊँच-नीच के संदर्भ में व्यक्त होती है न कि जैव-शारीरिक भेद की शब्दावली में। जातिवाद और छुआछूत की विचारधारा नैतिक और धार्मिक भाषा का इस्तेमाल करती है। उसमें सामाजिक श्रेणीक्रम द्वारा निर्धारित दर्जे के आधार पर पवित्रता और अपवित्रता की सीमाओं का फैसला होता है। यह पूरी प्रणाली एक सामाजिक दर्जे का उसकी कर्मकांडीय श्रेणी के साथ संबंध का औचित्य बताने की भूमिका अदा करती है। जबकि नस्लवाद में ऐसा नहीं होता। नस्ली भेदभाव मानवीय समुदायों के बीच स्थायी और संपूर्ण अलगाव का कारक बन जाता है।

यह सही है कि श्रेणीक्रम-आधारित व्यवस्था की तलछट में होने के कारण दलित निचली श्रेणियों में सबसे ज्यादा वंचित हैं और आज भी कमोबेश अधीनस्थता की स्थिति में जी रहे हैं। लेकिन वे इस व्यवस्था से बाहर नहीं हैं। हालाँकि नस्लवाद की

विचारधारा शारीरिक रूप से चिह्नित किए जा सकने वाले समुदायों को पूरी तरह से पृथक कर देती है। यह पृथक्करण 'शासक नस्ल' द्वारा अपनी सत्ता की ताकत के दम पर किया जाता है। हीन समझी जाने वाली नस्ल की अधीनस्थता को जारी रखने के लिए नैतिक-धार्मिक तर्क का सहारा नहीं लिया जा सकता। यही कारण है कि अश्वेतों का वजूद श्वेत समाज की नैतिक-वैचारिक सृष्टि और समाज-व्यवस्था के बाहर बना रहता है। अधिकारों के लोकतांत्रिक विमर्श और संघर्ष से दोनों के बीच सिर्फ राजनीतिक सूत्र ही बन पाया है। जातिगत भेदभाव के मामले में 'नैतिक' मान्यता का इस्तेमाल करते हुए अधीनस्थ के सहयोग का दोहन भी किया जाता है। नस्लवाद बलपूर्वक प्रभुत्व के जरिए लागू किया जाता है जबकि जातिगत भेदभाव उत्पीड़ित की सहमति से एक वर्चस्वमूलक संरचना के रूप में जीवित रहता है। जातिवादी समाज कुछ समुदायों पर कुछ परिभाषाएँ इस तरह थोपता है जैसे वे खुद उनकी आत्म-परिभाषाएँ हों ताकि वे अवमानना को एक स्वाभाविक स्थिति के रूप में स्वीकार कर लें। जातिगत उत्पीड़न की जड़ में पवित्रता-अपवित्रता की धारणा है जिसने समाज को छुआछूत की बीमारी से ग्रस्त कर दिया है। अतः छुआछूत में निहित अमानवीयता रंगभेद के किसी भी प्रचलित उत्पीड़न और अन्याय की अपेक्षा कहीं गहरे और जटिल अर्थोंवाली समझी जानी चाहिए।

नस्ल और जाति में एक महत्त्वपूर्ण भेद यह भी है कि भारतीय समाज जातियों को कुछ खास परिस्थितियों में एक तरह के ऊर्ध्वगमन का मौका भी देता है। यद्यपि पंचम वर्ण की जातियों को व्यावहारिक रूप से इस तरह के अवसर उपलब्ध नहीं थे लेकिन कुछ दलित जातियों ने दावा किया कि कुछ विशेष ऐतिहासिक परिस्थितियों में हुए अधोगमन के कारण वे दलित स्थिति में पहुँची थीं। तमिलनाडु में आज के शक्तिशाली नाडार कभी अस्पृश्य शानन हुआ करते थे। केरल की राजनीति में निर्णायक रुतबा रखने वाले एडवा कभी अछूत समझे जाते थे। केवल पचास साल में ही इन दो जाति-समूहों में खेतिहर और कारीगर जाति-समूहों से भी कहीं ज्यादा व्यवसायगत विभेदीकरण देखा गया है। न केवल पूरे के पूरे समुदाय ताड़ी खींचने के अपने पारंपरिक जातिगत पेशे की जकड़ से निकल आए बल्कि उनके काफी सदस्य आधुनिक क्षेत्र के औद्योगिक और अन्य पेशों में लगे हुए लोगों में सामुदायिक रूप से न सही पर व्यक्तिगत रूप से उत्तर प्रदेश के धोबियों और बनारस की डोम जाति का उदाहरण भी दिया जा सकता है। जाहिर है कि ऊर्ध्वगमन के दावे से सैद्धांतिक इंकार करना जाति-व्यवस्था में मुश्किल है जबकि नस्ल आधारित तर्क में किन्हीं दो नस्लों के भूत या भविष्य में एक होने की बात तथ्यहीन और तर्कहीन प्रतीत होगी। संविधानसम्मत आरक्षण के कारण धीरे-धीरे 'मध्यवर्ग' में शामिल होने की प्रक्रिया जाति के संदर्भ में भिन्न होती है और नस्ल के संदर्भ में भिन्न।

संभवत: यही कारण है कि भारत के दलितों ने पिछले पचास साल में अमेरिकी कालों को मिले हुए आरक्षण की अपेक्षा अपने संविधानसम्मत आरक्षण का बेहतर इस्तेमाल किया है। इस जरिए वे आधुनिक क्षेत्र में एक स्तर तक की हैसियत हासिल करके मध्यवर्ग में प्रवेश कर सके हैं। इस संभावना से कैसे इंकार किया जा सकता है कि पिछली सदी में हुई नाडारों और एडवाओं की प्रगति सरीखी परिवर्तनकारी घटनाएँ नई सदी में देश के अन्य भागों के दलित समुदायों के साथ नहीं घटेंगी। जाहिर है कि उत्पीड़न का रूप भिन्न होने के कारण उसे खत्म करने के लिए उसके खिलाफ चलाए जाने वाले संघर्ष के भी भिन्न रूप अपनाने पड़ेंगे। लोकतंत्रीकरण और आधुनिकीकरण की प्रक्रिया में नस्लवाद की अपेक्षा जाति-भेद के खात्मे की संभावना कई गुना ज्यादा है। जातिगत उत्पीड़न की शिकार बहुसंख्यक जनता के सामने जाति-प्रथा के दायरे से बाहर की विचार-श्रेणियों का उपयोग करके इस प्रणाली को अंदर से उलटने की संभावना है।

दिलचस्प यह है कि संयुक्त राष्ट्र से जातिभेद को नस्लभेद के समकक्ष मानने की अपील कर रहे तत्त्व भी इन बुनियादी बातों को जानते हैं। फिर भी इस माँग को उठाने से जाहिर है कि उन्हें इससे दलितों के लिए कुछ ऐसे फायदे अर्जित कर लेने की उम्मीद है जो जातिभेद को परिभाषित करनेवाले मौजूदा राजनीतिक और संवैधानिक प्रावधानों के जरिए नहीं मिल पा रहे हैं। शायद पहला बड़ा परिवर्तन तो यह होगा कि जाति के आधार पर किए जाने वाले अन्याय को अंतर्राष्ट्रीय रूप से पूर्वपरिभाषित नस्लगत भेदभाव के तहत समझा जाने लगेगा और फिर इस अन्याय को अंतर्राष्ट्रीय मंचों से उठाने में सुविधा होने लगेगी। तब शायद सरकार और प्रशासन के लिए जातिगत उत्पीड़न की अनदेखी करना और कठिन हो जाएगा क्योंकि मानवाधिकारों के हनन की तरह जातिगत उत्पीड़न के कारण भी अंतर्राष्ट्रीय प्रतिबंधों की नौबत आ सकेगी।[27]

इसके अलावा कुछ और भी छोटे-मोटे फायदे हो सकते हैं। हालाँकि इस मुहिम का नेतृत्व करने वाले इस सवाल का जवाब देने के लिए तैयार नहीं हैं कि अंतर्राष्ट्रीय मंचों में मिलने वाली इस मान्यता और उसके लाभों का पिछली एक शताब्दी से भी ज्यादा समय से जारी दलितों और निचली जातियों के आंदोलन पर क्या असर पड़ेगा? कहीं ऐसा तो नहीं है कि भविष्य के गर्भ में छिपे कुछ अनिश्चित किस्म के लाभों के बदले दलितों को दीर्घकालीन संघर्ष के जरिए प्राप्त लाभों से वंचित हो जाना पड़े? इससे भी बड़ा अंदेशा यह है कि जाति की शुद्ध भारतीय श्रेणी को नस्ल के पश्चिमी खाँचे में फिट करने के चक्कर में कहीं दलितों के हाथ से उनका संपूर्ण मुक्तिकामी परिप्रेक्ष्य ही न फिसल जाए? जाति को नस्ल मानने के पक्ष के तर्क जुटा रहे समीक्षकों और बुद्धिजीवियों को चाहिए कि वे जाति को नस्ल मान लिए जाने के बाद आ सकने वाली समस्याओं का अंदाजा लगाएँ। जब जाति के आधार पर किया जाने वाला पक्षपात

नस्लगत रूप से परिभाषित हो सकता है तो तमिलनाडु के ब्राह्मणों, कश्मीर के पंडितों, लद्दाख के बौद्धों और विभिन्न राज्यों में बसे धार्मिक और भाषायी अल्पसंख्यकों को अपने खिलाफ किए जाने वाले भेदभाव को भी नस्ल के संदर्भ में पेश करने का मौका क्यों नहीं मिल जाएगा? जब दलितों के साथ-साथ अन्य जातियाँ नस्ल के दायरे में आ जाएँगी तब दलित उत्पीड़न का खास भारतीय रूप तो बना रहेगा लेकिन उसकी पहचान इस विशिष्ट रूप में होने के बजाय अंतर्राष्ट्रीय मुहावरे में होने लगेगी।

एक अन्य दृष्टि से भी इस मसले पर विचार किया जाना चाहिए कि जाति को नस्ल का दर्जा दिला देने का असर हिंदू समाज के बाहर की जाति-संरचनाओं पर क्या पड़ेगा। भारत के लगभग सभी धार्मिक अल्पसंख्यक किसी-न-किसी प्रकार से जाति की समस्या के शिकार हैं। हिंदुओं के मुकाबले संपूर्ण समता का दावा और आश्वासन देने के बावजूद वे जाति की परिघटना से मुक्ति पाने में नाकाम रहे हैं। नीची जातियों के हिंदुओं के बीच से हुए धर्म परिवर्तन के जरिए उनके धर्मावलम्बियों की संख्या तो बढ़ गई लेकिन इसका परिणाम यह हुआ कि उनके अंदरूनी दायरों में ऊँची या भूमिधर जातियों से बने ईसाइयों, मुसलमानों या सिखों के खिलाफ असंतोष के स्वर फूटने लगे। धर्म-परिवर्तन उनकी समस्याओं का हल नहीं कर पाया। इसीलिए आज सभी तरह के धर्मांतरित दलित आरक्षण प्राप्त करने की मुहिम चला रहे हैं। कुछ को यह सुविधा दुबारा मिल भी गई हैं। कहीं ऐसा तो नहीं है कि जाति की नस्ल का दर्जा दिलाने में जुटे लोग अपने अल्पसंख्यक दायरों में जातिभेद के खिलाफ ध्रुवीकरण को विरल करने का मौका ढूँढ़ रहे हों और समूची अल्पसंख्यक राजनीति के नस्लीकरण का रास्ता खोलना चाहते हों। यह परिदृश्य अभी भले ही साफ न हो लेकिन जल्दी ही ये अंदेशे ठोस रूप में समाने आ सकते हैं। जाहिर है कि यह पूरी प्रक्रिया जाति संबंधी विमर्श को ही निरर्थक बना सकती हैं।

मौजूदा दलित आंदोलन पर इसके असर को तात्कालिक और दूरगामी, दोनों दृष्टियों से आँका जाना चाहिए। दलितों का अंतर्राष्ट्रीय मंचों पर नस्ल का दर्जा मिलते ही भारत में पहली प्रतिक्रिया तो यह हो सकती है कि जातिगत भेदभाव के आधार पर उन्हें मिले संविधानसम्मत आरक्षण पर ही प्रश्न उठा दिया जाए। आरक्षण विरोधियों को एक बार फिर आरक्षण का मुद्दा कानूनी और राजनीतिक बहस के केंद्र में लाने का मौका मिल जाएगा। साथ ही छुआछूत की सामाजिक बुराई के खिलाफ उठने वाला नैतिक आवेग भी दलितों के खिलाफ नाइंसाफी को नस्लवाद के दायरे में मान लेने से कमजोर हो सकता है। जातिवाद-विरोधी आंदोलन की समृद्ध समतावादी परंपराओं के कारण गैर-दलितों में बीजरूप से विकसित हुई रेडिकल चेतना को भी इस नए परिवर्तन से प्रभावित होना पड़ेगा। हो सकता है कि नस्ल का विचार इस चेतना के स्वाभाविक अग्रगमन में बाधक बन जाए। जातिभेद-विरोधी विमर्श से

निकला अम्बेडकर द्वारा दलितों को दिया गया शिक्षित, संगठित और आंदोलित होने का संदेश नस्ल की अवधारणा की रोशनी में फीका दिखाई देगा। बाबा साहेब द्वारा प्रवर्तित पूरा आख्यान एक विराट प्रश्नचिह्न का सामना कर सकता है, क्योंकि अम्बेडकर के चिंतन में दलितों को नस्लगत रूप से देखने की कोई जगह नहीं थी। अम्बेडकर की मान्यता थी :

जाति-प्रथा का मकसद न तो नस्लों के सम्मिश्रण को रोकना माना जा सकता है और न ही यह प्रथा रक्त की शुद्धता कायम रखने के माध्यम के रूप में समझी जा सकती है। सच तो यह है कि जब जाति-प्रथा अस्तित्व में आई, उसके बहुत पहले ही भारत में रक्त और संस्कृति के मामले में विभिन्न नस्लों का मिश्रण हो चुका था। जातियों के भेद को इस तरह नस्लों का भेद मानना जैसे वे अलग-अलग नस्लें हों, तथ्यों को पूरी तरह विकृत करना ही होगा, पंजाब के ब्राह्मण और मद्रास के ब्राह्मण के बीच कौन-सी नस्ली समानता हो सकती है? बंगाल के अछूत और मद्रास के अछूत में कौन-सी नस्ली समानता हो सकती है? पंजाब के ब्राह्मण और पंजाब के चमार में कौन-सी नस्ली समानता हो सकती है? मद्रास के ब्राह्मण और मद्रास के पारिया में कौन-सी नस्ली समानता हो सकती है? जाति-प्रथा नस्लगत विभाजन नहीं करती। जाति-प्रथा तो एक ही नस्ल के सामाजिक विभाजन का नाम है।

(भीमराव अम्बेडकर एनिहिलेशन ऑव कास्ट, आनंद साहित्य, अलीगढ़ 1189, पृष्ठ 40)

बाबा साहेब दलितों को ऐसी किसी अस्मिता से लैस करने की परियोजना चलाने के पक्ष में नहीं थे जिसके कारण उनके समग्र भारतीय समाज से कट जाने का कोई खतरा हो। इस संबंध में धर्म-परिवर्तन का निर्णय करते समय अम्बेडकर के ऊहापोह और सतर्कता को याद की जा सकती है जिसमें उनकी एक कसौटी यह भी थी कि कहीं दलित किसी ऐसी धार्मिक पहचान में फँस जाएँ कि आगे चल कर उनके भारतीय मूल पर ही सवाल उठने लगें। आधुनिकीकरण और शहरीकरण की दीर्घकालीन प्रक्रिया के माध्यम से नागरिक समाज के साथ अंततः दलित पहचान के समरस हो जाने के लक्ष्य को भी इस नस्लगत परिप्रेक्ष्य के कारण ठेस लग सकती है क्योंकि एक सामाजिक और धार्मिक संरचना तो तिरोहित हो सकती है लेकिन नस्लगत संरचना हमेशा अपनी उपस्थिति का एहसास दिलाती रहती है।

बकौल धीरू भाई शेठ जाति को नस्ल मनवाने की मुहिम के मौजूदा दलित आंदोलन के लिए कुछ संभावित परिणामों का सूत्रीकरण इस प्रकार किया जा सकता है :

—दलित राजनीतिक कार्यकर्त्ताओं पर स्वयंसेवी संगठनों की संस्कृति हावी हो सकती है। परिणामस्वरूप पूरा आंदोलन दलगत और चुनावी राजनीति की मुख्यधारा से भटककर राजसत्ता में बराबरी का हिस्सा हासिल करने की संभावनाओं से वंचित हो

सकता है। अगर ऐसा हुआ तो स्वयंसेवी संगठनों के अराजनीतिक चरित्र के कारण यह मुहिम अपना आंदोलनकारी चरित्र खो देगी।[28]

—यह नई प्रवृत्ति अराजनीतिक, वैकासिक और विदेशी स्रोतों से मिलने वाले धन से जुड़े आग्रहों के आधार पर आंदोलन के लक्ष्यों और मूल दिशा को प्रभावित कर सकती है।

—इससे दलितों के स्थायी अल्पसंख्यकीकरण की राजनीति निकल सकती है। इस राजनीति के तहत दलितों को ऐसे धार्मिक अल्पसंख्यकों की तरह देखा जाने लगेगा जो एक खास राजनीतिक-सांस्कृतिक सीमा में कैद रहते हैं।

—गठजोड़ों की रचना में दलित राजनीति को घटी हुई भूमिका के कारण धीरे-धीरे दलित-बहुजन एकता की संभावनाएँ तिरोहित हो सकती हैं।

—नस्लवाद-विरोधी विमर्श की छाया में दलित विमर्श अपनी पारिवेशिकता में कैद हो सकता है जिसके नतीजे के तौर पर दलित बनाम पिछड़े वर्ग का ध्रुवीकरण होने का अंदेशा है। इसके नफीस बौद्धिक इशारे मिलने शुरू हो गए हैं जिनकी अभिव्यक्ति मंडलवादी राजनीति और दलित राजनीति को दो भिन्न-भिन्न मॉडलों की तरह पेश करने के रूप में हो रही है।

—मुझे पूरा यकीन है कि द्विज जातियाँ नस्लवाद-विरोधी विमर्श का समर्थन करेंगी क्योंकि उससे उन्हें आरक्षण की बहस को दुबारा उठाने का मौका मिल सकता है। इससे मंडल विरोधियों को राजनीति में नई गुंजाइश मिल जाएगी।

—धार्मिक अल्पसंख्यकों की राजनीति पर इसका असर उसके एक बार फिर पूर्ण सांप्रदायिकीकरण में निकलेगा। इसके सहारे अल्पसंख्यक राजनीति में जातिगत भेदभाव को छिपाया जा सकेगा।

—मौजूदा जाति-विमर्श में दलितों के मध्यवर्गीकरण की प्रक्रिया चल रही है जो बदलकर जातीय आधार पर गोलबंदी की तरफ जा सकती है।

—आज जो बहस मनुवाद बनाम बहुजनवाद के संदर्भ में चलती है वह राज्य बनाम दलित के रूप में परिवर्तित हो सकती है।

—दलितों में सरकारी बनाम रेडिकल दलितों का एक नया विभेदीकरण विकसित हो सकता है। परिणामस्वरूप दलित आंदोलन का बिखराव बढ़ जाएगा।

—इससे राजसत्ता में हिस्सेदारी की वास्तविक राजनीति की जगह प्रतीकात्मक राजनीति का महत्त्व बढ़ने की संभावना है। खतरा यह है कि इस प्रक्रिया में दलित राजनीति द्विज जातियों के उस विमर्श के फेर में आ सकती है जिसमें राज्य को अधिकारहीन करने और बाजार की ताकतों को अधिकारसम्पन्न करने के आग्रह निहित हैं। खयाल रहे कि द्विज जातियाँ मंडलवादी राजनीति के कारण राजसत्ता से दूर होती जा रही हैं और दलित समुदाय उसके नजदीक आते जा रहे हैं।

इस पूरी बहस का सबसे तीखा सवाल यह है कि वह समय कब आएगा जब हम औपनिवेशिक मानसिकता को त्याग कर पश्चिमी श्रेणियों के जरिए भारतीय यथार्थ की व्याख्या करने का प्रयास बंद कर देंगे ? यहाँ विचारों और अवधारणाओं के भूमंडलीकरण की आमतौर पर दृष्टि से ओझल रहने वाली प्रक्रिया पर भी ध्यान दिया जाना चाहिए। जाति एक दक्षिण एशियाई यथार्थ है जिसकी भारतीय अभिव्यक्ति सबसे सघन है। इस यथार्थ को तोड़-मरोड़कर नस्ल की यूरोपीय संरचना के दायरे में फिट करने के बजाय ऐसा क्यों नहीं हो सकता कि हम अमेरिका, कनाडा, अन्य पश्चिमी देशों, जापान आदि में भेदभाव को जातिगत भेदभाव की श्रेणियों के जरिए समझने की कोशिश करें ? ऐसा करने का सबसे बड़ा लाभ तो यह होगा कि तुलनात्मक समाजशास्त्र की सकारात्मक पद्धति और समृद्ध होगी। अभी तक इस पद्धति के नाम पर प्रायः हमें अपने समाज के अनुभवों को नजरअंदाज करने और ठुकराने की शिक्षा दी गई थी। हम वर्ग के आईने में जाति का और समतल समाजों के आईने में श्रेणीक्रम-आधारित समाज-प्रणाली का अक्स देखने की कोशिश करते रहे। आज मौका है कि हम ज्ञान की इस इकतरफा राजनीति को संतुलित कर सकते हैं। बजाय इसके कि सिर्फ नस्ल के आईने में ही जाति को देखा जाए, हमें जाति के आईने में भी नस्ल को देखना चाहिए। नस्ली भेदभाव से पीड़ित समाजों के लिए नस्ल के जरिए जाति की प्रारंभिक समझ बनाने की कोशिश समझी जा सकती है, लेकिन यह मजबूरी हमारे ऊपर लागू नहीं होनी चाहिए। वस्तुतः अपना वैज्ञानिक-विचारधारात्मक आधार खो देने के बाद नस्लगत भेदभाव के रूप काफी कुछ जातिगत भेदभाव जैसे ही हो गए हैं।

दक्षिण अफ्रीका का उदाहरण इस मुद्दे को स्पष्ट कर सकता है। वहाँ के रंगभेद (अपार्थाइड) की जड़ में जाति को औचित्य प्रदान करने वाली ब्राह्मणवादी विचारधारा की तरह श्वेतांगों की श्रेष्ठता वाली एक विचारधारा है जो कानूनी रूप से उन्मूलित हो जाने के बाद भी छुआछूत की तरह व्यवहार में जारी रहती है और जनता के बहुलांश को उपमानव की हैसियत में कमतर कर देती है। इसी के साथ-साथ यूरोप में जिप्सियों के निरंतर उत्पीड़न पर भी ध्यान देना जरूरी है। आज अगर कोई सर्वेक्षण हो तो जिप्सी शायद दुनिया के सबसे ज्यादा सताए गए समुदाय साबित होंगे। वे छुआछूत से तो पीड़ित नहीं हैं लेकिन उनके पास किसी तरह का अधिकार नहीं है। वे संपूर्ण रूप से बहिष्कृत और निष्कासित हैं। उन्हें किसी एक जगह टिकने नहीं दिया जाता है और उनके इस उत्पीड़न की कोई खास चर्चा भी नहीं होती। वे अंतर्राष्ट्रीय दलित हैं।

जापान के बुराकुम समुदाय की उत्पत्ति तो भारत के अछूतों की ही तरह है। वे आधुनिक युग में अपने चमड़े के पारंपरिक पेशे को छोड़ने के बाद भी जापानी समाज में व्यावहारिक रूप से सामाजिक-नागरिक अधिकार हासिल नहीं कर पाए हैं। अगर भेदभाव के इन उदाहरणों को नस्ल के परिप्रेक्ष्य के देखने के बजाय जाति के परिप्रेक्ष्य

इस पूरी बहस का सबसे तीखा सवाल यह है कि वह समय कब आएगा जब हम औपनिवेशिक मानसिकता को त्याग कर पश्चिमी श्रेणियों के जरिए भारतीय यथार्थ की व्याख्या करने का प्रयास बंद कर देंगे? यहाँ विचारों और अवधारणाओं के भूमंडलीकरण की आमतौर पर दृष्टि से ओझल रहने वाली प्रक्रिया पर भी ध्यान दिया जाना चाहिए। जाति एक दक्षिण एशियाई यथार्थ है जिसकी भारतीय अभिव्यक्ति सबसे सघन है। इस यथार्थ को तोड़-मरोड़कर नस्ल की यूरोपीय संरचना के दायरे में फिट करने के बजाय ऐसा क्यों नहीं हो सकता कि हम अमेरिका, कनाडा, अन्य पश्चिमी देशों, जापान आदि में भेदभाव को जातिगत भेदभाव की श्रेणियों के जरिए समझने की कोशिश करें? ऐसा करने का सबसे बड़ा लाभ तो यह होगा कि तुलनात्मक समाजशास्त्र की सकारात्मक पद्धति और समृद्ध होगी। अभी तक इस पद्धति के नाम पर प्रायः हमें अपने समाज के अनुभवों को नजरअंदाज करने और ठुकराने की शिक्षा दी गई थी। हम वर्ग के आईने में जाति का और समतल समाजों के आईने में श्रेणीक्रम-आधारित समाज-प्रणाली का अक्स देखने की कोशिश करते रहे। आज मौका है कि हम ज्ञान की इस इकतरफा राजनीति को संतुलित कर सकते हैं। बजाय इसके कि सिर्फ नस्ल के आईने में ही जाति को देखा जाए, हमें जाति के आईने में भी नस्ल को देखना चाहिए। नस्ली भेदभाव से पीड़ित समाजों के लिए नस्ल के जरिए जाति की प्रारंभिक समझ बनाने की कोशिश समझी जा सकती है, लेकिन यह मजबूरी हमारे ऊपर लागू नहीं होनी चाहिए। वस्तुतः अपना वैज्ञानिक-विचारधारात्मक आधार खो देने के बाद नस्लगत भेदभाव के रूप काफी कुछ जातिगत भेदभाव जैसे ही हो गए हैं।

दक्षिण अफ्रीका का उदाहरण इस मुद्दे को स्पष्ट कर सकता है। वहाँ के रंगभेद (अपार्थाइड) की जड़ में जाति को औचित्य प्रदान करने वाली ब्राह्मणवादी विचारधारा की तरह श्वेतांगों की श्रेष्ठता वाली एक विचारधारा है जो कानूनी रूप से उन्मूलित हो जाने के बाद भी छुआछूत की तरह व्यवहार में जारी रहती है और जनता के बहुलांश को उपमानव की हैसियत में कमतर कर देती है। इसी के साथ-साथ यूरोप में जिप्सियों के निरंतर उत्पीड़न पर भी ध्यान देना जरूरी है। आज अगर कोई सर्वेक्षण हो तो जिप्सी शायद दुनिया के सबसे ज्यादा सताए गए समुदाय साबित होंगे। वे छुआछूत से तो पीड़ित नहीं हैं लेकिन उनके पास किसी तरह का अधिकार नहीं है। वे संपूर्ण रूप से बहिष्कृत और निष्कासित हैं। उन्हें किसी एक जगह टिकने नहीं दिया जाता है और उनके इस उत्पीड़न की कोई खास चर्चा भी नहीं होती। वे अंतर्राष्ट्रीय दलित हैं।

जापान के बुराकुम समुदाय की उत्पत्ति तो भारत के अछूतों की ही तरह है। वे आधुनिक युग में अपने चमड़े के पारंपरिक पेशे को छोड़ने के बाद भी जापानी समाज में व्यावहारिक रूप से सामाजिक-नागरिक अधिकार हासिल नहीं कर पाए हैं। अगर भेदभाव के इन उदाहरणों को नस्ल के परिप्रेक्ष्य के देखने के बजाय जाति के परिप्रेक्ष्य

रहती हैं। जो जार्ज डब्ल्यू. बुश अफगानिस्तान के खिलाफ युद्ध छेड़े हुए हैं, उन्हीं के पिता बुश सीनियर ने अपने राष्ट्रपतित्व में 'नई विश्व व्यवस्था' जैसी अभिव्यक्ति गढ़ी थी। इसका मतलब यह था कि सोवियत संघ और समाजवादी राज्य-संरचनाओं के पराभव के बाद अमेरिका और ब्रेटनवुड संस्थाओं (विश्वबैंक, अंतर्राष्ट्रीय मुद्रा कोष और विश्व व्यापार संगठन) के नेतृत्व में पूँजीवाद का नया संस्करण दुनिया पर हावी होने की तैयारी करने लगा था। यहाँ स्पष्ट करने की जरूरत है कि पूँजीवाद के चरित्र में आए इसी बदलाव ने दुनिया पर एक नए तरह की चौधराहट थोपी। यह नया पूँजीवाद राष्ट्र-आधारित साम्राज्यवादी पूँजीवादी के संस्करण से अलग था। यह पूरी तरह से कार्पोरेट पूँजीवाद था। इसका एक केंद्र ब्रेटनवुड संस्थाओं में था और दूसरा बहुराष्ट्रीय कंपनियों के बोर्ड रूमों में। दोनों ने मिलकर इस नए पूँजीवाद को दुनिया-भर में फैलाया, खासकर तीसरी दुनिया के देशों पर इसका जबर्दस्त प्रभाव पड़ा।

जिन देशों में सामाजिक-आर्थिक परिवर्तन का लोकतांत्रिक प्रयोग जारी था वे भी इस पूँजीवाद से आक्रांत होना शुरू हो गए। जाहिर था कि लोकतंत्र और उदारतावाद भी नए ढंग से परिभाषित होने लगा। आर्थिक-राजनीतिक-सामाजिक-सांस्कृतिक रूप से लोकतंत्र का यह नया विचार राष्ट्रीय सरकारों को मजबूर करता था कि वे वित्तीय पूँजी के निर्द्वंद्व आवागमन की इजाजत दें और सभी तरह की पूँजियों के साथ एक जैसा सलूक करें, भले ही इस चक्कर में उनकी राष्ट्रीय पूँजी बुरी तरह पिछड़ ही क्यों न जाए। हर तरह से यह नया लोकतंत्र राष्ट्र-राज्यों की संप्रभुता का क्षय करने वाला था। भूमंडलीकरण इसी प्रक्रिया का समेकित परिणाम है। कुल मिलाकर रंगभेद, नया पूँजीवाद, वर्चस्ववादी सत्ता कर संरचनाएँ, भूमंडलीकरण और फौजीकरण ने मिल कर एक विकट स्थिति पैदा कर दी है। इसका सबसे ज्यादा नुकसान दलितों सरीखे हाशिए पर पड़े तबकों को होने जा रहा है।[30]

दुनिया के इस नए सरअंजाम में विश्व-अर्थव्यवस्था के साथ राष्ट्रीय अर्थतंत्र को जोड़ने की कोशिश के कारण यह हुआ है कि समाज के बड़े-बड़े तबके विकास के दायरे से बाहर छूटे जा रहे हैं। नव-उदारतावाद का बाजार और मुनाफाखोरी पर इतना ज्यादा जोर है कि व्यावहारिक रूप से हाशिए पर पड़े इन तबकों को आर्थिक प्रणाली से बाहर फेंक देने को ही दक्षता और सक्षमता का पर्याय समझ लिया गया है। डरबन सम्मेलन के संदर्भ में छिड़ी बहस को इस परिप्रेक्ष्य में रखने के लिए जरूरी है कि राष्ट्रीय समाजों में प्रचलित जातिगत, नस्लगत और अन्य सभी तरह के भेदभाव की अंतर्राष्ट्रीय जड़ों की ध्यान से शिनाख्त की जाए। इस तथ्य को मान्यता देना जरूरी है कि रंगभेद अब समाज के अंदर की घटना ही नहीं रह गई है बल्कि एंग्लो-सेक्सन और यूरोपियन मूल के राष्ट्रों द्वारा तीसरी दुनिया के नवउपनिवेशीकरण को तकरीबन नस्लभेदी आयाम मिल गए हैं। आज यह भूमंडलीकरण के नाम पर हो रहा है और

जैसे-जैसे इसकी तीव्रता बढ़ेगी वैसे-वैसे राष्ट्रीय समाजों में हाशिए पर पड़े तबकों और समुदायों के खिलाफ हिंसा, दमन, शोषण और अवमानना में और बढ़ोतरी होगी।

नाना प्रकार के धर्मों, संस्कृतियों और सभ्यताओं के विकास की ऐतिहासिक पृष्ठभूमि में यह समानता देखी जा सकती है। राज्यों और समाज-व्यवस्थाओं के मामले में भी यह बात सही है। अपनी इसी दलील के साथ मैं यह भी जोड़ना चाहूँगा कि वर्चस्व और आतंक की अंतर्राष्ट्रीय संरचनाएँ जितनी ताकतवर और प्रभावी होंगी, स्थानीय समुदायों और क्षेत्रों की स्वायत्तता और सक्रियता की गुंजाइशों को उतने ही गंभीर संकटों का सामना करना पड़ेगा। भारत के संदर्भ में दलितों और उनकी बस्तियों के लिए यह बात सबसे ज्यादा सच है। भूमंडलीकरण की यह प्रक्रिया इस समय उफान पर है और सारी दुनिया में सरकारें उसे एक मॉडल के रूप में स्वतः स्वीकार कर रही हैं। तीसरी दुनिया की सरकारों की भी यही स्थिति है। भूमंडलीकरण के सांस्कृतिक परिणामों के कारण हम सभी जगहों पर प्रभुत्व और हिंसा की वर्चस्वी संरचनाओं में वृद्धि देख सकते हैं। इस नक्कारखाने में छोटी, कमजोर और स्थानीय आवाजों का दब जाना रोजमर्रा की बात है। वर्चस्वी संरचनाएँ हाशिये पर पड़े हुए समुदायों, वर्गों और जातियों के हितों को रौंद कर ही अपना स्वार्थ-साधन करती हैं। भूमंडलीकरण दलित जातियों के खिलाफ न केवल वर्णाश्रम के दायरे में ब्राह्मणवादी ताकतों का समर्थन करता है वरन् दरिद्रीकरण, अलगाव और अन्याय के संदर्भों में भी उन्हें कोने में धकेलता जाता है। विश्व और विश्व-व्यवस्था जितनी एकीकृत होती जाएगी, दलित सरीखे समुदायों की वंचना उतनी ही बढ़ती चली जाएगी। इस परिप्रेक्ष्य के साफ हो जाने पर अब सवाल यह है कि इस पूरी बहस में जाति के प्रश्न को कहाँ और कैसे रखा जाए?

सचाई तो यह है कि रंगभेद जैसी अमानवीय संरचना नस्ल पर आधारित समाजों में अनधिकृत घोषित जरूर कर दी गई है लेकिन वहाँ उसके व्यावहारिक उन्मूलन के उल्लेखनीय प्रयास भी चल रहे हैं लेकिन लगभग वैसी ही संरचनाओं ने थोड़े बदले हुए रूपों में उन समाजों में भी प्रवेश कर लिया है जो उस तरह नस्ली-विभेद पर आधारित समाज नहीं रहे हैं। यह रंगभेदी प्रवृत्ति इन गैर-नस्ली समाजों की अपनी खास विषमताओं और उनके अवशेषों का सहारा लेकर पनपती हैं। दुनिया के पैमाने पर बढ़ती हुई गरीबी, अन्याय और हिंसा का मुख्य कारण यही है।

भारत में जाति के संदर्भ में रंगभेदी प्रवृत्तियाँ लोगों के व्यावहारिक चिंतन और रोजमर्रा के सामाजिक कार्य-व्यापार में देखी जा सकती है। मनोवैज्ञानिक रूप से द्विज जातियाँ अपने-आप को श्वेतांगों की तरह ही मानती हैं। वैसे भी भारतीय मानस में शास्त्रोक्त रूप से भी कई जगह वर्णों को त्वचा के रंगों का पर्याय समझा जाता रहा है। व्यावहारिक रूप से त्वचा के रंग मिश्रित जरूर हो गए हैं लेकिन दिमागों में गोरे रंग की श्रेष्ठता की मनोग्रंथि अभी भी कायम है। यह विचार परंपरा-सम्मत जातिगत

भेदभाव के साथ घुल-मिलकर रंगभेद की एक भारतीय किस्म का निर्माण कर देता है। भले ही बाकायदा कहा न जाता हो लेकिन जातियों के बीच के संघर्ष को नस्लों के बीच के संघर्ष के रूप में भी देखा जा सकता है। दलितों के खिलाफ होने वाली हिंसा और उनके मानवाधिकारों के हनन का मसला इतना महत्त्वपूर्ण और पहली प्राथमिकता वाला है कि प्रतीकात्मक रूप से इसे रंगभेद सरीखे अन्याय के उन्मूलन के संघर्ष में दुनिया के पैमाने पर आखिरी मोर्चे की तरह लेना चाहिए। दलितों के ऊपर होने वाला अन्याय असल में नस्ली भेदभाव से भी ज्यादा गंभीर और जघन्य है। इसके लिए जातिवाद-विरोधी संघर्ष को अंतर्राष्ट्रीय आयाम दिए जाने जरूरी हैं। स्थानीय संघर्षों को मजबूत करने के साथ-साथ इस मोर्चे पर किए गए संघर्ष से जाति के प्रश्न पर एक बहुस्तरीय लड़ाई की भित्ति बन सकती है। दलितों द्वारा जातिगत भेदभाव को नस्ली भेदभाव के तहत परिभाषित करवाने की कोशिश इसीलिए हमदर्दी और समर्थन की नजर डालने योग्य है। चूँकि लोकतंत्र का नव-उदारतावादी विचार वित्तीय पूँजी के नए प्रसारात्मक चरित्र के मुताबिक हर चीज का भूमंडलीकरण करने पर तुला हुआ है इसलिए जरूरी हैं कि भारतीय समाज के भीतर जातिभेद को मजबूत करने वाली अंतर्राष्ट्रीय संरचनाओं की शिनाख्त की जाए और उनके खिलाफ संघर्ष किया जाए। जाति का अंतर्राष्ट्रीयकरण किए बिना यह संभव नहीं है। इसका मतलब यह हरगिज नहीं लगाया जाना चाहिए कि मैं भारतीय समाज में जमीनी स्तर पर होने वाले जातिभेद-विरोधी संघर्ष को कमजोर करने या उसे अंतर्राष्ट्रीय प्रतिमानों के मुताबिक चलाने की वकालत कर रहा हूँ। मेरा तर्क तो यह है कि समता के लिए पिछले डेढ़ सौ वर्ष से चल रही मुहिम के एक महत्त्वपूर्ण आनुषंगिक आयाम के रूप में इस प्रयास को संभावनापूर्ण समझा जाना चाहिए। वैसे भी भूमंडलीकरण से निबटने के लिए हमें स्थानीय राष्ट्रीय और अंतर्राष्ट्रीय स्तरों पर संघर्ष के कार्यक्रम को सूत्रबद्ध करना ही होगा। केवल स्थानीय और जमीनी प्रयासों को सुदृढ़ करने के आधार पर भूमंडलीकरण का मुकाबला नहीं किया जा सकता।

दलितों पर होने वाले अन्याय की प्राचीनता, उसकी दी गई धार्मिक और शास्त्रोक्त मान्यता और उसके उन्मूलन की कोशिशों को अभी तक पूरी सफलता न मिल पाना इस बात का सबूत है कि अन्याय का यह रूप असल में नस्ली भेदभाव से भी गंभीर और जघन्य है। मैं हमेशा से मानता रहा हूँ कि हमारी अपनी समस्याओं के हल भी हमारे अपने होंगे और उनसे निपटने के लिए हमें पश्चिमी तौर-तरीकों और विजातीय विचार श्रेणियों का सहारा नहीं लेना चाहिए। लेकिन साथ ही मैं यह भी मानता हूँ कि जब हम अपनी समस्याओं के किसी विदेशी संदर्भ से बिदकने और अंतर्राष्ट्रीयकरण से बचने की कोशिश करने लगते हैं तो धीरे-धीरे घरेलू दायरे में उस समस्या का सामना करने की हमारी क्षमता का ह्रास भी होने लगता है। डरबन सम्मेलन के

संदर्भ में जातिगत भेदभाव को नस्ली भेदभाव के तहत परिभाषित करवाने की कोशिश के खिलाफ इस तरह के तर्क वास्तव मे मौजूदा अन्यायपूर्ण व्यवस्था को बनाए रखने की चाल के सिवा कुछ नहीं है। यदि काफी नरमी से कहा जाए तो भी यह सामाजिक यथास्थितिवादियों की प्रतिकारात्मक प्रतिक्रिया ही मानी जाएगी।[31]

अगर दलित-समस्या रंगभेद की एक देशी संरचना है तो डरबन सम्मेलन जैसे अंतर्राष्ट्रीय मंचों पर नस्ली भेदभाव की श्रेणी के तहत इस पर विचार का स्वागत करते हुए बाल की खाल निकालने वाली बहस की उपेक्षा कर देनी चाहिए जो इस या उस दलील के आधार पर भारत में नागरिक समाज बनाने की दिशा में उठाए जाने वाले दूरगामी महत्त्व के इस कदम का विरोध कर रही है। इस संदर्भ में मैं प्रकाश लुइस, कांचा ऐलय्या और डी.आर. नागराज के विमर्श को काफी महत्त्वपूर्ण और बुनियादी मानता हूँ। नब्बे के दशक से ही अकादमीय और राजनीतिक क्षेत्रों में धार्मिक आधार पर की गई गोलबंदी के साथ-साथ जाति के राजनीतिक इस्तेमाल की निंदा करने की प्रवृत्ति भी जारी है। इसके उलट देखा यह गया है कि जाति-आधारित गठजोड़ों और चुनावी समीकरणों ने संघ परिवार द्वारा प्रवर्तित सांप्रदायिक राजनीति के बढ़ते उफान को बड़ी हद तक थाम लिया है। इसने भारत के सेकुलर बने रहने में निर्णायक योगदान किया है। अगर इसे भूमंडलीकरण के खिलाफ संघर्ष के रूप में भी देखा जाए तो इसके और सकारात्मक नतीजे निकल सकते हैं। मेरी मान्यता है कि इसी तरह जाति को भूमंडलीय मंच पर ले जाने के भी कल्याणकारी नतीजे निकल सकते हैं।

स्वतंत्र राष्ट्र के रूप में उदित होने के बाद दो-तीन दशाब्दियों में भारतीयों ने इस बात को महसूस किया है कि हमारा एकीकरण अपूर्ण है। एक ही सरकार के अन्तर्गत रहने में एकता की जो भावना होती है उसके अतिरिक्त इस विचार का विकास करना भी आवश्यक है कि हम एक-दूसरे के हैं और एक ही संगठन के अंग हैं। इस भावना में कोई ज़ातीय तत्त्व नहीं है, यद्यपि पूर्वाग्रहों से पीड़ित व्यक्ति ऐसा समझ सकते हैं। सुदूर अतीत में बहुत-सा 'अपमिश्रण' और संकरीकरण हुआ है। त्वचा, रंग, बाल, शरीर के ढाँचे आदि किसी भी एक बात को देखकर यह नहीं कहा जा सकता है कि किसी क्षेत्र में कोई ऐसी जाति-विशेष रहती है जिसकी नस्ल बिगड़ी नहीं है। यह बात निर्विवाद रूप से प्रमाणित हो चुकी है कि योग्यता, घटियापन या बढ़िया होना जातिवाद तत्त्वों पर निर्भर नहीं है। एक जाति, एक धर्म, परम्पराओं, प्रथाओं और सोचने के स्वभाव, भाषा और साहित्य, सांझी सफलताओं और दुःखों, विपत्तियों आदि जैसी भावनाओं के कारण मानव एक-दूसरे के समीप आते हैं और यही भावनाएँ परम्पराओं को समाप्त करती हैं। बहुत समय तक प्रभावी रहने के बाद अब इन भावनाओं का प्रभाव कम हो गया है। वे कड़ियाँ कमजोर पड़ गई हैं जो लोकप्रिय और परम्परागत

हिन्दू समाज के विभिन्न तत्त्वों को परस्पर जोड़े हुए थीं। यह इस कारण हुआ है कि परम्परागत हिन्दू धर्म पृथकता और अनन्यता पर आधारित हैं। उसमें विघटन और विभाजन के बीज छिपे हुए हैं। भावनात्मक एकता के लिए यह आवश्यक है कि मानव में समाज के प्रति कृतज्ञता की भावना हो और साथ ही वह समता के सिद्धांत के प्रति भी कटिबद्ध हो। संविधान में जो उपलब्ध किए गए हैं—उदाहरण के लिए, मूल अधिकार, विवाह तथा उत्तराधिकार सम्बन्धी कानूनों में सुधार संस्कार के रूप में विवाह के रूप में परिवर्तन, पिछड़ी जातियों की आर्थिक तथा राजनीतिक प्रगति—उनसे यह व्यवस्था और भी अधिक हिल गई है। सच तो यह है कि लोकप्रिय हिन्दू धर्म की नींव जाति पर है और वह, अर्थात् जाति की भावना, समाज को नकारने के बराबर है। यदि लोग अपने-अपने वर्ग में ही रहें और सामाजिक स्तर पर एक-दूसरे के निकट न आएँ तो संगठित राष्ट्र का निर्माण संभव नहीं है। लोगों में परस्पर रोटी-बेटी का रिश्ता होना चाहिए। यदि वे यही दावा करते रहेंगे कि उनकी जाति अन्य जातियों से ऊँची है तो बात नहीं बनेगी। लोग जन्म के कारण प्रतिष्ठा के सोपान तंत्र से बंधे हैं और वही जूआ उनके गले में पड़ा है।

समाज विज्ञान की दृष्टि से प्रगति का एकमात्र रास्ता सामाजिक कार्यकलाप के क्षेत्र का विस्तार हैं। उसके साथ ही आवश्यक है कि सामाजिक जीवन की सामूहिक चेतना का उदय हो। सामाजिक कार्यकलाप के सबसे अधिक उदात्त रूप के पीछे यही एक प्रेरणा हो सकती है! परन्तु जाति व्यवस्था के कभी समाप्त न होने वाले जालों में सामूहिक चेतना कहीं खो गई है। जब तक जात-पात की अव्यवस्था और अराजकता का अन्त नहीं कर दिया जाता तब तक समांगी, रचनात्मक और सहयोग पर आधारित बिरादरी की स्थापना का कोई नया रास्ता नहीं खोजा जा सकता। मजे की बात यह है कि जाति-प्रथा का उन्मूलन एक ऐतिहासिक आवश्यकता है और इसका अर्थ है सामाजिक चेतना में क्रान्ति। परन्तु धर्म और परम्परा के व्यक्तियों को परस्पर जोड़ने वाले सम्बन्धों के कमजोर पड़ जाने से मानसिक दृष्टि से असुरक्षा की भावना उत्पन्न हो गई है। इस कारण लोग जाति और अपने भाषावार क्षेत्र की सांस्कृतिक इकाई में जुड़ गए हैं।

भारत के संविधान में वयस्क को मताधिकार की व्यवस्था की गई है और अन्य अधिकारों के साथ विशेषाधिकारों का आश्वासन दिया गया है। संविधान के अन्तर्गत यह आवश्यक है कि सारी जनता निर्णय करने की प्रक्रिया में भाग ले। उसमें हमारे भावी सामाजिक विकास का ढाँचा उपलक्षित होता है। संविधान में इस बात की कल्पना की गई है कि परम्परागत समाज व्यवस्था में परिवर्तन होगा और इसी कारण यह वचन दिया गया है कि सभी को समान अवसर प्रदान किए जाएँगे। संविधान में जनता की आकांक्षाओं के क्षितिज को और अधिक फैला दिया गया है। इस संदर्भ में सूझ-बूझ रखने वाले सभी व्यक्तियों को यह बात स्पष्ट रूप से समझ में आ जानी

चाहिए कि जाति-व्यवस्था और लोकतंत्र दोनों साथ-साथ नहीं चल सकते।

मैं पिछले तीस वर्षों से भी अधिक समय से यह कहता आया हूँ। मैंने सदा यह कहा है कि जहाँ हमने राजनीतिक और आर्थिक पहलुओं पर बल दिया है, वहाँ हमें सामाजिक पहलू पर भी उतना ही बल देना चाहिए। परन्तु बहुत से व्यक्ति यह सोचते हैं कि सामाजिक समस्या यह है कि दलितों, पिछड़ी जातियों और महिलाओं के कल्याण के लिए कार्रवाई की जाए, समस्या यह है कि बदलती हुई सामाजिक चेतना को लोकतांत्रिक मूल्यों और संकल्पनाओं के अनुरूप बनाया जाए। समस्या यह है कि क्या किसी जानी-पहचानी व्यवस्था को तिलांजलि दे दी जाए। समस्या यह भी है कि आधुनिक लोकतांत्रिक मूल्यों का चिन्तन और दर्शन के सर्वोत्तम मानकों के साथ तालमेल बैठाया जाए। यह भी आवश्यक है कि उस स्तर पर परिवर्तन लाया जाए जहाँ समता की ओर पग उठाने की प्रेरणा मिले। इस समस्या को समझने के लिए हिन्दू समाज के स्वरूप को समझना पड़ेगा और उसका मूल्यांकन करना पड़ेगा। प्रश्न यह है कि क्या हम कभी राज्य की आधुनिक संकल्पना के अनुरूप एक राष्ट्र थे ? क्या हिन्दू धर्म में राष्ट्रीयता के सभी तत्त्वों का समावेश था ? क्या यह सच नहीं है कि जब तक भारत ब्रिटिश शासन के अन्तर्गत एक प्रशासनिक इकाई नहीं बन गया, राष्ट्रीयता एक कोरी कल्पना मात्र ही रही ? क्या हमने अपने इतिहास के प्रारम्भ में ही किसी राष्ट्र का निर्माण किया ? क्या हमारी परम्पराएँ ऐसी हैं कि उनकी सहायता से आधुनिक लोकतंत्र का ढाँचा खड़ा किया जा सके ?

विभिन्न प्रकार के विश्वासों का एक ताना-बाना तैयार हो गया और एक राष्ट्र की नहीं तो एक राज्यतंत्र की नींव पड़ गई। संश्लेषण की इस प्रक्रिया में आर्यों का उतना ही योगदान था जितना कि द्रविड़ विचार सम्प्रदाय का। इसका प्रमाण सिन्धु घाटी के धार्मिक विचारों और रूपों में मिलता है जो आज भी हिन्दू धर्म का अंग है। इस आर्य-द्रविड़ संगम में और कई धाराएँ आ मिलीं जिनके परिणामस्वरूप उस सभ्यता का उदय हुआ जिसे भारतीय सभ्यता कहा जा सकता है। उत्तर भारत का क्षेत्र, जिसे ब्रह्मावर्त कहा जाता था, फैलकर भारत बना जो कामरूप से कच्छ और हिमालय से कन्याकुमारी तक फैला हुआ था। यहाँ सांझी सभ्यता हमें अपनी थाती के रूप में मिली।

जब समाज में गतिशीलता आती है तो वह और अधिक जटिल होने लगता है। बाह्य तथा आंतरिक शौच तथा अशौच के ब्योरेवार नियमों का विधान होता है। वर्ण धर्म में प्रत्येक जाति के कर्तव्यों का विधान है। विवाहों, सम्पत्ति और परस्पर मेल-जोल के बारे में विस्तृत नियम बनाए जाते हैं। एक दूसरे से किस प्रकार मिलता है, इस बारे में जो प्रतिबन्ध लगाए जाते हैं उनका परिणाम यह होता है कि बहुत से कार्य इस उद्देश्य से किए जाने लगते हैं जिससे कि ऊँचे और नीचे लोग कभी आपस में न मिल पाएँ। नीची जाति के लोगों को कुओं से पानी नहीं लेने दिया जाता और न वे

स्कूलों या मंदिरों में प्रवेश कर सकते हैं। उनके कर्तव्य और कृत्य सीमित कर दिए जाते हैं। उनके बच्चों को उस शिक्षा से वंचित किया जाता है जिसके माध्यम से वे समाज में ऊँचे उठ सकते हैं। जाति-व्यवस्था का संसार एक सुव्यवस्थित संसार है जिसमें ऐसा सोपानतंत्र है जिसमें मानव सभी जीवों से ऊपर माना गया है और ब्राह्मण अन्य सभी मानवों के ऊपर। ब्राह्मण मृत्यु के उपरांत मोक्ष का अधिकारी माना जाता है परन्तु जो उसके नीचे हैं वे केवल एक पग ऊपर पहुँचने की आकांक्षा ही कर सकते हैं। वर्ण धर्म में व्यक्ति पर जो कर्तव्य लादा जाता है उसके अनुसार उसे वैसा ही आचरण करना है जो इस सोपानतंत्र में उसके समूह के लिए ब्राह्मणों द्वारा निश्चित किया गया है। यह कहा जाता है कि यदि वह अपने कर्तव्य का पालन करेगा तो अगले जन्म में उसे इस जन्म की अपेक्षा अधिक ऊँचा स्थान प्राप्त होगा। एक यह धारणा है कि वर्ण व्यवस्था कर्म के रहस्यमय सिद्धान्त को कार्य रूप में परिणत करने का माध्यम मात्र है। यद्यपि यह धारणा तर्कसंगत नहीं है परन्तु फिर भी इसको चुनौती नहीं दी गई है और यह अभी तक मान्य बनी हुई है।

इस बात को समझा नहीं गया कि ये विश्वास और धारणाएँ एक ही सामाजिक-आर्थिक व्यवस्था की उपज हैं, जो एक विशेष ऐतिहासिक संदर्भ में उत्पन्न हुई थीं। इनका उद्‌गम कोई विशेष मनोवैज्ञानिक विशेषता नहीं है। इन सभी धारणाओं का एक सामाजिक प्रयोजन है। वे स्थायित्व में सहायक हैं और प्रतिस्पर्द्धा का वर्जन करती हैं। इसके परिणामस्वरूप संतोष और सामंजस्य की उत्पत्ति होती है। इनका विधान ईश्वर ने नहीं किया और न ही इसका कोई प्रमाण मिलता है, परन्तु कहा यही जाता है। ये विचार और भ्रान्त धारणाएँ हिन्दू जीवन का अभिन्न अंग बन गई हैं और हमारे मानस के अन्तरतम में इतना अधिक घर कर गई हैं कि इनका प्रभाव अभी तक है जबकि जीवन की भौतिक परिस्थितियाँ पूर्णतया बदल चुकी हैं।

महावीर और गौतमबुद्ध ने ब्राह्मणों की परम्परा निष्ठा पर आपत्ति की जो अनुष्ठानों और कर्मकाण्ड पर आधारित थी। उन्होंने इस बात पर बल दिया कि इस थोथे कर्मकाण्ड की अपेक्षा शुद्ध आचरण अधिक महत्त्वपूर्ण है। परन्तु हिन्दू मानस पर इनका कोई प्रभाव नहीं पड़ा। रामानंद, कबीर, नानक और रविदास जैसे सन्तों ने बार-बार इस बात पर बल दिया कि मानव ईश्वर का ही रूप है और उसे उसके दर्जे से वंचित करना पाप है। परन्तु इनके प्रयत्न विफल हुए। स्वामी विवेकानन्द ने इस बात पर बल दिया है कि हिन्दू समाज की विशेषताएँ—वर्ण व्यवस्था, संयुक्त परिवार, उत्तराधिकार और उससे उत्पन्न सम्बन्ध— धार्मिक प्रथाएँ नहीं बल्कि सामाजिक और विधि-मान्य प्रथाएँ हैं। उन्होंने यह भी लिखा है कि ''बुद्ध से लेकर राजा राममोहन राय तक प्रत्येक व्यक्ति ने यह समझने की भूल की है कि वर्ण व्यवस्था धार्मिक प्रथा है। पाण्डे लोग जो भी कहते रहें पर वर्ण व्यवस्था एक सामाजिक प्रथा है, जिसका

आज कोई उपयोग नहीं रहा और जिसने भारत के वातावरण में दुर्गन्ध मात्र फैलाई हुई है।'' स्वामीजी ने कर्मकाण्ड, अनुष्ठानों, अर्थहीन उत्सवों की आलोचना की है और यह कहा है कि पुरानी रूढ़ि अपना अर्थ खो चुकी है। उनका कहना है कि बदलते हुए युग के साथ सामाजिक संगठन में भी परिवर्तन होना चाहिए। राजा राममोहन राय ने हिन्दू धर्म को एक नया अर्थ देने की चेष्टा की। उन्होंने पश्चिम के क्रान्तिकारी विचारों और उपनिषदों के दर्शन का एक संश्लेषण प्रस्तुत किया है।

आज जातिवाद राजनीतिक जीवन में विष के समान इतना अधिक फैल गया है कि हमारे लोकतंत्र का ढाँचा खतरे में पड़ गया है। ऐसा लगता है कि किसी को भी इस फैलते हुए केंसर की चिंता नहीं है। तनाव बढ़ता जा रहा है लेकिन अकर्मण्यता का परिवेश ज्यों का त्यों है। सत्ता की होड़ में सभी जातियों के नेता लाभ उठा रहे हैं। जाति का उपयोग समेकित राष्ट्रवाद के उदय के लिए नहीं बल्कि अपने-अपने संकीर्ण उद्देश्यों की पूर्ति के लिए किया जा रहा है जिससे राष्ट्र का ताना-बाना कमजोर पड़ता जा रहा है। आवश्यकता इस बात की है कि राष्ट्र के नैतिक तथा आध्यात्मिक साधनों का प्रयोग। इस हानिकारक व्यवस्था को समाप्त करने के लिए एक सामाजिक और बौद्धिक आन्दोलन चलाने के लिए किया जाए। यदि ऐसा नहीं होगा तो लोकतंत्र समाप्त हो जाएगा। एकता के बन्धन तो जाति और क्षेत्र की सीमाओं के परे हैं और होने चाहिए, इस बात को समझ लेने की जरूरत है।

संदर्भ

1. डॉ. विमल कीर्ति, गुलामगिरी, प्रगति प्रकाशन, नागपुर, 1991, पृ. 3
2. राजकिशोर (स.) मानव अधिकारों का संघर्ष, वाणी प्रकाशन, नई दिल्ली, 1995, पृ. 32
3. वही पृ. 11
4. वही, पृ. 57
5. प्रभा पारमिता, रांची एक्सप्रेस, 11 अक्तूबर, 1998
6. बाबा साहेब डॉ. अम्बेडकर संपूर्ण वाङ्मय, डॉ. अम्बेडकर प्रतिष्ठान 25, अशोक रोड, नई दिल्ली, द्वितीय संस्करण, 1998, खंड 9, पृ. 17
8. वही, पृ. 21
9. वही, पृ. 23
10. वही, पृ. 24
11. वही, पृ. 25
12. वही, पृ. 121
13. वही, पृ. 122
14. वही, पृ. 123
15. वही, पृ. 124

16. वही, पृ. 125
17. वही, पृ. 126
18. वही, पृ. 127
19. वही, पृ. 128
20. वही, पृ. 141
21. वही, पृ. 142
22. वही, पृ. 148
23. वही, पृ. 157
24. अभय कुमार दुबे, आधुनिकता के आईने में दलित, वाणी प्रकाशन, नई दिल्ली, 2002, पृ. 382
25. वही, पृ. 383
26. वही, पृ. 384
27. वही, पृ. 386
28. वही, पृ. 388
29. वही, पृ. 392
30. वही, पृ. 394
31. वही, पृ. 396

परिशिष्ट-1

(लामा एलेक्जेण्डर, पोलिसी रिव्यू, नवं.-दिसं. 1998 से उद्धृत)

अमेरिका एक ऐसा देश है जहाँ एक राष्ट्र में अनेक तरह की अस्मिता और पहचान कायम रही है। उनका दबाव भी वहाँ के लोगों पर है। हम क्या नहीं हैं, इटेलियन, अमेरिकन, चाइनीज-अमेरिकन, अफ्रीकन-अमेरिकन, स्कोट्स आइरिश-अमेरिकन। उन्हें गिनना ही मुश्किल हो जाता है। इन सबके बारे में हमारे अपने क्षेत्रीय उच्चारण हैं, हम अपनी पारिवारिक जड़ों पर शोध करते हैं। उनके बारे में याद कर आनन्दित होते हैं। हम अपनी नैतिकता पर गौरव महसूस करते हैं।

नस्ल के विषय पर राष्ट्रपति की क्लिटन आयोग की अमेरिका में विभिन्नता की प्रवृत्ति के विषय में इस तरह की राय है। 39 राज्यों में 17,000 अमेरिकंस से बातचीत के आधार पर 14 माह में यह रिपोर्ट तैयार हुई थी।

इस रिपोर्ट के प्रकाश में आने से पहले आयोग के चेयरमैन जोह्न होप फ्रेंकलिन ने राष्ट्रपति को लिखा था, ''यह एक अच्छा विचार है कि हम इस मंजिलनुमा नस्लीय प्रवृत्ति को कम करें। इसे कम करने का अच्छा तरीका है नस्लीय विभिन्नता के प्रति समाज में चेतना जागृत की जाए। आयोग की रिपोर्ट में सभी नस्ल के अस्तित्व की बात की गई थी।

असल में यह एक गलत संवाद है। जैसा कि मैं समझता हूँ राष्ट्रपति कहाँ से आए। कहाँ रहकर वे बड़े हुए। जोह्न होप फ्रेंकलिन कहाँ बड़े हुए और मेरी परवरिश कहाँ हुई। कोई भी दक्षिण निवासी, जिसे ब्लैक अमेरिकंस को बस में पीछे धकेलने का अनुभव है, अलग अस्पताल में रखने का अनुभव है, अलग स्कूल-कालिजों में उनके बच्चों को पढ़ने-रखने का अनुभव है, क्योंकि उनकी नस्ल उनसे अलग है, उनमें से कोई भी आज ब्लैक अमेरिकंस को जो कम वेतन वाली जगहों पर रखा जा रहा है, इसे नोटिश में लेना नहीं चाहता।

इस बारे में एक यह भी राय है कि डाइवर्सिटी कोई बड़ी ताकत नहीं है। बड़ी बात यह है कि हम अमेरिकन एक राष्ट्र हैं।

परिशिष्ट-2

(शैलबाई स्टीले, हाव लिबरल्स डिबेस ब्लैक अचीवमेण्ट, पॉलिसी रिव्यू नवं.-दिसं. 1998 से उद्धृत)

नस्लीय धर्मपरायणता

1960 के मुक्तिवाद और उदारवाद के दर्शन के बाद की मौलिक कमजोरी यह रही कि प्रायश्चित द्वारा पाप से मुक्ति की अवधारणा अधिक बदलती रही न कि काले लोगों को उतना आत्मनिर्भर बनाते कि वे अपने पैरों पर खड़े होते। अमेरिका में अफरमेटिव एक्शन से होना यह चाहिए था कि अमेरिकावासियों को काले आंदोलन से जोड़ा जाता, पर हुआ इसके विपरीत। केवल नस्लीय पहचान को उभारा गया।

देखा जाए तो अमेरिका में दो समानांतर स्थितियाँ साथ-साथ रहीं। पहली नस्लवाद की व्यवहारिकता के साथ शर्मपूर्ण ढंग से रहना और दूसरे समता और समानता की तमाम बातें करते हुए नस्लवाद को बनाए भी रखना। अगर काले लोगों को आगे बढ़ने के समान अवसर मिलते तो वे गोरों के जैसे ही अपने जीवन में उन्नति कर पाते।

असहाय काले लोग

अमेरिकी गोरे समाज की आरंभ से दोहरी नीतियाँ रही हैं। एक, जिन्हें वे अपने-आपको नैतिकता से ओत-प्रोत बतलाते हैं। दूसरे काले लोगों को ईमानदारी से आगे बढ़ने के रास्ते वे सुलभ भी नहीं कराते हैं। दूसरे शब्दों में कहा जाए तो उदारवादी काले लोगों की कमियों को इसलिए भी सहन करते हैं कि वे गोरों की बुराइयों के परिणाम हैं। पर सहन करना ही सब कुछ नहीं है। असल में वे डबल स्टेण्डर्ड रखते हैं।

ऐतिहासिक दृष्टि से देखा जाए तो अमेरिका में अलग-अलग नस्ल के लोग अपनी पहचान के प्रति सजग रहे हैं। असल में यह गोरों की जिम्मेदारी है कि अतीत में जो व्यवहार उन्होंने काले लोगों के साथ किया, उसे वर्तमान में तो सुधारते, लेकिन ऐसा हुआ नहीं।

ग्लेजर फंदा

मैं इस भ्रम को सामाजिक समीक्षक नाथन ग्लेजर के सम्मान में ग्लेजर फंदा ही कहूँगा। एक ऐसा व्यक्ति, जिसके कार्यों को मैं प्रशंसा करता हूँ। 1970 के मध्य की तरफ लौटें तो अपनी प्रसिद्ध पुस्तक अफरमेटिव डिस्क्रिमिनेशन में नाथन ग्लेजर ने अफरमेटिव एक्शन पर हमला किया था। नाथन अपने समय से आगे थे। अफरमेटिव एक्शन पर खुले रूप में बहस करने वाले भी। उन्होंने इसे गणना की बराबरी के लिए खतरनाक ढंग से समान अवसर देने वाला एक्शन बतलाया था। अन्य यथास्थितिवादियों की तरह ग्लेजर उदार था। वह गोरों के इस कार्यक्रम के भी खिलाफ नहीं थे। लेकिन वास्तविक स्थिति यह थी कि वे सही रूप में सही योजना चाहते थे।

इसी सम्बन्ध में एक विचार यह भी है कि 1960 के बाद ब्लेक और व्हाइट उदारवादियों के बीच संवाद तो बना, लेकिन नस्ल के बीच मानवता को उस तरह से न्याय नहीं मिल सका। काली नस्ल के लोगों को न्याय डेने, उन्हें आजादी देने की बातें तो होती रही, लेकिन गोरों के वर्चस्व और प्रभुत्व पर कहा बात हुई। इसलिए उदारवादियों का दर्शन अपने-आपमें भ्रम पैदा करने वाला रहा। समस्या उतनी कम नहीं हुई। कारण था नैतिकता का अभाव।

परिशिष्ट–3

(आलिवर सी. काक्स, कास्ट, क्लास एण्ड रेस, माडर्न रीडर पेपरबेक्स, न्यूयार्क, 1948 से उद्धृत)

यह सामान्यत: स्वीकार किया जाता है कि सर हर्बर्ट रिस्ले जाति के नस्लीय विचार के बहुत ही कट्टर रूप में एडवोकेट थे। इस बारे में उनके हिंदू धर्म और जातियों पर महत्त्वपूर्ण अध्ययन हैं। रिस्ले ने अपनी इस थ्योरी को नस्ल के सम्बन्धों के आधार पर लिया है।

वे लिखते हैं कि गोरी नस्ल का व्यक्ति काली औरत से शारीरिक सम्बन्ध स्थापित कर लेगा, लेकिन काले व्यक्ति को अपनी औरत नहीं देगा। गोरे व्यक्ति और काली महिला के बीच परस्पर सम्बन्धों के परिणामस्वरूप जब बच्चा पैदा होता है तो उस बच्चे पर भी समाज के द्वारा सवालिया निशान लग जाता है। नरेन्द्र कुमार दत्त ने भी जाति के उद्भव पर अपने तर्क प्रस्तुत किए हैं। उन्होंने जाति के उद्भव को इतिहास से जोड़ कर देखा है।

इस तरह रंग का सवाल वर्ण व्यवस्था से उपजा है। वैदिक भारतीयों ने जब अपने-आपको रंग के आधार पर शेष समाज से अलग रखा तो नई जातियों की उत्पत्ति हुई। रंग के आधार पर देखें तो ब्राह्मण गोरा था, क्षत्रिय लाल तथा वैश्य का रंग शूद्र के साथ मेलजोल से पीला और स्वयं शूद्र का रंग काला रहा है।

दत्त के अनुसार आमतौर पर यह माना जाता है कि आर्यों ने द्रविड़ों के काले रंग से अपने हल्के एशियाई रंग को बचाने के लिए जातियों को जन्म दिया।

ऐसा कहा जाता है कि हमारे पास शूद्रों की नस्लीय बनावट का कोई इतिहास नहीं है। शूद्र द्रविड़ों का पर्याय नहीं है। न ही भारतीयों तथा आर्यों के बीच अव्यवस्थित रूप से वैवाहिक विवरण प्राप्त होता है। केवल राजाओं के द्वारा पुरोहितों की बेटियों के साथ विवाह करने का विवरण मिलता है। लेकिन महाभारत में दिए गए विवरण के अनुसार कोई भी महिला अपनी जाति से नीचे विवाह नहीं कर सकती थी। जबकि ब्राह्मण को विशेषाधिकार था कि वह अपनी जाति से नीचे तीनों जाति की महिलाओं से शारीरिक सम्बन्ध स्थापित कर सकता था।

क्षत्रिय अपने से नीचे की दो जातियों की महिलाओं से सम्बन्ध बना सकता था और वैश्य शूद्र के साथ।

तथाकथित ऊँची जाति के लोग अन्य जातियों की महिलाओं के साथ शारीरिक सम्बन्ध स्थापित करते थे। इसमें उनकी नैतिकता आड़े नहीं आती थी। फिर भी वे पवित्रता की बात करते थे।

परिशिष्ट-4

(18-20 जून, 1998 को लिस्बन (पुर्तगाल) एक सम्मेलन में वरिष्ठ समाजशास्त्री धीरू भाई सेठ के द्वारा पढ़े गए पेपर से)

ऐसा माना जाता है कि यूरोप से आए पुर्तगाली पहले थे जिन्होंने भारत में जाति या वर्ण के तथ्य को सबसे पहले ऐतिहासिक रिकार्ड में दर्ज किया। 16वीं शताब्दी में दूरेटा बारबोसा नाम के पुर्तगाली ने जाति की इन आधारों पर पहचान की थी :

1. समाज में प्रधानता के नियमानुसार ब्राह्मण सबसे ऊपर था और अछूत नीचे।
2. अछूतों का सम्बन्ध प्रदूषण से था।
3. विभिन्न जातियों उनके रहन-सहन में व्यवसाय आदि एक-दूसरे को अलग करते थे।
4. प्रत्येक जाति के अपने नियम और रीति-रिवाज थे।
5. राजनीतिक संगठनों से जाति का सम्बन्ध।

हालाँकि बारबोसा ने जाति की परिभाषा, पहचान तथा उनके व्यवस्थित रिकार्ड उपलब्ध नहीं कराए हैं। और न ही अपने तर्कों में किसी भी धार्मिक ग्रंथ का हवाला नहीं दिया। फिर भी बारबोसा के अध्ययन और दिए गए तर्कों की मदद से हम जातियों के विकास के बारे में तो जान ही सकते हैं।

बारबोसा के लगभग 250 वर्षों के बाद तक किसी यूरोपवासी उत्तराधिकारी के जाति पर हमें रिकार्ड नहीं मिलते। बाद में जब ईसाई मिशनरीज भारत आए और ब्रिटिश शासन तथा प्रशासन का वर्चस्व कायम होना शुरू हुआ तब जाति या जातियों के बारे में उनके अध्ययन हमें प्राप्त होते हैं। कुछ यूरोपियन स्कालर्स के विचार में जातियों की संरचना तथा कार्य-विधियाँ सकारात्मक थीं। जबकि ईसाई मिसनरीज के अनुसार यह एक बुराई है। जाति की विभिन्न धाराओं, प्रवृत्तियों को विकसित होने में बहुत समय लगा। धार्मिक ग्रन्थों ने ऊर्जा दी और जाति के आधार पर सर्वश्रेष्ठ होने के विचार को बल दिया।

परिशिष्ट-5

(आर. के. क्षीर सागर की पुस्तक दलित मूवमेंट एण्ड इट्स लीडर्स से उद्धृत)

अवरोध की थ्योरी

प्रत्येक हिंदू वेदों में विश्वास करता है, वर्णाश्रम में विश्वास करता है, जाति व्यवस्था और जाति की शुद्धता में विश्वास करता है। ऋग्वेद के एक भाग पुरुष सूक्त में कहा गया है कि ब्राह्मण, क्षत्रिय, वैश्य और शूद्र क्रमानुसार मुख, भुजा, जाँघ और पाँवों से ईश्वर के द्वारा पैदा किए गए हैं।

गीता हिंदुओं के बीच आचार संहिता के रूप में जानी जाती है। क्योंकि हर जाति तथा वर्ण के लिए इसमें नियम बनाए गए हैं। गीता में मनुष्य के कर्त्तव्यों के बारे में कहा गया है कि मुक्ति के लिए धर्म का पालन आवश्यक है। और धर्म का कोई विकल्प नहीं है।

नस्ल और व्यवसाय की थ्योरी

स्टेनली राइस अछूतों की उत्पत्ति और व्यवसाय के बारे में बतलाते हुए लिखते हैं कि अछूत गैर-आर्य तथा गैर-द्रविड़ थे। सबसे पहले उन्हें द्रविड़ों ने हराया फिर आर्यों ने। इस तरह के दो बड़े ऐतिहासिक युद्ध हुए हैं। आर्यों ने हारे हुए लोगों को गुलाम बनाया और उन्हें निम्न स्तर के व्यवसाय करने के लिए मजबूर किया। जबकि बाबा साहब डॉ. अम्बेडकर के विचार में द्रविड़ नस्लीय स्तर पर मूल निवासियों से अलग नहीं थे। ऐसा कोई रिकार्ड नहीं है कि हारे हुए लोग अछूत बन गए। मनुष्य शरीर रचना शास्त्र के परीक्षण के आधार पर अछूत उच्च हिंदुओं की तरह ही लगते हैं। अधिकांश अछूतों के कुल और गोत्र भी वैसे ही हैं। जहाँ तक निम्न कार्य करने की बात है यह समाज में सामान्य रूप में था।

बाबा साहेब के अनुसार अछूत ब्रोकन मेन (टूटे हुए लोग) थे। आरंभिक समाज घुमंतू रहा है। जहाँ भी उन्हें जीविका मिलती थी, वे कुछ समय के लिए वहीं

ठहर कर बस जाते थे।

ऐसी स्थिति में जो जातियाँ या नस्ल के लोग पहले से किसी एक स्थान पर बसे होते थे, उसी स्थान पर जब घुमंतू लोग आकर बसना चाहते थे तो उनके बीच संघर्ष होता था। इस तरह से विजेता और हारे हुए लोगों के बीच विभाजन की रेखाओं का बनना आरंभ हुआ। इसी के साथ कुछ शर्तें अस्तित्व में आईं।

डा. अम्बेडकर ने अछूतों की उत्पत्ति का दूसरा तर्क देते हुए कहा है कि ऐसी अवस्था में जबकि उन्हें गाँवों से बाहर कर दिया गया, अछूतों ने अवश्य ही समता, बंधुता और स्वतंत्रता के लिए बौद्ध धर्म अपनाया होगा। गाँव में जो लोग रहे, उन्हें ब्राह्मणों का वर्चस्व स्वीकार करना पड़ा होगा। इस तरह से विभाजन रेखाएँ अधिक गहरी होती गई होंगी।

इस तरह से एक ही भारतीय समाज में अलग-अलग जातियों तथा समूहों का उत्थान-पतन हुआ, जो आगे चलकर और भी गहरा हुआ। इतिहास की दृष्टि ने राजनीति को प्रभावित किया और राजनीति ने जातियों की पहचान को कायम रखने के हर संभव प्रयास किए।

परिशिष्ट-6

(पोर्ट्रेट ऑफ गांधी : बायग्राफी ऑफ डॉ. मार्टिन किंग)

हिगेल और वाल्टर रास्चेन बुश ने किंग को बहुत प्रभावित किया। हिगेल के प्रांतीय भाषा सम्बन्धी और संघर्ष तथा पीड़ा के द्वारा आगे बढ़ने की प्रक्रिया के विश्लेषण की तो किंग के दिमाग पर प्रभावपूर्ण छाप बनी थी। हिगेल के अनुसार अगर कोई व्यक्ति किसी समूह के साथ मिल कर रहता है, क्या वह आजादी प्राप्त करता है। उनका मानना है कि इतिहास परिस्थितियों से बनता है। क्या व्यक्ति की इच्छा अपनी इच्छा होती है या सभी की। वह जो भी कार्य करता है अपने लिए या सबके लिए। यहाँ किंग कहते हैं कि प्रत्येक समाज का सार्वभौमिक नियम होता है। उसी के अंतर्गत व्यक्ति सोचता और कुछ करता है। वह उसमें कुछ जोड़ता भी है। व्यक्ति जैसे-जैसे विकसित होता है वह समाज की आवश्यकताओं को समझता है।

हिगेल ने एलेक्जेंडर, सीजर और नेपोलियान का उदाहरण देते हुए बतलाया है कि वे पूर्ण रूप से व्यावहारिक थे और समय की आवश्यकताओं को भलीभाँति जानते-पहचानते थे।

हालाँकि सामाजिक बुराइयों को समझने में हिगेल से किंग को मदद मिली थी, लेकिन वे पूरी तरह से उनसे सहमत नहीं थे। हिगेल ने उन्हें बौद्धिक खुराक भी दी थी। बोस्टन विश्वविद्यालय में स्नातक तक उन्होंने हिगेल को पढ़ा था।

किंग के जीवन में दूसरे व्यक्ति डॉ. वाल्टर रास्चेन बुश थे, जो अमेरिका के एक धार्मिक सुधारक थे। मोर हाउस की पढ़ाई तक किंग ने उन्हें पढ़ा और जाना था। रास्चेन बुश तत्कालीन समस्याओं के लिए ईसाई सिद्धांतों को वरीयता देते थे। अपनी पुस्तक 'आरिजिन ऑफ सोशल क्राइसेस' में उन्होंने लिखा भी है :

यह चर्च से नहीं आता बल्कि गरीबी के साथ अनुभव से आता है। कितना भी मजबूत आदमी हो उसे एक न एक दिन झुकना पड़ता है। वे लिखते हैं कि क्यों एक अकेले व्यक्ति की घटना एक प्रकाश स्तम्भ बन जाती है। लेकिन अगर आप स्वयं में सही हैं तो ही यह हो पाता है।

निश्चित ही रास्चेन बुश के महान कार्यों ने जवान किंग के भीतर कुछ करने का जुनून पैदा किया था। क्योंकि वे अमेरिका में विषमता का स्वयं शिकार हुए थे। उन्होंने

जवान और मजबूत नीग्रोज को बेरोजगार होते हुए देखा था। उन्होंने उनके बीच गरीबी को देखा था। यही नहीं जब उन्होंने वाशिंगटन, फिलाडेल्फिया और न्यूयार्क में काले लोगों को घेटोज में रखते हुए देखा तो वे बेचैन हुए बिना नहीं रह सके। उनके भीतर यह सवाल उठता था कि आखिर काले लोगों के साथ ही ऐसा क्यों होता है, हजारों वर्षों से वे क्यों गोरों के द्वारा उत्पीड़ित हैं?

हीगेल और रास्चेन बुश के अलावा किंग ने अन्य राजनीतिक दार्शनिकों—सुकरात, प्लेटो, अरस्तू, रूसो, बेंथम, मिल और लोक के विचारों का भी क्रोजर में रहते हुए अध्ययन किया था। इन्हीं सब दार्शनिकों ने उनके जीवन को अच्छा-खासा प्रभावित किया था। मिल की तरह किंग अमेरिकन समाज को समृद्धशाली बनाने का सपना देखते थे। उनका मानना था कि व्यक्तिगत स्तर पर कुछ ब्लैक्स का भला हो जाए, इससे कुछ करने वाला नहीं है। उनका सपना तो सभी को सुखी एवं समृद्ध देखने का था।

परिशिष्ट-7

(पोर्ट्रेट ऑफ ए गांधी : बायग्राफी ऑफ डॉ. मार्टिन किंग (जूनियर) लेखक— एम. के. बरुआ, गोहाटी, 1985 से उद्धृत)

फेड्रिक डगलस की तरह, जो सिविल वार के पहले और तत्पश्चात् अमेरिका के काले लोगों के बिना ताज के अध्यक्ष थे, जिनकी उपलब्धियाँ लोगों के जीवन को बेहतर बनाना रहीं। जबकि किंग ऐसे व्यक्ति थे, जिन्होंने नस्लीय आधार पर बिना भेदभाव के संघर्ष को आगे बढ़ाया था। एक बार फेड्रिक ने कहा था, ''हम सब एक जैसे नहीं हैं और हममें से प्रत्येक मानवीय बंधुता के लिए संघर्षरत है।'' स्वयं डगलस एक गुलाम थे और उन्होंने स्वयं के जीवन को गुलामी के बंधन से मुक्त कर ऊपर उठाया था। साथ ही गुलामी की परंपरा के जो गोरे समर्थक थे उनके चेहरों से उन्होंने दयालुता का नकाब भी हटाया था। देखा जाए तो डगलस की तरह ही डॉ. किंग ने उन सभी लोगों को कुंठाओं से उबरने में मदद की थी, जो सदियों से उत्पीड़न का शिकार थे। डॉ. किंग अमेरिकी समाज में फैली विषमता को ही दूर नहीं करना चाहते थे बल्कि नस्लीय विषमता को भी दूर कर वे काले समुदाय के लोगों के जीवन में आमूलचूल परिवर्तन करना चाहते थे। 1841 के नवंबर में हाईम में गुलामी के खिलाफ हुए सम्मेलन में डगलस ने कहा था :

''हमें वह करना चाहिए जो गुलामों के मालिक हमसे नहीं चाहते कि हम वैसा करें। उन्हें राजनीतिक आंदोलन की परवाह नहीं है और न ही इस तरह के प्रदर्शनों से घबराते हैं। हमारे द्वारा संचालित आंदोलन के भीतर से नैतिक स्वर उभरने चाहिए। जब हम इस तरह के आंदोलनों को शान्तिपूर्वक चलाएँगे तो निश्चित ही हम पर उत्पीड़न करने वाले हम से डरेंगे।''

डगलस का मानना था कि हमारे बीच नैतिक प्रेरणा ही समूचे राष्ट्र के साथ गुलामों के मालिकों की मानसिकता को बदलने में प्रभावपूर्ण साबित होगी। इस तरह से हम अगर आंदोलन चलाएँ तो हमें सफलता मिलेगी। हम उनकी मन:स्थितियों को बदल सकते हैं। डगलस की तरह डॉ. किंग भी नस्लवादियों की मन:स्थितियों को बदलने में विश्वास रखते थे। उनका मानना था कि प्रेम की ताकत से परिवर्तन संभव है। अपने अनुयायियों को वे वैसी ही शिक्षा बार-बार देते रहे हैं :

''हम तुम्हारी ताकत और तुम्हारे प्रभाव को संयम रखते हुए झेलने या सहने की ताकत अपने भीतर जुटाएँगे और तुम्हारे शारीरिक बल का जवाब आत्मिक बल से देंगे। तुम हमें प्यार करो या नहीं लेकिन हम हमेशा तुम्हें प्रेम करेंगे। लेकिन तुम्हारी सभी गलत बातों के लिए हम सहयोग नहीं करेंगे। भले ही तुम हमें जेल में डाल दो। हम तुम्हें प्रेम करते रहेंगे। चाहे हमारे घरो पर बम्ब फेंक कर हमें तहस-नहस करो या बच्चों को डराओ-धमकाओ, फिर भी हम तुम्हें प्यार करेंगे। हमारे घर, हमारी बस्तियों में तुम भले ही आधी रात में हिंसक दस्ते भेजो और हमें मारो-पीटो तथा मारपीट कर अधमरा छोड़ दो, तो भी हम तुम्हें प्यार करेंगे, लेकिन इतना अवश्य है कि हम तुम्हारे बल के आगे नतमस्तक नहीं होंगे। एक दिन हम अपनी आजादी जरूर लेकर रहेंगे। एक तरह से देखा जाए तो हमारी जीत दोहरी जीत होगी। हम गुलामी के बंधनों से मुक्त भी होंगे और तुम्हारे मन भी जीतेंगे।''

डगलस दासत्वविरोध के स्थान पर नैतिक बल पर जोर देते थे। किंग भी अहिंसा और सत्याग्रह पर ही जोर देते थे और 'ब्लैक पावर मूवमेंट' के जुझारू सदस्यों के सामने हिंसा न करने की जिरह करते थे। मार्टिन लूथर किंग का विश्वास था कि राजनीतिक सत्ता प्राप्त करने पर काली नस्ल के लोग अपनी आर्थिक स्थिति को सुधार सकते हैं।

दक्षिण के बुकर टी. वाशिंगटन के समय से किंग पहले महत्त्वपूर्ण नेता थे, जिन्होंने सामाजिक और आर्थिक आंदोलन को चलाने के लिए न तो मजदूर यूनियन का सहारा लिया और न राजनीतिक दलों की ऊर्जा का इस्तेमाल किया। इसके विपरीत किंग ने नीग्रो चर्च और आम आदमी से जुड़ कर अपने आंदोलन को मजबूत किया। टी. वाशिंगटन की तरह अपने समुदाय के लोगों की आर्थिक स्थिति को बेहतर बनाने की उन्होंने योजना भी बनाई। हालाँकि वाशिंगटन चाहते थे कि ब्लैक समुदाय के पास पहले राजनीतिक ताकत आए जबकि किंग उनकी आर्थिक समृद्धि के पक्षधर थे। शायद वाशिंगटन की यह नीति तत्कालीन समय में धृष्टतापूर्ण थी। बुकर टी. वाशिंगटन का उद्देश्य था—अमेरिकी समाज के अधूरेपन को पूर्ण बनाना। वे यह भी महसूस करते थे कि विषमता की धारा को रोकने में काले समुदाय के लोग सहायक हो सकते हैं। इसलिए जहाँ भी संभव हो वहीं और उसी क्षेत्र में वे सुधार करने के पक्षधर थे।

वाशिंगटन के नेतृत्व की इन्हीं अच्छाइयों की ओर ध्यान देते हुए उनके आत्मकथाकार, सेम्यूल आर. स्पेंसर ने टिप्पणी की थी :

''वे मौसमी मुक्केबाज थे। उन्होंने अपने प्रतिद्वंद्वी के हमले को कभी पूरी ताकत से नहीं लिया। लेकिन अपनी नस्ल तथा अपने-आप को बचाने के लिए एक ही घेरे में घूमते रहे।''

शायद मि. स्पेंसर सही हैं। क्या वाशिंगटन ने अलगाव खत्म करने और काले

समुदाय के लोगों के मतदान के अधिकारों की योजना की वकालत नहीं की थी। वे इस तथ्य से भलीभाँति परिचित थे कि गोरी नस्ल का पावर स्ट्रक्चर इतना मजबूत है कि उसी पर काले लोग आधारित हैं। वे अपने जीवन में काले लोगों की आर्थिक बेहतरी के लिए उतना कुछ नहीं कर सके थे।

वाशिंगटन का यह मानना था कि आर्थिक उन्नति ही किसी भी समाज को जोड़ने में सहायक सिद्ध हो सकती है। यह राजनीतिक माध्यम से कहीं अधिक महत्त्वपूर्ण है। उनके लिए ये दोनों ही काली नस्ल के लोगों के बीच कमियों को पूरा करने वाले महत्त्वपूर्ण कारक थे। इससे आगे देखें तो अपने लोगों में कुछ ऐसी विशेषताओं का होना तो जरूरी है ही जैसे कठिन परिश्रम तथा औद्योगिक शिक्षा। वे अपने लोगों के बीच आत्म-सम्मान की भावना और आर्थिक मजबूती देखना चाहते थे। वाशिंगटन का मानना था कि जीवन में इस तरह की कुछ चीजें ऐसी हैं जिनसे समाज मजबूत होता है और आपस में जुड़ता है।

उनके विपरीत किंग अमेरिकन समाज में काले लोगों की मजबूती और एकता चाहते थे। साथ ही वे आर्थिक स्तर पर स्वयं अपने पैरों पर कैसे खड़े हो सकें इस बारे में वरीयता से सोच-विचार करते थे। काले लोगों के लिए आर्थिक मजबूती सबसे पहले थी। किंग का कहना था कि हमारा अंतिम उद्देश्य यही होगा कि कैसे हम गोरे और काले लोगों को परस्पर एक मंच पर लाएँ। जबकि वाशिंगटन इस तरह के विचार पर मौन थे। उनका मानना था कि कभी उन्हें ऐसा महसूस नहीं हुआ कि वे काली नस्ल से हैं। असल में नस्लीय द्वेष से मुक्त थे और किसी तरह की घृणा का शिकार भी नहीं हुए थे। वाशिंगटन ने एक बार कहा था, ''हमें नस्ल, रंग, भाषा, धर्म तथा राजनीतिक हदबंदियों के बारे में नहीं बल्कि मानवता के बारे में सोचना चाहिए।''

वाशिंगटन की तरह डॉ. किंग भी नस्लीय द्वेष और व्यक्तिगत महत्त्वाकांक्षा से दूर थे। वास्तव में किंग दयालुता और मानवता के रत्न थे। वे अपने-आपको खास नहीं आम आदमी मानते थे। जैसा वाशिंगटन की विचारधारा थी, वे भी उसी के अनुरूप सोचते थे। इसलिए सभी अमेरिकावासियों को वे कहते थे कि वे नस्ल और रंग से इतर बंधुता के बारे में सोचें। दोनों के लिए शरीर के रंग की कोई उपयोगिता न थी, क्योंकि समाज में किसी भी तरह की रचनात्मकता रंग के कारण नहीं थी। डॉ. किंग का विश्वास था कि काले लोग सभी तरह की आर्थिक उपलब्धियों के बाद निश्चित ही राजनीतिक अधिकार भी प्राप्त करेंगे। यही कारण था कि दक्षिण में उन्होंने उनके राजनीतिक अधिकारों की वकालत की और अनेक बार जिंदगी को भी दाँव पर लगाया। हालाँकि डॉ. किंग ने बुकर टी. वाशिंगटन की तरह 'अंकल टाम' का लेबल लगाने से इंकार कर दिया। बहुत से जुझारू नेताओं ने ऐसा किया था। इस बारे में उन्होंने लिखा भी था :

मैं ऐसे मत या विचार के तहत हिस्सेदारी नहीं रखना चाहता हूँ कि वे अंकल टाम हैं, जिन्होंने शान्ति स्थापना के लिए समझौता किया था। वाशिंगटन ईमानदारी से ऐसा सोचते थे कि अगर दक्षिण को कुछ करने के लिए बाध्य नहीं किया जाता तो निश्चित ही ब्लैक काज के लिए रैली होती। असल में वाशिंगटन साउथर्न को समझ नहीं पाए। यही उनसे भूल हुई। उनके दर्शन में भी कहीं-न-कहीं चूक हुई।

ब्लैक समुदाय के दूसरे नेता एटलांटा यूनिवर्सिटी में इतिहास के प्रोफेसर विलियम एडवर्ड बर्घडट द बोइस थे। बुकर टी. वाशिंगटन के एटलांटा भाषण के बाद उन्होंने निबंध पर एक छोटी पुस्तक छापी, जिसका नाम रखा 'द साउल ऑफ ब्लैक फोल्क्स'। यह पुस्तक बतलाती है कि कैसे 20वीं शताब्दी की शुरुआत में काले लोगों के बारे में सोचा जाता था।

डू बोइस ने लिखा था, ''एक अमेरिकन नीग्रो की दो तरह की दुनिया रही है जिसमें वह अलग-थलग रहा है। लेखक ने काली नस्ल के दुखद अतीत के बारे में लिखा है। बावजूद काले लोगों का वे भविष्य भी देखते थे। उन्हें उम्मीद है कि उनके अच्छे दिन आएँगे। उनसे तरह-तरह के सवाल नहीं किए जाएँगे। इसी पुस्तक में बुकर टी. वाशिंगटन के नाम से एक निबंध भी है जिन्हें जेफ्फरसन डेविस के बाद विशिष्ट साउथर्नर बताया है। यही नहीं बल्कि साउथ में रह रहे काले लोगों की जीवन की सच्चाइयों को भी उन्होंने अपनी इसी पुस्तक में दिया है।

डू बोइस का यह विचार पक्का हो गया था कि उनके लोगों को नए तरह का नेतृत्व चाहिए।

1905 में उन्होंने एक सम्मेलन का आयोजन किया। उस सम्मेलन को स्वयं निर्णीत, जुझारू और संगठित कहा गया। व्यापारियों, मंत्रियों और अध्यापकों का एक समूह नियाग्रा फाल में मिला (क्योंकि अमेरिका का कोई भी होटल मालिक उन्हें स्थान मुहैया कराने में आगे नहीं आया। यह सम्मेलन बाद में नियाग्रा मूवमेंट के नाम से प्रसिद्ध हुआ)।

इस तरह से डॉ. डू बोइस काले लोगों के एक समूह के नेता बन गए। उनकी प्रसिद्धि हुई। ऐसे समय में बुकर टी. वाशिंगटन का विरोध हुआ। 1910 में नियाग्रा आंदोलन अन्य संगठनों में मिल गया और एन. ए. ए. सी. पी. नाम से नया संगठन बना। डू बोइस पब्लिकेशंस और रिसर्च के डायरेक्टर बने। डू बोइस के विचार में काले लोगों के बारे में वाशिंगटन का दृष्टिकोण सीमित था।

लेकिन डू बोइस बुकर टी. वाशिंगटन की तरह जन्मजात नेता नहीं थे। जबकि डॉ. किंग बहुत शर्मीले व्यवहार के थे। वे बिना मजाक आदि किए बड़े ही संतुलित तरीके से भाषण देते थे। डॉ. किंग और बोइस का मानना था कि नीग्रो समस्या राष्ट्रीय स्तर पर है। लेकिन वाशिंगटन के विचार में नीग्रो समस्या केवल नीग्रो के लिए थी।

डॉ. किंग और बोइस दोनों चाहते थे कि उन्हें हर क्षेत्र में आगे बढ़ने की सुविधा मिले। इसके लिए उन्हें भले ही कुछ भी करना पड़े।

डॉ. किंग एक धार्मिक व्यक्ति थे जबकि बोइस रोमांटिक प्रवृत्ति के बुद्धिजीवी थे। किंग के अलोकिता से सम्बन्ध थे जबकि डू बोइस भावुक थे और विचारों से रिश्ते बनाते थे। फिर भी किंग आम आदमी से बड़ी जल्दी तारतम्य स्थापित कर लेते थे और डू बोइस वैसा करने में असफल रहते थे। डू बोइस का मानना रहा कि साउथर्नर के गोरे लोग ब्लैक के दुश्मन रहे थे। जबकि डॉ. किंग का कहना था कि वे काले लोगों के दुश्मन नहीं हैं बल्कि दुश्मनी की जड़ है नस्लवाद। इसलिए डू बोइस अपने लोगों को उत्तरी शहरों में जाने के लिए प्रेरित करते थे।

इसके विपरीत स्वयं डॉ. किंग आम आदमी के उद्धार के लिए साउथ गए। उनका मानना था कि वहाँ भी बहुत से ऐसे गोरे हैं जो काले लोगों के दोस्त हैं।

परिशिष्ट–8

(मार्टिन लूथर किंग (जूनियर) की पुस्तक स्ट्राईड्स टूवार्ड फ्रीडम (1958) से)

मेरी पत्नी और मैं सोमवार की सुबह जल्दी उठ गए थे। साढ़े पाँच बजे तक हम तैयार हो गए थे। वह दिन प्रदर्शन का था। हमें साथियों के सहयोग से उसमें सफल होना था।

तभी एक बस हमारे घर से पाँच फुट दूरी पर आकर रुकी। मैं उस समय कॉफी पी रहा था। मैंने अपनी पत्नी कोरेट्टा की आवाज सुनी, ''मार्टिन, मार्टिन, जल्दी आओ।'' मैं जल्दी से कमरे से निकला। खाली बस देखकर हमें अच्छा लगा। वरना काले यात्रियों की बस में भीड़ रहती थी।

मैं अपनी कार में बैठा और सड़कों पर इधर-उधर कार तो दौड़ाता रहा। यह देखने के लिए कि बस बिल्कुल खाली चल रही है या कुछ सवारी लेकर। मुझे तथा मेरे ब्लैक साथियों को देख कर अच्छा लगा कि बस-बहिष्कार रंग लाने लगा है। काले समुदाय के लोग सड़क पर खड़े होकर गीत गा रहे थे। वहीं गोरी पुलिस भी व्यवस्था बनाए रखने के लिए सड़क पर थी।

इसी बीच श्रीमती पार्क्स को गोरी सरकार के पृथक कानून को तोड़ने के जुर्म में गिरफ्तार किया गया। अदालत में न्यायाधीश ने दस डालर के साथ चार डालर हर्जाने के रूप में भी जुर्माना भरने का आदेश दिया। यह पहला मामला था जबकि किसी काले व्यक्ति को पृथक कानून तोड़ने के जुर्म में हर्जाना देने का निर्णय सुनाया गया था। एक तरह से देखा जाए तो श्रीमती पार्क्स का यह प्रयास काले लोगों के आंदोलन के हक में ही जाता था।

उसी दिन यह महसूस किया गया कि आंदोलन को चलाने के लिए एक संस्था का होना जरूरी है। इसके अध्यक्ष के लिए किंग का नाम प्रस्तावित किया गया, जो सभी को स्वीकार था। जो संस्था बनी उसका नाम मांटगोमरी इंप्रूवमेंट एसोसिएशन (एम.आई.ए.) रखा गया। उस समय सभी साथियों के बीच जोश और उत्साह था। यह हमारे लिए अच्छी बात थी कि वे अपने आंदोलन को आगे बढ़ाने के लिए कुछ भी करने को तैयार थे। आंदोलन के कार्यक्रमों के बारे में नई संस्था के माध्यम से

प्रस्ताव स्वीकृत किए गए थे।

चूँकि मुझे साथियों से चर्चा करते हुए बहुत लंबा समय बीत गया था। इसलिए मेरी पत्नी मुझसे पहले घर लौट गई थी। जब मैं घर पहुँचा तो वह वहाँ मौजूद थी। उसकी मौजूदगी से मुझे बल मिला। वैसे भी परेशानियों के बीच मैंने अपने-आप को नियंत्रण करना सीख लिया था। ऐसे समय में मैं ईसा मसीह के सामने खड़े होकर प्रार्थना किया करता था। इससे मेरे मन को शान्ति मिलती थी। साथ ही आत्म-बल भी।

अगले दिन किंग ने बेप्टिस्ट चर्च में प्रार्थना के बाद श्रीमती पार्क्स का हवाला देते हुए गलत व्यवहार और असम्मानजनक स्थिति के लम्बे इतिहास के बारे में बताया था। उन्होंने कहा था कि प्रजातंत्र का सबसे बड़ा गौरव है अपने अधिकारों की रक्षा करना। अगर हम ह्वाइट सिटीजंस कौंसिल तथा कूक्लक्स क्लान से तुलना करें तो ये संगठन अन्याय को आगे बढ़ानेवाली प्रवृत्ति के प्रतीक हैं जबकि काले लोगों के जितने संगठन बने वे समता और मैत्री के आधार पर बने। हमने कानून और व्यवस्था के सिद्धान्तों के अंतर्गत कार्य किया।

जब श्रीमती पार्क्स का परिचय ई. एन. फ्रैंच के द्वारा कराया गया तो श्रोताओं ने हृदय से उनका स्वागत किया। वे उनकी नायिका थीं। उन्होंने अपनी आशाओं के प्रतीक के रूप में श्रीमती पार्क्स के उत्साह को देखा था।

इसी समय शल्फ एबेर्नाथी ने कुछ मुख्य प्रस्ताव पढ़े। काले लोग तब तक बस में यात्रा नहीं करेंगे (1) जब तक बस चालकों का उनके प्रति ठीक व्यवहार नहीं होगा। (2) यात्री जो भी पहले आएँगे वे सीट पर बैठेंगे यानी पहले आओ और पहले सीट पाओ का सिद्धांत जब तक लागू नहीं होगा। (3) नीग्रो बस चालकों की जब तक नीग्रो रूट पर नियुक्ति नहीं होगी। इन प्रस्तावों का सभी ने समर्थन किया।

इसके पश्चात् किंग अन्य कार्यक्रम में शामिल होने के लिए चले गए। उन्हें वहाँ कितना प्यार और उत्साह मिला था, यह किंग ने बहुत करीब से महसूस किया था।

उन्होंने बेन मूरे होटल में आयोजित सभा में कहा था कि हमने कितनी लड़ाई जीती है, यह हम नहीं बताएँगे। असली जीत तो आम लोगों की भीड़ में थी, जो सम्मान के लिए हजारों की संख्या में खड़े थे। वास्तव में 5 दिसम्बर, 1955 के दिन को भुलाया नहीं जा सकता। बस-बहिष्कार से मांटगोमरी के इतिहास में हमने एक नया अध्याय जोड़ा है, जिसकी गूँज राष्ट्रीय स्तर पर गई है। शोषित और उत्पीड़ितों के लिए नई उम्मीदें आई थीं। उन्हें ऊर्जा मिली थी।

परिशिष्ट-9

(पोर्ट्रेट ऑफ ए गांधी : बायग्राफी ऑफ डॉ. मार्टिन लूथर किंग से उद्धृत)

17 सितम्बर, 1958 को किंग की पहली पुस्तक छापी गई थी। पुस्तक का नाम IæN 'Strides Towards Freedom'। कान्ट्रेक्ट की शर्तों के अनुसार उन्हें अनेक उत्तरी शहरों में सार्वजनिक सभाओं में जाना था। सबसे पहले वे डेट्राइट और शिकागो गए। इन दोनों शहरों में उन्होंने दोस्ताने ढंग से भीड़ को सम्बोधित किया।

इसके बाद वे न्यूयार्क गए जहाँ एक हरलेम डिपार्टमेंट स्टोर में बैठे हुए वे अपनी पुस्तक पर आटोग्राफ दे रहे थे। प्रशंसकों के बीच से तभी मध्यम आयु की एक महिला लोगों को ठेलते हुए आई और उत्तेजित स्वर में पूछा, ''क्या यही मार्टिन लूथर किंग है ?''

उत्तर दिया था उसी डिपार्टमेंट स्टोर के एक कर्मचारी ने, ''हाँ, यही मार्टिन लूथर किंग हैं।''

तब आगे की ओर बढ़ कर और नजदीक खड़े किंग से पूछा था, ''क्या तुम ही किंग हो ?''

और उन्होंने जवाब में कहा था, ''हाँ, मैं ही किंग हूँ।''

वह महिला बोली थी, ''पाँच वर्षों से मैं तुम्हारे पीछे थी।''

कहते हुए तेजी के साथ उस महिला ने एक छोटे चाकू से किंग के सीने पर वार किया। जैसे डिपार्टमेंटल स्टोर में आग लग गई हो। वह महिला पागलों की हालत में अभी भी किंग पर मुक्कों से वार करते हुए उन्हें शाप दे रही थी। अंतत: वहाँ इकट्ठा हुए लोगों में से दो-चार ने उसी महिला को काबू कर पुलिस को सौंप दिया। तत्पश्चात् ही किंग को हरलेम अस्पताल ले जाया गया।

किंग पर हमला करने वाली 42 वर्षीय महिला जिसका जन्म जार्जिया में हुआ था, वह उस समय न्यूयार्क में रह रही थी। पुलिस को उसने किंग पर हमला करने के लिए अलग-अलग तरह से कारण बतलाए। उस महिला का आरोप था कि डॉ. किंग उसे रोमन कैथोलिक विचारधारा की तरफ ले जाने के लिए प्रयास कर रहे थे। महिला ने बतलाया कि वह पूर्णता के खिलाफ है। इसलिए वह किंग को जान से मार डालना चाहती थी, क्योंकि वह NAACP की नेता था। उस महिला ने पुलिस को दिए अपने

बयान में बताया था कि उसने जो भी कुछ किया, उससे उसे खुशी हुई है।

हरलेम अस्पताल में डाक्टरों की टीम ने किंग की छाती से चाकू निकाल लिया था। जख्म तक पहुँचने के लिए सर्जन को उनकी पसली का एक भाग निकालना पड़ा था। तीन घण्टे के आपरेशन के बाद किंग की जान को डाक्टर खतरे से बाहर ला पाए थे, लेकिन उनकी हालत अभी भी गंभीर थी। काफी खून बह गया था।

श्रीमती किंग, जो उस समय मांटगोमरी में थीं, अपने पति के साथ हुई दुर्घटना के समाचार को सुनकर तुरंत अस्पताल पहुँची थीं। सर्जन ने बतलाया कि चाकू किंग की धमनी की बाहरी त्वचा के आरपार हो गया था। डाक्टर का कहना था कि अगर इस बीच किंग छींकते या खाँसते तो चाकू धमनी के पार जा सकता था, जिससे उनकी मृत्यु भी हो सकती थी।

किंग पर हमला करने की खबर पूरे देश में फैल गई थी। बड़ी संख्या में उनके प्रशंसक अस्पताल आने लगे थे। उनमें सामाजिक तथा राजनीतिक कार्यकर्ता दोनों थे। अस्पताल में मिलने वालों में उस समय अतिविशिष्ट लोग भी थे। उनमें राज्यपाल एवेरेल हेरीमैन के साथ कुछ धार्मिक संगठनों के नेता भी थे। तत्कालीन वाइस प्रेसीडेण्ट निक्सन ने सन्देश भेजा था।

दुर्घटना के अगले दिन इजोला करी, जिसे किंग को जान से मारने के जुर्म में गिरफ्तार किया गया था, को मजिस्ट्रेट के सामने पेश किया गया। मजिस्ट्रेट विन्सेंट रू ने कहा था : ''मैं समझता हूँ यह वही महिला है जो हमारे सम्मानित नागरिक किंग को चाकू से मारने की अपराधी है।''

उस समय भी उक्त महिला ने मजिस्ट्रेट के सवालों का ठीक से जवाब नहीं दिया था। जैसे उसका दिमाग फिर गया था। स्थिति को समझते हुए मजिस्ट्रेट ने उसे पहले मनोचिकित्सक के पास भेजने के आदेश दिए थे।

□□

www.ingramcontent.com/pod-product-compliance
Lightning Source LLC
LaVergne TN
LVHW010933051026
849532LV00003B/963
* 9 7 8 9 3 9 5 1 4 5 2 2 0 *